Mag. Franz Sieghartsleitner

Wandern rund um den Nationalpark Kalkalpen

45 sorgfältig ausgewählte Familienwanderungen

Gewidmet Susanna, Lorenz und Philipp

Mag. Franz Sieghartsleitner

Wandern rund um den Nationalpark Kalkalpen

45 sorgfältig ausgewählte Familienwanderungen

ENNSTHALER VERLAG, A-4402 STEYR

2. Auflage 2000

ISBN 3 85068 535 7

Satz, Druck und Verlag: Ennsthaler, A-4402 Steyr
Landkarten: © BEV – 1999, vervielfältigt mit Genehmigung des BEV – Bundesamtes für Eich- und Vermessungswesen in Wien, Zl. 70 054/99
Landkarten- und Textbearbeitung: Peter Horny
Fotos: Franz Sieghartsleitner, Heinrich Sperer, Peter Horny, Verein Eisenstraße Oberösterreich, Nationalpark O.ö. Kalkalpen Ges.m.b.H., TV Spital am Pyhrn
Umschlagfoto: Roland Mayr
Umschlaggestaltung: bleifrei, A-4400 Steyr

Die im Buch angegebenen Telefonnummern, Öffnungs- und Betriebszeiten wurden sorgfältig recherchiert, trotzdem sind kurzfristige Änderungen möglich. Bitte holen Sie aktuelle Auskünfte bei den entsprechenden Informationsstellen ein.

Inhalt

Pyhrn-Eisenwurzen
– Land der Hämmer –

Die mächtigen Kalkberge des Toten Gebirges, die schroffen Gipfel der Haller Mauern, das langgezogene Sengsengebirge, die Tallandschaften von Enns und Steyr bilden zusammen mit den bewaldeten Hügeln zum Mostviertel hin eine einzigartige Naturlandschaft - die Pyhrn-Eisenwurzen.

Von farbenprächtigen Alpenblumen geschmückte Bergwiesen, von Bächen geformte Schluchten, bizarre Dolomit- und Kalkfelsen, üppige Mischwälder, klare Bergseen und von Gletschern ins Leben gerufene Moore geben vielen, teils vom Aussterben bedrohten, Tieren eine Heimat. Wegen dieser einmaligen Vielfalt und der teilweisen Unberührtheit wurde ein zentrales Stück dieser Landschaft zum Nationalpark Kalkalpen erklärt.

Und seit Jahrhunderten wußten die Bewohner auch die Kraft der Natur zu nutzen. Die Wasser der Flüsse haben Hämmer, Blasbälge, Schleifsteine und Mühlräder angetrieben. Eisenerz vom steirischen Erzberg wurde in schweren Schollen auf den Eisenstraßen zu den zahlreichen Welsch- und Zerrennhämmern verführt und zu immer feineren Eisensorten, das Schmiedeeisen und den Stahl, ausgehämmert. In hochspezialisierten Schmieden wurden dann daraus Nägel, Schlösser, Ketten, Messer, Taschenfeitel, Sensen, Sicheln, Schwerter, Hellebarden, Hacken, Äxte, Maultrommeln und allerlei weiteres Eisenzeug für Häuser und Werkstätten gefertigt. An den stattlichen Hammerherrenhäusern, den mächtigen Eisen- und Proviantspeichern, den Kunstgegenständen und den reich verzierten Fassaden der Märkte und der Eisenstadt Steyr läßt sich der Wohlstand erahnen, den der Eisenhandel den Eisenverlegern und Hammerwerksbesitzern einbrachte. Noch überall ist der Hauch dieser eisernen Geschichte zu spüren. Viele Denkmäler, manchmal im letzten Augenblick gerettet, und überraschend oft auch aktive Betriebe sind faszinierende Zeugen dieser Tradition. Wer mit offenen Augen die Dörfer und Täler der Eisenwurzen-Kulturlandschaft durchwandert, wird viele Naturerlebnisse sammeln und Dinge entdecken, die manche schon für versunken wähnten.

Wenn Sie nach einer neuen Wandermöglichkeit Ausschau halten und die Besonderheiten der Kulturlandschaft Pyhrn-Eisenwurzen entdecken wollen, dann wird Ihnen dieses Buch helfen. Ich habe 45 ausgewählte Wanderungen beschrieben, die sich auch zum Wandern mit Kindern bestens eignen. Dabei war es mein Bemühen, Ihnen möglichst viele Informationen und eine genaue Beschreibung zur Verfügung zu stellen. Bedanken möchte ich mich an dieser Stelle für die Unterstützung beim Verein Eisenstraße und für ihre Mithilfe bei Rita Etlinger und Peter Horny. Durch Wegverbesserungen oder technische Veränderungen an den Wegen kann es im Lauf der Zeit zu Abweichungen vom Text kommen. Darum bitte ich Sie um Mitteilung Ihrer Beobachtungen.

Berichtigungen mögen an folgende Adresse gerichtet werden: Franz Sieghartsleitner, St. Nikola 113, 4594 Waldneukirchen; E-Mail: fr.sieghartsleitner@ris.at

Ich wünsche allen Lesern und Benützern erlebnisreiche Wanderungen.

Mag. Franz Sieghartsleitner

Nationalpark Kalkalpen – Ein Naturerlebnis der besonderen Art –

Ein Kanonenschießplatz, ein Speicherkraftwerk im Hintergebirge? Was aus heutiger Sicht so seltsam anmutet, waren in früheren Jahren und Jahrzehnten durchaus ernstgemeinte Pläne, um die natürlichen Ressourcen dieser Region zu nutzen. Doch die Proteste von Umweltschützern vor Ort und breiter Widerstand in der Bevölkerung haben glücklicherweise ein Umdenken bewirkt. Dadurch ist uns eine einzigartige Naturlandschaft erhalten geblieben, die schließlich zum Nationalpark erklärt worden ist.

Ein langer Weg

Erste Bemühungen zur Unterschutzstellung des Sengsengebirges gehen auf die siebziger Jahre zurück, und Ende August 1989 gaben Landeshauptmann Dr. Josef Ratzenböck und Mitglieder der oberösterreichischen Landesregierung grünes Licht für die Planung eines Nationalparks. Trotzdem war es kein leichter Weg, der da beschritten wurde. Vor allem war es schwierig, das Einvernehmen über das abzugrenzende Gebiet herzustellen und die vielschichtigen Interessen von Natur-

Trinkwasserreserve – Kristallklares Quellwasser sprudelt aus 180 km unverbauter Bachläufe

Der Weißrückenspecht, die seltenste Spechtart Österreichs, profitiert besonders vom Nationalpark Kalkalpen

schutz, Landwirtschaft und Forstwirtschaft zu koordinieren. Doch es kam eine Einigung zustande, am 10. Jänner 1997 unterzeichneten Bundesumweltminister Dr. Martin Bartenstein und Landeshauptmann Dr. Josef Pühringer in Großraming den Staatsvertrag zur Errichtung des „Nationalpark Oberösterreichische Kalkalpen", der am 25. Juli 1997 in Windischgarsten eröffnet wurde.

Den Blick für die Natur schulen

Der Nationalpark O.ö. Kalkalpen umfaßt derzeit eine Fläche von 165 km^2 im Sengsengebirge und im Reichraminger Hintergebirge. Ausgedehnte Wälder, unberührte Bachläufe, schroffe Berggipfel und reizvolle Almen prägen die Landschaft des Nationalparks, ein Bewahrungsgebiet für eine vielfältige Fauna und Flora. Im Nationalpark kann sich die Natur frei entfalten

Herbststimmung im Nationalpark Kalkalpen

und ungestört weiterentwickeln. Besucher können hier die Faszination der Tier- und Pflanzenwelt erleben und erfühlen. Sinnliches Wahrnehmen wird dabei besonders gefördert und ein Verständnis für natürliche Zusammenhänge geweckt.

Der Nationalpark für die Besucher

In den Nationalpark Infostellen Großraming, Windischgarsten und Reichraming können sich die Besucher einen Gesamtüberblick über Ziele, Aufgaben und Angebote eines Nationalparks machen, wobei das Personal gerne behilflich ist. Hier sind auch verschiedene Infomaterialien, Bücher und Landkarten erhältlich.

Mehrere Nationalpark Infohütten befinden sich an den Zugängen zum Nationalpark und verschaffen vor Ort einen raschen Überblick über den gesamten Nationalpark sowie über die jeweilige nähere Umgebung.

Eine wichtige Anlaufstelle für die Besucher sollen künftig die Nationalpark Infozentren in Molln und Reichraming sein, wo alle Informationen rund um das Thema Nationalpark kompakt vermittelt und angeboten werden. Ausstellungen zum Thema „Wasser" in Molln und „Holz" in Reichraming werden die besonderen Attraktionen sein.

Wandern mit Nationalpark Betreuern

Speziell für Schulklassen, Familien und Kleingruppen hat die Nationalpark O.ö. Kalkalpen Ges.m.b.H. ein besonderes Angebot geschaffen. Ausgebildete Nationalpark Betreuerinnen und Betreuer entdecken gemeinsam mit den Gästen die Natur und lenken den Blick auf faszinierende Einzelheiten. Geführte Nationalpark Touren bieten zu jeder Jahreszeit intensive Naturerlebnisse. Wagen Sie daher ein Naturerleben mit allen Sinnen - bestaunen Sie mit Ihren Augen die Urwaldriesen, lauschen Sie dem Gurgeln einer Quelle und beobachten Sie mit etwas Glück Tiere, die man sonst nur aus

Büchern kennt: Auer- und Birkhühner, Alpensalamander und den Steinadler, das Wappentier des Nationalpark O.ö. Kalkalpen.

Folgende Programme können je nach Jahreszeit gebucht werden:

• Blütenzauber am Wegrand

Petergstamm und Jagablut, klingende Namen aus der heimischen Pflanzenwelt der Alpen. Diese und viele andere prächtige Hochgebirgsblumen gibt es im Frühling auf einer landschaftlich beeindruckenden Wanderung im Windischgarstner Tal zu entdecken.
Reine Gehzeit: ca. 4 Stunden, Trittsicherheit erforderlich!

• Von der Kraft der Heilkräuter

Es gibt kein Kraut, das nicht auch eine Wirkung hätte. Nur der kann aber den Segen der Natur nutzen, der gut Bescheid weiß und nichts Übernatürliches erwartet. Auch heute befassen wir uns wieder mit den Geheimnissen der Apotheke Natur.
Reine Gehzeit: ca. 3 Stunden

• Erlebnis Steyrschlucht

Als sich die Steyr tief ins Gestein eingeschnitten hat, sind wilde Schluchten entstanden. Einzigartige Konglomeratwände ragen senkrecht empor und bilden den natürlichen Rahmen für ein außergewöhnliches Flußjuwel. Üppige Schluchtwälder begleiten uns auf dem Weg zum Naturphänomen „Rinnende Mauer" in Molln. Reine Gehzeit: ca. 3 Stunden

• Wo einst die Waldbahn fuhr

Mit dem Fahrrad geht es auf Erkundungsfahrt entlang der Trasse der ehemaligen Waldbahn. Auf den Spuren der Holzknechte gelangen wir zu alten Klausen und erfahren Wissenswertes über die Geschichte der Holzbringung aus dem

Engagierte Nationalpark Betreuer wecken Freude und Begeisterung für die Natur

Reichraminger Hintergebirge. Reine Fahrzeit: ca. 3 Stunden

• **Auf dem Weg der Flößer**
Als Transportweg für Holz und Eisen hat die Enns eine jahrhundertealte Tradition. Damals, als der Fluß noch wild und ungezähmt dahinschoß, war jede Floßfahrt ein wagemutiges Unternehmen, wie ein Blick auf die gefährliche Stromenge beim „Flößerfriedhof" zeigt. Reine Gehzeit: ca. 2 Stunden

• **Korallen und Brachiopoden**
Der Meeresgrund des altertümlichen Urmeeres liegt heute in einer Seehöhe von rund 900 Metern. Am Fuße des Gamssteins bei Großraming gewähren Versteinerungen von Korallen, Muscheln und Brachiopoden (Armfüßer) Einblicke in die geologische Vergangenheit des Gebietes. Reine Gehzeit: ca. 3 Stunden

• **Winterzauber**
Es ist schon erstaunlich, was es selbst in der kalten Jahreszeit alles zu entdecken gibt. Tiere hinterlassen ihre Fährten im Schnee, Laubbäume verbergen ihr Sommergesicht hinter kahlen Zweigen. Vielleicht sind sogar schon Vorboten des kommenden Frühlings zu finden? Reine Gehzeit: ca. 2 Stunden

Preise für geführte Wanderungen:
Erwachsene ganztags öS 100,–,
halbtags öS 80,–.
Ein Kind (6 bis 14 Jahre) in der Familie zahlt die Hälfte, weitere Geschwister sind frei.

Die Nationalpark O.ö. Kalkalpen Ges.m.b.H. bietet auch spezielle Bildungsveranstaltungen für Kinder und Jugendliche an. Das Programm hält für alle Altersstufen ein passendes Abenteuer bereit. Naturerfahrungsspiele und Gemeinschaftserlebnis gehen dabei Hand in Hand. Zum Beispiel: Ökologie zum Angreifen - Erlebnistag „Wald" oder „Bach".

Neben Kindern und Jugendlichen nehmen auch immer mehr Gruppen von Erwachsenen die Angebote des Nationalpark wahr und lassen sich von den Mitarbeitern der Nationalpark Infostellen einen unvergeßlichen Tag im Nationalpark Kalkalpen organisieren.

Information und Anmeldung:

Nationalpark Kalkalpen Infostelle
Windischgarsten
Hauptstraße 56
4580 Windischgarsten
Tel 07562/6137, Fax 5192
infowdg@kalkalpen.at

Nationalpark Kalkalpen Infostelle
Großraming
Kirchenplatz 3
4463 Großraming
Tel 07254/8414-1, Fax 8414-4
infogr@kalkalpen.at

Nationalpark Kalkalpen Infostelle
Reichraming
4462 Reichraming 25
Tel 07255/8117, Fax 8117-20
nationalpark.kalkalpen@oebf.at

WANDERN MIT KINDERN

Wenn man Kinder nach einer Wanderung fragt, was ihnen besonders gefallen hat, wird man oft Überraschungen erleben. Ganz oben auf der Hitliste der Kinderantworten steht dabei die Begegnung mit Tieren, die sie sonst vielfach nur aus Büchern oder Filmen kennen: Die flüchtende Ringelnatter, die aufgeschreckte Auerhenne mit ihrem Gesperre, der urtümlich wirkende Feuersalamander, die freilaufende Sau vor der Almhütte, die bettelnden Bergdohlen am Gipfel und andere Tiererlebnisse...

Eine immense Anziehungskraft übt auch das Wasser auf unsere Kleinen aus. Jedes Rinnsal, mag es auch noch so klein sein, wird zum Erlebnisspielplatz. Sofort werden Staumauern gebaut, kleine Äste und Zweige geflötzt und Steine versenkt. Dabei entwickeln selbst die Jüngsten eine bis dahin ungeahnte Ausdauer und schleppen Baumaterial für die Älteren herbei, die längst das Kommando am Bach übernommen haben. Und mag das Wasser noch so kalt sein, es wird gespritzt und geplanscht oder barfuß durchwatet, und erst nach langer Rast können wir dann weiterziehen.

Bleibende Erinnerungen hinterlassen auch Wanderungen mit Lagerfeuerromantik, die Erforschung einer Höhle mit Stirnlampen oder das Kraxeln auf einem wenig hohen, ungefährlichen Fels.

Wandern mit Kindern ist sowohl aus gesundheitlicher Sicht äußerst positiv zu bewerten als auch wegen der reichhaltigen Beobachtungen, die die Kinder spielerisch aus der Naturbegegnung schöpfen. Der jahreszeitliche Wandel der Landschaft, das Aufkeimen und Blühen einer Pflanze, ein absterbender Baum, die Gefahr eines plötzlich herannahenden Gewitters, eine vom Blitz getroffene Fichte, die wohltuende Wärme einer Schutzhütte, die stärkende Jause, die spontane Hilfe eines Gefährten sind tiefe Erfahrungen und bleiben lange in Erinnerung. Wandern ist daher Charakterschulung und immer auch eine Erziehung zu Lebensfreude und Erlebnisfähigkeit.

Damit die Wanderfreude nicht getrübt wird, sollten erwachsene Begleiter jedoch einige Regeln beim Wandern mit Kindern beherzigen.

Gehtaktik und Ruhepausen

• Bergaufgehen

Der Abmarsch muß betont langsam erfolgen. Das spätere Gehtempo wird dann ausschließlich vom Kind selbst vorgegeben. Aus diesem Grund, aber auch der besseren Beobachtungsmöglichkeit wegen, empfiehlt es sich, als erwachsener Begleiter stets **hinter** dem Kind zu gehen und von hinten bei Bedarf Anweisungen zu geben. Es versteht sich eigentlich von selbst, daß Kinder niemals zu schnellem Gehen angetrieben werden dürfen! Wenn man nämlich das vom Kind gewählte Gehtempo beschleunigt, kommt es aus physiologischen Gründen sehr rasch zu einem Leistungsabfall. Kinder haben bedeutend geringere Energiereserven als Erwachsene.

• Bergabgehen

Kinder neigen von sich aus dazu, bergab zu laufen. Dadurch steigt aber die Stolper- und Sturzgefahr beträchtlich. Die meisten Kinderunfälle am Berg geschehen in dieser Weise beim Abstieg. Darüber hinaus resultieren beim schnellen Bergablaufen beträchtliche Belastungen von Wirbelsäule und Beingelenken. Erwachsene Begleiter gehen beim steileren Abstieg stets **vor** den Kindern, um deren Tempo „einzubremsen“ und Abweichungen vom Wanderweg unterbinden zu können.

• Rasten

Kinder ermüden in allen Altersstufen häufig und relativ schnell, erholen sich aber ungemein rasch. Regelmäßiges Rasten ist mit Kindern besonders wichtig! Gerastet wird immer dann, wenn das Kind danach verlangt. Die Pausen müssen ausgiebig sein, damit die Kinder auch spielen können. Kinder erholen sich beim Spielen und Herumtollen! Längere und anstrengende Touren sollten daher nicht nach einem starren Plan geregelt werden. Eine großzügige Zeitplanung gibt den Jüngsten Gelegenheit, sich bei häufigen Pausen zu erholen, was ihnen ja auch ermöglicht, die umgebende Natur zu erforschen.

Hier besteht ein grundsätzlicher Gegensatz zum Erwachsenenwandern: Erwachsene bleiben um so leistungsfähiger, je seltener sie rasten. Während also alleingehende erwachsene Wanderer möglichst in einem Zug durchgehen sollen, gilt für Kinder das genaue Gegenteil. Es ist falsch, von einem Kind, wenn es rasten will, aus fehlverstandener „Pädagogik“ zu verlangen: „Reiß dich zusammen, bis zu dem Baum da oben mußt du auf alle Fälle noch durchhalten!“ Ebenso unsinnig wäre es, Kinder zum Durchhalten zu ermuntern, indem man ihnen eine spätere ausgiebige Rast als Belohnung in Aussicht stellt. Das Rasten ist für Kinder nämlich keine Belohnung, sondern eine dringende Erfordernis ihrer leistungsphysiologischen Gegebenheiten!

Der Bach – Ein Paradies für Kinder

Kälte- und Sonnenschutz

Kinder sind besonders kälteempfindlich, da das Verhältnis zwischen Körpermasse und Hautoberfläche größer ist als bei Erwachsenen. Ein optimaler Kälteschutz, vor allem des Kopfes, der Hände und der Füße, ist daher ebenso wichtig wie der Schutz der kindlichen Haut wegen ihrer besonderen Sonnen- und Windempfindlichkeit durch hochwirksame UV- bzw. Kälteschutzcremen. Stets muß eine ausreichende Menge Reservewäsche (zum Wechseln verschwitzter oder durchnäßter Kleidung) mitgeführt werden.

Wanderschuhe und Rucksack

Sport- oder Freizeitschuhe sind zum Bergwandern ungeeignet! Da manche Kinder funktionelle Fußdeformitäten haben (Senkfüße, Spreizfüße usw.) muß man daran denken, daß die angepaßten Sohleneinlagen unbedingt auch in die Wanderschuhe passen und selbstverständlich auch ständig benutzt werden.

Kinder und Jugendliche sollten keine schweren Rucksäcke tragen. Bezüglich Rucksackgewicht gelten folgende Empfehlungen:

3 - 5 Jahre	max. 1 kg
6 - 8 Jahre	max. 3 kg
9 - 12 Jahre	max. 5 kg
13 - 16 Jahre	max. 7 kg

Es sollte eigentlich selbstverständlich sein, daß Kinder nach ihrer Wahl auch persönliche - zum Wandern nicht unbedingt erforderliche - Dinge im Rucksack mitführen dürfen.

Kinder dürfen niemals Durst leiden!

Der Flüssigkeitsbedarf des heranwachsenden Organismus bei körperlichen Belastungen ist wesentlich größer als jener erwachsener Menschen. Vor allem durch Schwitzen und Abatmung gehen dem kindlichen Körper beträchtliche Flüssigkeitsmengen verloren, was zu Leistungseinbußen und vorzeitiger Ermüdung führt. Auch Erwachsene vergessen oft darauf, regelmäßig Flüssigkeit zu sich zu nehmen. Wenn man Durst verspürt, dann ist es schon zu spät!

Kindern müssen daher bei jeder sich bietenden Gelegenheit schmackhafte Getränke angeboten werden. Und zwar auch dann, wenn sie nicht von sich aus danach verlangen. Am besten geeignet sind reines Wasser, gespritzter Apfelsaft und andere ungezuckerte Fruchtsäfte.

Als kleine, aber feine Energiequelle zwischendurch eignet sich ein Stück hochwertiger Traubenzucker. Unnötig ist es hingegen, Kindern den Verzehr von Proviant aufzudrängen, wenn sie keinen Hunger haben. Kleine Imbisse wie ein Apfel werden aber meist willkommen sein.

Die tollsten Abenteuer warten in den Schluchten, Wäldern und Felsen der Eisenwurzen

Tour 1

Auf dem Flötzersteig zum Ursprung der Steyr

Eindrucksvolle und leichte Wanderung auf den Spuren der ehemaligen Holzknechte und Flötzer. Der flache Themenweg entlang der munter rauschenden, smaragdgrünen Steyr gehört zu den landschaftlich schönsten der Eisenwurzen.

Ausgangspunkte:
Gesamtstrecke: Eisenstraßenwirt „Gasthof Steyrbrücke" (unmittelbar an der B 138 gelegen) oder Bahnhof Hinterstoder (bei St. Pankraz)
verkürzte Strecke: Zentrum Hinterstoder oder Strumboding-Wasserfall

Anreise:
A1 Abfahrt Voralpenkreuz – A9 bis Inzersdorf – B138 bis Abzweigung Hinterstoder.

Gehzeit:
Gesamtstrecke Gh Steyrbrücke/Bhf. Hinterstoder – Steyr-Ursprung (20 km) 5 h
Teilstrecken: Gh Steyrbrücke – Strumboding-Wasserfall: 2 h, Strumboding-Wasserfall – Hinterstoder 0,5 h, Hinterstoder – Steyr-Ursprung 2,5 h.

Holz und Holzkohle waren für den Betrieb der zahlreichen Sensen- und Hammerwerke der Eisenwurzen lebensnotwendig. Um das Holz aus dem Stodertal zu den Kohlstätten und Betrieben zu bringen, wurde es mangels günstigerer Transportmöglichkeiten auf dem öffentlichen Steyrfluß bis zur Krugelsperre in die Stadt Steyr getriftet. Im Frühling, zur Schneeschmelze, wenn der Wasserstand der Steyr hoch genug war, konnte mit der „Trift" begonnen werden. Von den Flötzern, die mit sogenannten „Flötzhakl" ausgestattet waren, wurden jährlich ca. 30.000 Kubikmeter Blochholz begleitet. Sie dirigierten das Holz vom Ufer aus. So entstanden entlang der Steyr die Flötzersteige. Oftmals mußten die Männer stundenlang im eiskalten Wasser verbringen, um hängengebliebene Stämme weiterzuziehen oder gefährliche Verklausungen freizubekommen. Filme, Dokumente und Bilder im Alpineum in Hinterstoder veranschaulichen diese gefährliche Arbeit der Flötzer sowie das Leben der Holzknechte, die zumeist bis zu sechs Tage ihrer Arbeitswoche im Wald verbrachten, um sich die langen Gehzeiten ins Tal zu ersparen.

Vom Gh Steyrbrücke wechseln wir über die Straßenbrücke auf das gegenüberliegende Flußufer, von da an folgen wir der Steyr. Nach 300 m geht der Schotterweg in einen originalen Steig über, und entlang der sprudelnden Steyr kommen wir zum ehemaligen Auffangrechen „Gaissulzensperre".

Beeindruckt sehen wir auch hinauf zur steil abfallenden Nordwand des Kleinen Priel (2136m), deren Anblick uns nun ein Stück des Weges begleiten wird, bis wir nach einer ³/₄ Stunde die Straße, die nach Hinterstoder führt, überqueren und über die Brücke aufs andere Steyrufer wechseln. Mit etwas Glück können wir hier Kajakfahrer bei ihrem scheinbar leichten Ritt auf den Wellen des tosenden Flusses beobachten.

Bald geht die schattige Forststraße wieder in einen romantischen Steig über. Dem Schild „Wanderweg über Schnabl"

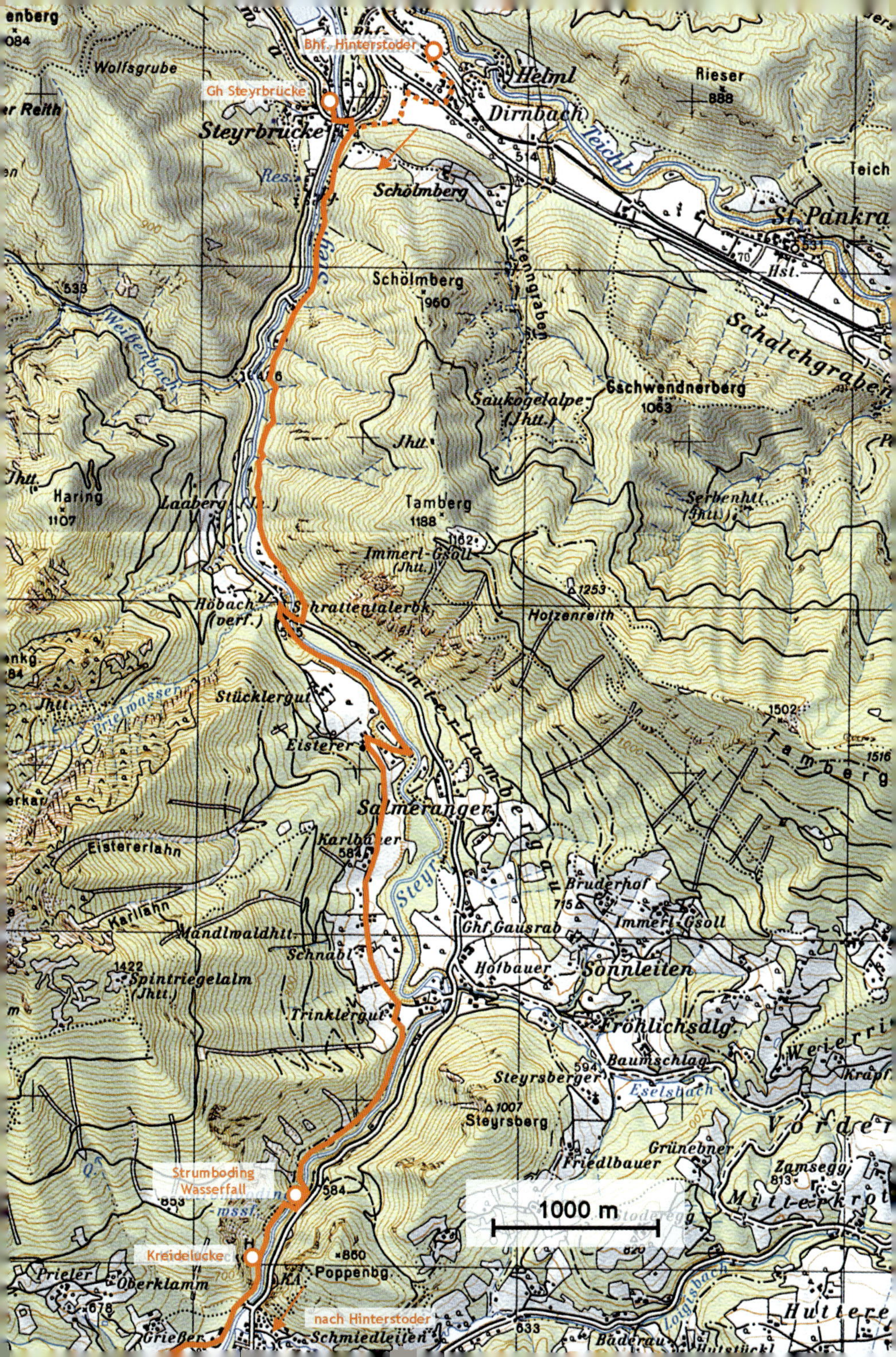
Bhf. Hinterstoder
Gh Steyrbrücke
Steyrbrücke
Helml
Dirnbach
Schölmberg
St. Pankraz
Schalchgraben
Gschwendnerberg
Saukogelalpe
Tamberg
Immerl-Gsoll
Haring
Laaberg
Höbach
Schrattentalerbk.
Hotzenreith
Stücklergut
Eisterer
Salmeranger
Karlbauer
Eistererlahn
Karllahn
Mandlwaldhtt.
Schnabl
Spintriegelalm
Trinklergut
Bruderhof
Ghf Gausrab
Holbauer
Sonnleiten
Fröhlichsdlg.
Baumschlag
Eselsbach
Steyrsberger
Steyrsberg
Grünebner
Friedlbauer
Zamsegg
Strumboding Wasserfall
1000 m
Kreidelucke
Poppenbg.
Prieler
Oberklamm
Grießer
Schmiedleiten
nach Hinterstoder
Huttere
Steyr
Wolfsgrube
Rieser

schenken wir keine Aufmerksamkeit und kommen wenig später zu einem Steg über die Steyr. Auf diesem idyllischen Plätzchen beobachten wir, wie sich die Bachforellen geschickt dem reißenden Wasser entgegenstellen. Nach einem kurzen Sonnenbad und einer Kneipp'schen Abkühlung wandern wir wieder zum Schild zurück und folgen diesem nun zum Bauernhof Schnabl. Danach geht's vorbei an einem Dörrhäusl zum Strumboding-Wasserfall, der besonders nach Regenfällen sein Wasser bis zum Aussichtssteg versprüht. Wir passieren noch die Kreidelucke, eine 1160 m tiefe Höhle, und eine alte Mühle, bevor wir - schon im Ort Hinterstoder gelegen - zu einer wiedererrichteten Holzriese, wie sie früher zum Holztransport in unwegsamem Gelände verwendet wurden, und zu einer Lafthütte, einer alten Holzarbeiterunterkunft, gelangen.

Hier sind es nur wenige Meter Richtung Ortszentrum. Nach dem sehr zu empfehlenden Ausstellungsbesuch im Alpineum (ca. 1 h) und einer Stärkung in der Stoderer Gastronomie setzen wir unseren Weg zum Schiederweiher fort.

Umgeben von mächtigen Gipfeln, wie Großer Priel (2515m), Brotfall, Spitzmauer (2446m), Ostrawitz, Hochkasten (2389m), Brandleck und Hebenkas, wandern wir auf einer Forststraße in einem der schönsten Talabschlüsse Österreichs. Am Schiederweiher laden Bänke zu einer kurzen Rast ein. Vorbei an der Dietlkapelle gelangen wir schließlich zum Gh Baumschlagerreith. Von da sind es noch gut 10 Minuten bis zum Steyr-Ursprung. Kaum zu glauben, daß dieses kleine plätschernde Rinnsal nur wenige Kilometer weiter schon ein tosender Gebirgsfluß ist!

Zurück beim Gh Baumschlagerreith, genießen wir zum Ausklang eines herrlichen Wandertages die wohlverdiente Mahlzeit. Anschließend geht's mit dem Wandertaxi zum Ausgangspunkt zurück.

Zugänglichkeit:
Ganzjährig begehbar, außer bei extremer Schneelage; wer den ganzen Weg geht, sollte festes Schuhwerk verwenden. Zwischen Strumboding-Wasserfall und Schiederweiher kinderwagentauglich.

Empfehlungen:
Mit Kleinkindern empfiehlt sich eine Wanderung vom Gasthof Steyrbrücke bis Hinterstoder oder ab Hinterstoder zum Steyr-Ursprung. Unmittelbar beim Gh. Steyrbrücke befindet sich das einzigartige „Wilderermuseum St. Pankraz", geöffnet Mai – Oktober täglich außer Montag (Info 07565/313). Beim Alpineum Hinterstoder lädt ein großer Abenteuerspielplatz die Kinder zum Herumtollen ein.

Information:
Tourismusbüro Hinterstoder,
Tel. 07564/5263, Fax 07564/5544

Wandertaxi:
Harald Riedler, Tel. 07564/5159 oder 0664/4119053

Einkehrmöglichkeiten:
Gh Steyrbrücke, Tel. 07565/313, Ruhetag Montag

Hinterstoder: Bäckerei-Konditorei Gollner, Tel. 07564/5221

Gh Zur Post, Tel. 07564/5215

Gh Baumschlagerreith,
Tel. 0663/9260285,
Öffnungszeiten: 1. Mai - 26. Oktober durchgehend geöffnet, während Wintersaison an Wochenenden geöffnet (vorher anfragen!)

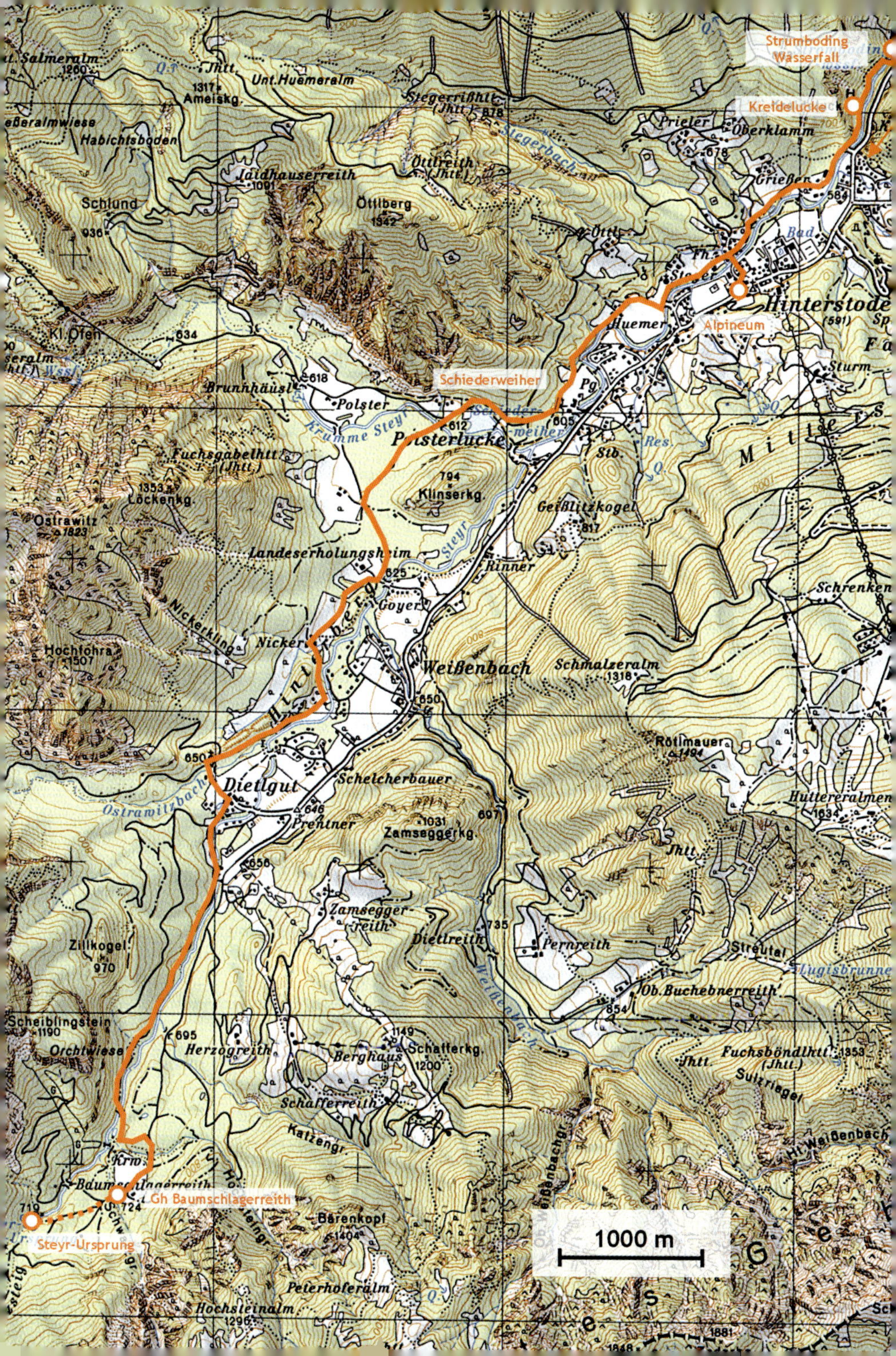

Strumboding Wasserfall
Kreidelucke
Alpineum
Hinterstoder
Schiederweiher
Polsterlucke
Weißenbach
Dietlgut
Gh Baumschlagerreith
Steyr-Ursprung
1000 m
Salmeralm
Ameiskg.
Unt. Huemeralm
Habichtsboden
Jaidhauserreith
Öttlreith
Öttlberg
Schlund
Prieler
Oberklamm
Huemer
Kl. Ofen
Brunnhäusl
Polster
Krumme Steyr
Fuchsgabelhtt.
Löckenkg.
Ostrawitz
Klinserkg.
Geißlitzkogel
Landeserholungsheim
Rinner
Goyer
Nickerklinge
Hochtohra
Schmalzeralm
Rötlmauer
Schelcherbauer
Ostrawitzbach
Prehtner
Zamseggerkg.
Huttereralmen
Schrenken
Zamseggerreith
Dietlreith
Pernreith
Zillkogel
Streutal
Ob. Buchebnerreith
Scheiblingstein
Orchtwiese
Herzogreith
Schafferkg.
Berghaus
Fuchsböndlhtt.
Schafferreith
Katzengr.
Sulzriegel
Baumschlagerreith
Bärenkopf
Peterhoferalm
Hochsteinalm
Steyr
Weißenbach

Tour 2

Übers Spitzmäuerl auf den Tamberg (1513m)

Der Tamberg ist ein lohnendes, kaum begangenes Wanderziel mit einer herrlichen Aussicht auf den majestätischen Stoderkamm mit Kleinem und Großem Priel, Brotfall und Spitzmauer.

Ausgangspunkt:
Bauernhof Rieser (910m) oder Vorderstoder Ort (810m)

Zufahrt:
A1 Abfahrt Voralpenkreuz – A9 bis Inzersdorf – B138 bis Gh Steyrbrücke – hier rechts abzweigen nach Hinterstoder – knapp vor Hinterstoder links Richtung Vorderstoder – vis-a-vis vom Gh Steinerwirt links abbiegen und ca. 1,7 km auf Güterweg Ramseben, und zuletzt rechts auf Hofzufahrt zum Rieser fahren

Gehzeit:
Vom Gehöft Rieser 3 h, von Vorderstoder 3¾ h, Anstieg 603 Höhenmeter

Die kleine und malerisch gelegene Berggemeinde Vorderstoder ist eine der höchstgelegenen in Oberösterreich. Es waren die Slawen, die hier zwischen dem 6. und 8. Jahrhundert siedelten. Auf sie geht auch die Ortsbezeichnung zurück, die sich von "studoru" herleitet, was soviel wie steiniger Boden bedeutet. Es muß Generationen gedauert haben, bis die ersten Bauern dem Wald Wiesen und Almen abgetrotzt und die sich uns heute bietende herrliche Kulturlandschaft geschaffen haben. Wie entbehrungsreich das Leben hier immer war, geht auch aus einer geschriebenen Erinnerung des Tierarztes am Beginn unseres Jahrhunderts im Heimatbuch hervor: „Selten wurde ich mit Schlitten abgeholt, in der Regel wanderte ich von Hof zu Hof ... mit dem schweren Rucksack am Buckel, denn ich mußte viele Instrumente mittragen ... Wege von 40 km zu Fuß pro Tag".

Wissend, daß uns eine solche Strapaze erspart bleibt, starten wir unsere Wanderung kurz vor dem Bauernhof Rieser und folgen dem Hinweisschild „Spitzmäuerl - Filzmoseralm" in den Wald hinauf. Auf markiertem, steilerem Steig überqueren wir nach 10 Minuten eine Forststraße und gelangen zu einer Weggabelung, wo wir auf den rechten Steig abzweigen – der geradeaus führende wird später unser Rückweg sein. Durch den herrlich duftenden Wald gelangen wir kurz darauf zum Spitzmäuerl (1100m), einem markanten Aussichtsfelsen, der einen herrlichen Blick aufs Windischgarstener Becken, auf Vorderstoder und das gegenüberliegende Warscheneckmassiv freigibt.

Ansteigend leitet uns der Waldsteig an Felsblöcken vorbei durch prächtigen, lichten Mischwald, in dem sich neben Buchen und Fichten auch Rotföhren und Lärchen behaupten. Am Sattel der Rieseralm (Almgebäude verfallen) angelangt, sehen wir nun auch übers Teichltal zum langgezogenen Sengsengebirge hinüber. Von hier führt eine Forststraße leicht fallend zur Filzmoseralm hinab, die im Sommer teilweise bewirtschaftet ist.

Wir aber queren die Forststraße und wandern nun ohne Orientierungshilfe über die Waldweide, ein weiteres Mal eine Forststraße querend, zum Bergkamm hinauf. Der aufmerksame Wanderer und Botaniker entdeckt am Tamberg vielleicht einige hier unerwartete Pflanzen. Während nämlich die übrigen Täler im Stodertal wie

Bachbauer
Reitbrückengr.
1502
Tamberg
1516
Tamberg
1234
Filzmoseralm
927
Enghagnerreith
(Jhtt.)
Rieseralm
Sulzbacher
Schmeißerkg.
1324
Ramsebn
929
Spitzmäuerl
Bauernhof Rieser
Wurzer
Weierriegel
Saukogler
Krapfweier
Grasegg
Vordertambergau
Filzmoser
799
Zamsegg
813
Mitterkrotzen
810
Vorderstoder
817
Huttererseite
Hammerlgraben
Rotbuchner
Seitriegel
854
Baumschlagerberg
Binder
874
500 m

bspw. Rottal, Oberes Loigistal uam. vom Eisstrom zu Trogtälern geformt wurden, blieb der Tamberg, weil alleinstehend, von den Eisgewalten verschont. So finden sich noch heute Reste einer früheren Flora.

Entlang des westwärts verlaufenden urigen Bergkamms begegnen uns viele zerzauste Wetterfichten und umgestürzte Bäume, die an einen ursprünglichen Wald erinnern. Auf den letzten Almwiesen zum Tamberg hinauf leuchten uns farbenfrohe Blumen und das dominierende Blau des Enzian entgegen. Am Gipfelkreuz des Tambergs angekommen, präsentiert sich die prachtvolle Kulisse einer Vielzahl von Berggipfeln der Nördlichen Kalkalpen mit der unvergleichlichen Spitzmauer und dem dahinterliegenden Karsthochplateau. Hier verstehen wir, warum der englische Alpenmaler Compton dieses Stück Natur als das „schönste Nordalpengebiet Österreichs“ bezeichnete.

Nach ausgiebigem Gipfelgenuß wandern wir auf dem Kamm zum Sattel der Rieseralm zurück. Nun folgen wir dem rechten Steig und gelangen durch herrlichen Bergwald nach Vorderstoder zu unserem Ausgangspunkt zurück.

Wer noch Zeit für Erkundungen hat, der sollte auch der spätgotischen Pfarrkirche, die dem hl. Leopold geweiht ist, und dem Friedhof, auf dem sich auch Grabsteine aus bodenständigem Gestein befinden, einen Besuch abstatten. Sehenswert ist ebenso die Filzmoser-Kapelle, die anläßlich der Hinrichtung protestantischer Bauernführer um 1700 errichtet wurde. Das schmiedeeiserne Abschlußgitter stammt aus der berühmten Lindemayr-Werkstatt von Spital am Pyhrn.

Zugänglichkeit:
Die leichte Wanderung verläuft vorwiegend auf markierten Waldsteigen und ist je nach Witterung von Mai bis Oktober begehbar. Bei geringer Schneelage, weil auf der "Sunnseitn" gelegen, auch für Winterwanderungen geeignet.
Mitunter feuchter Boden vom Sattel der Rieseralm bis zum Bergkamm, daher auf gutes Schuhwerk achten. Das Fehlen der Markierung im Kammbereich bereitet keine Schwierigkeiten.

Information:
Tourismusbüro Vorderstoder,
Tel. 07564/8255

Einkehrmöglichkeiten:
Gh-Pension Stockerwirt,
Tel. 07564/8214, Ruhetag: Dienstag
Dorfstubn, Tel. 07564/5320,
Ruhetag: Mittwoch, Sonn- und Feiertag ab 14 Uhr geschlossen
Filzmoseralm, Familie Pernkopf,
Tel. 07564/8207

Tour 3

Von Vorderstoder auf die Steyrsbergerreith

Kurze und familienfreundliche Wanderung auf die Steyrsbergerreith (1193m) im Stodertal. Als eine grüne Insel der Stille kann man die idyllische Alm, auf der Jungrinder weiden und eine Bäuerin aus Vorderstoder Wanderer und Vieh versorgt, bezeichnen. Weiterwanderung auf die Wildalm (1610m) oder auf die Huttererböden (1400m) möglich.

Ausgangspunkt:
Gh Baumschlagerberg (1020m) bei Vorderstoder, wahlweise auch vom Ortszentrum aus

Zufahrt:
A1 Abfahrt Voralpenkreuz – A9 bis Inzersdorf – B138 bis Gh Steyrbrücke - hier rechts abzweigen nach Hinterstoder – knapp vor Hinterstoder links Richtung Vorderstoder – beim Hackl-Lift rechts abzweigen auf den Güterweg und ca. 2,5 km zum Gh Baumschlagerberg hinauffahren

Gehzeit:
Gesamtgehzeit vom Gh Baumschlagerberg aus 1,5 h, Anstieg 173m alternativ 2,5 h von Vorderstoder aus, Anstieg 390m

Vom Parkplatz des Gasthauses, in dem gelegentlich sehr lustige Sänger- und Musikantenstammtische stattfinden, gehen wir zwischen Stallgebäude und Gasthaus auf die andere Seite des Hauses. Hier finden wir das Hinweisschild „Wildalm, Huttererböden", dem wir über einen Wiesenweg ansteigend zum Waldrand hinauf folgen. Drei Ruhebänke laden zum ersten Verschnaufen und zum Talblick auf den malerischen Ort Vorderstoder ein. Dahinter ist der Tamberg mit seinem bewaldeten Bergkamm zu erkennen.

Mit seiner reizvollen Lage zählt Vorderstoder zu den schönstgelegenen und ruhigsten Orten Österreichs. Die aus 1507 stammende Pfarrkirche, die dem hl. Leopold geweiht ist, beherbergt in ihrem Inneren ein großes Gemälde von der Himmelfahrt Mariens, das von Martin Schmidt, dem berühmten „Kremser Schmidt", signiert ist.

Auf stetig ansteigendem Wald- und Karrenweg queren wir nun, durch dichten Mischwald wandernd, die Flanke des Hutberges. Es lichtet sich der Wald, und der Weg wird flacher. Wir setzen über eine Forststraße und erreichen eine weitere, der wir 50 m folgen, um dann rechts zum Almboden der Steyrsbergerreith zu gelangen.

Vom Glockengeläut der ausgelassenen Kälber begleitet sind es nur mehr wenige Schritte hinauf zum Almgebäude. Schon hungrig geworden, lassen wir uns das hausgemachte geräucherte Rindfleisch, den famosen Kochkäse, den würzigen Speck, den Most und Süßmost der Familie Platzer schmecken. Seit 1983 bewirtschaftet die Familie einen Bauernhof drunten in der Vordertambergau. Wie fast alle Bauern in der Umgebung gehört auch zu diesem Hof eine Alm. „Früher hat man auch Milchvieh hier auf der Alm aufgetrieben, das dann gemolken werden mußte. Butter und Käse mußten dann von Zeit zu Zeit auf den Hof hinab gebracht werden. Derzeit wird aber nur Jungvieh aufgetrieben",

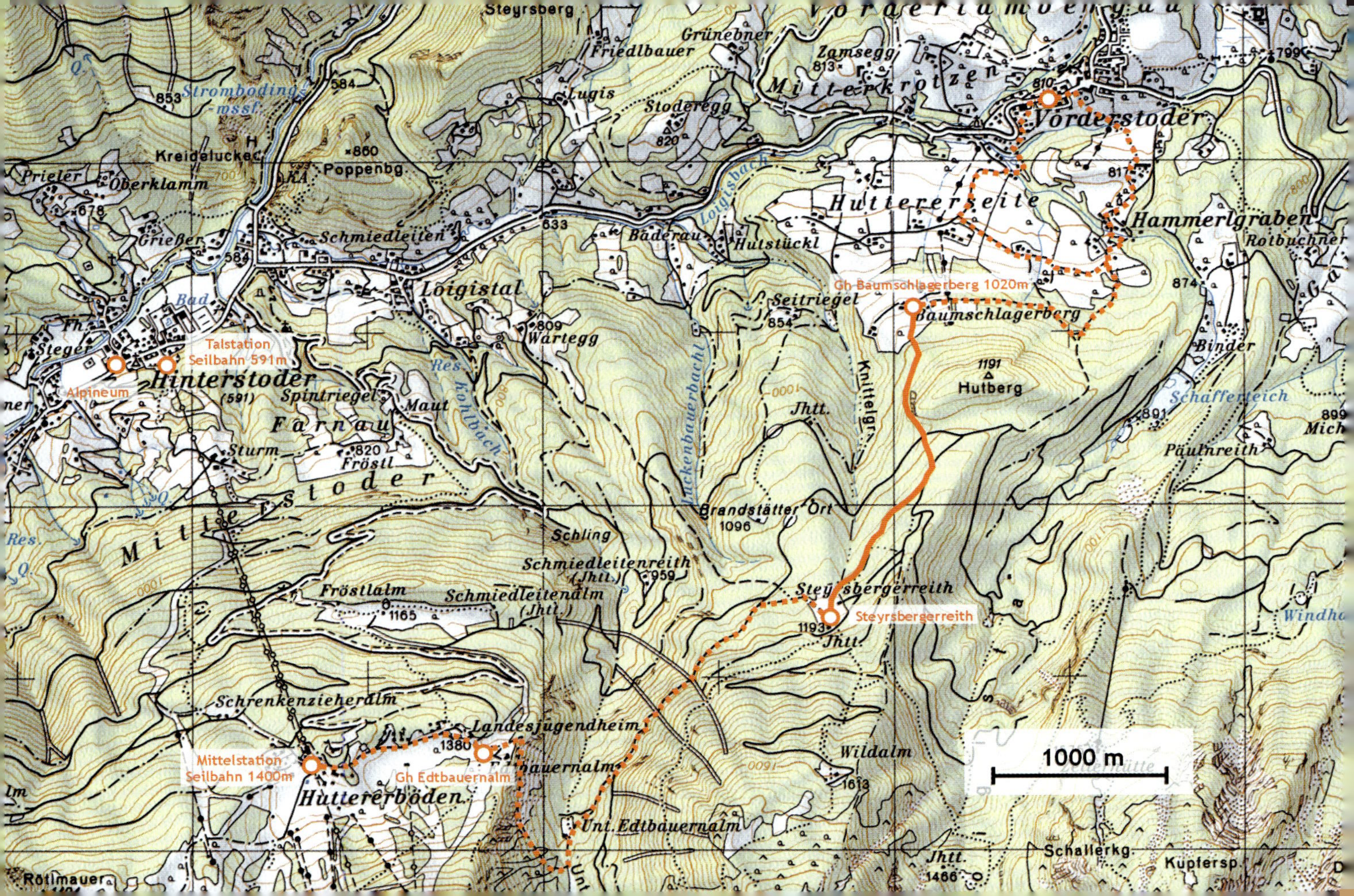

Gh Baumschlagerberg 1020m
Talstation Seilbahn 591m
Alpineum
Steyrsbergerreith
Mittelstation Seilbahn 1400m
Gh Edtbauernalm
1000 m
Vorderstoder
Hinterstoder
Huttererseite
Hammerlgraben
Mitterkrotzen
Baumschlagerberg
Hutberg
Loigistal
Farnau
Mitterstoder
Hutterer Böden
Landesjugendheim
Unt. Edtbauernalm
Wildalm
Schmiedleitenalm
Schmiedleitenreith
Fröstlalm
Schrenkenzieheralm
Brandstätter Ort
Steyrsbergerreith
Schallerkg.
Kupfersp.
Steyrsberg
Poppenbg.
Kreideluckec
Schmiedleiten
Wartegg
Seitriegel
Spintriegel
Maut
Sturm
Fröstl
Schling
Knittelgr.
Binder
Schafferteich
Pöllnreith
Roitbuchner
Stoderegg
Lugis
Zamsegg
Grünebner
Friedlbauer
Oberklamm
Prieler
Grießer
Steger
Baderau
Hutstückl
Röllmauer

erklärt uns Frau Platzer. Milch und Wasser muß die Bäuerin in Milchkannen von zu Hause mitbringen, weil außer Regenwasser kaum ein Tropfen zu finden ist. Im porösen Kalkgestein versickert das Wasser schnell, und nur selten sind Quellen zu finden. Daß es auch Wilderer in der Gegend gab, weiß die achtzigjährige Mutter, die unten am Hof lebt, zu erzählen. Sie hat einst als Sennerin einem flüchtenden „Schwarzen", wie die Wilderer im Stoder genannt werden, eine Nacht lang Unterschlupf in der Hütte gewährt, wie sie uns erzählt. Wer mehr über die Wilderer erfahren möchte, dem sei ein Besuch des „Wilderermuseum St. Pankraz" (direkt beim Gh. Steyrbrücke, an der B138, Abzweigung Hinterstoder) empfohlen.

Besonders romantisch ist es in der Almhütte, in der eine kleine, gemütliche Stube mit einem Kachelofen und eine bescheidene Küche eingerichtet ist. Da versteht es sich, warum manche Gäste, aber auch Einheimische gern länger bleiben.

Nach einem „Pfiat Gott!" und einem letzten Blick hinüber auf Spitzmauer, Großen und Kleinen Priel machen wir uns auf den Rückweg zum Gh Baumschlagerberg.

Der Weg zu den Huttererböden würde von der Steyrsbergerreith flach weiter zu einer Forststraße führen. Diese wird später bei einer Forststraßengabelung rechts verlassen. Über einen in Fels gehauenen Almweg gelangt man zum Almgasthof Edtbauernalm (1380m) und von dort auf einer Schotterstraße über die Huttererböden flach hinüber zur Mittelstation der Höß-Bergbahnen. Mit dem Doppelsessellift ist nun eine Auffahrt zur Höß (1848m) oder eine Talfahrt mit der Gondelbahn nach Hinterstoder möglich.

Zugänglichkeit:
Die Alm ist von Juli bis Ende September bewirtschaftet. Festes Schuhwerk empfehlenswert, anfangs etwas steilerer Anstieg.
Kabinenbahn Höß – Hinterstoder: durchgehender Betrieb von Mitte Juni bis Mitte Oktober.

Montag bis Freitag 8.45 – 11.30 Uhr und 12.30 – 16.30 Uhr
Samstag, Sonntag, Feiertag 8.45 – 11.30 Uhr und 12.30 – 17.00 Uhr
Fahrzeiten: zu jeder halben Stunde, Änderungen vorbehalten.
Auskünfte: Tel. 07564/5275

Information: Tourismusbüro Vorderstoder, Tel. 07564/8255, Fax 8255-20
Einkehrmöglichkeiten:
Familie Platzer (Steyrsbergerreith), Tel. 07564/5032
Gh-Pension Baumschlagerberg, 4574 Vorderstoder Nr. 19, Tel. 07564/8220, Ruhetag: Montag

Tour 4

Vom Tal der Quellen, Hämmer und Mühlen zu Gleinkersee und Seespitz

Erlebnisreiche Rundwanderung in herrlicher, abwechslungsreicher Landschaft mit Bademöglichkeit im Gleinkersee. Die Tour führt auch zu einem der ältesten und sehenswertesten Betriebe Oberösterreichs, dem Sensenwerk Schröckenfux. Kombiniert werden kann diese Wanderung mit einem Besuch des Wildparks Enghagen, der nur 1 Kilometer vom Ausgangspunkt entfernt liegt.

Ausgangspunkt:
Gh Sengsschmied, Gemeinde Roßleithen

Zufahrt:
A1 Abfahrt Voralpenkreuz – A9 Pyhrnautobahn, B138 und wieder A9 bis Ausfahrt Roßleithen – links auf der B138 Richtung Windischgarsten – nach ca. 500 m rechts abzweigen und der Straße nach Vorder- und Hinterstoder folgen. Parkplatz direkt beim Eisenstraßenwirt Gh Zum Sengsschmied in Roßleithen oder etwas weiter unterhalb parken.

Gehzeit:
Gh Zum Sengsschmied – Pießling Ursprung – rund um den Gleinkersee und zurück ca. 2 bis 2,5 h. Wer vom Gleinkersee noch auf den Seespitz (1574m) steigen möchte, muß hin und zurück weitere 3 Stunden einplanen.

Vom Gh Zum Sengsschmied führt uns der Weg durch das Sensenwerk Schröckenfux. Einst arbeiteten drei Sensenschmieden an der Pießling. Das Werk wurde im Jahr 1584 erstmals urkundlich erwähnt und ist das größte der letzten drei Sensenwerke in Österreich. Bis ins 19. Jahrhundert war die Erzeugung von Sensen der ökonomisch bedeutendste Zweig der österreichischen Eisenverarbeitung.

Wir wandern am linken Bachufer entlang weiter und kommen an einem ausgestellten mächtigen Breithammer vorbei, der früher von Wasserrädern zum Breiten der Sensen angetrieben wurde. Selten und unvergleichlich hebt sich vor allem der alte Waldhammer mit der markanten Fluderanlage von den übrigen Werksanlagen ab. Bevor wir etwas weiter des Wegs über eine Brücke das Bachufer wechseln, statten wir der vollständig restaurierten Stummer-Mühle, der letzten erhaltenen zweigängigen Bauernmühle der Pyhrn-Eisenwurzen, einen Besuch ab. Danach marschieren wir am rechten Bachufer entlang, und das Tal wird nun etwas weiter. Ins Auge springt uns eine 50 Jahre alte vernietete und sehenswerte Druckrohrleitung, die mit 800 Sekundenlitern ein kleines Kraftwerk im Werksgelände betreibt.

Auffallend sind die dicken Moospolster auf den Steinen im Bach, die sich vom Pießling Ursprung bis nach Roßleithen hinab ziehen. Diese großen Bestände suchen ihresgleichen in den Nördlichen Kalkalpen. Das Hauptverbreitungsgebiet dieser Moosart liegt eigentlich im Süden im submediterranen Milieu. Nach einer Schautafel wird der Weg etwas enger und steiler und führt direkt zum Naturdenkmal Pießling Ursprung, der größten Karstquel-

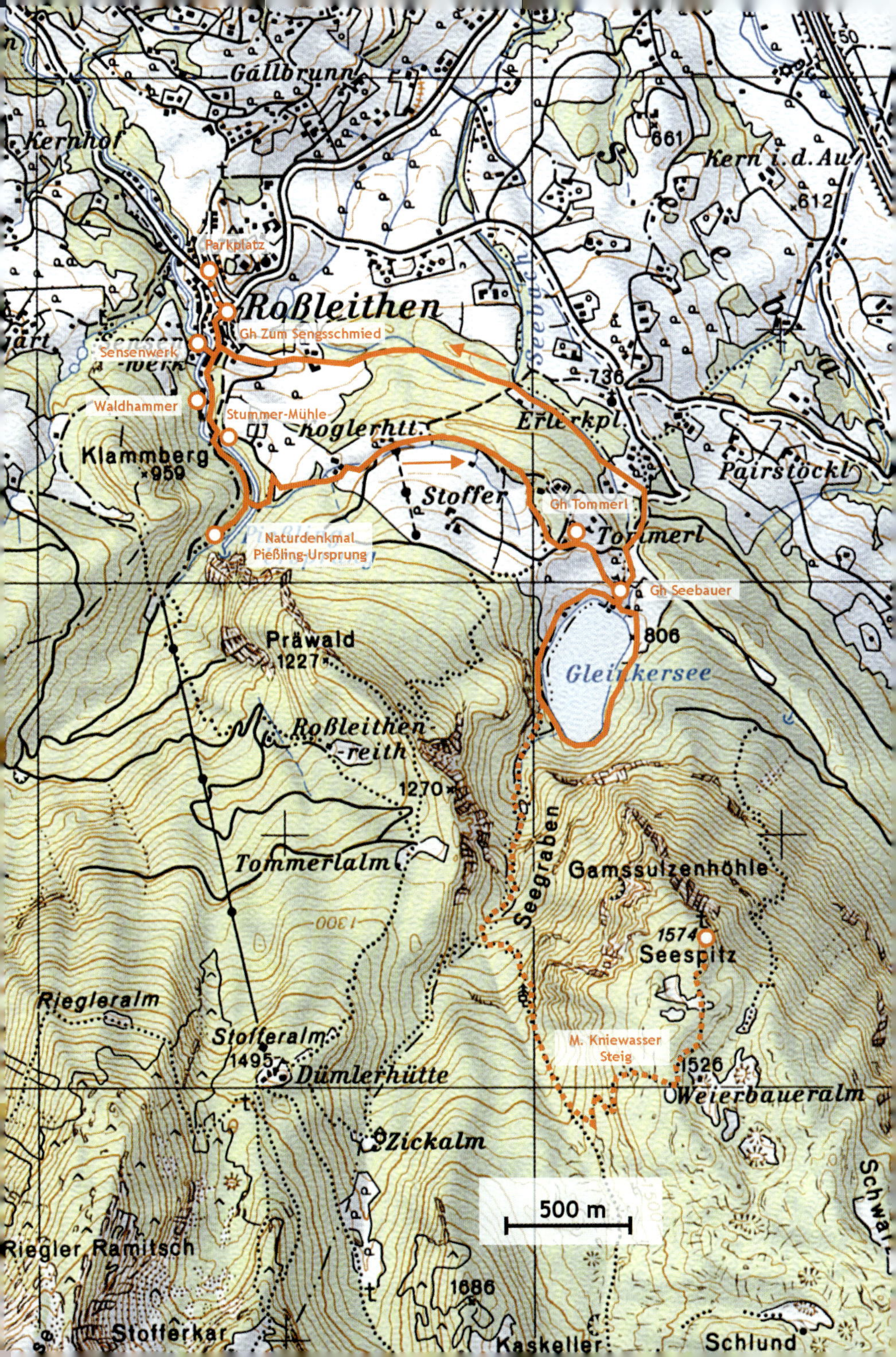

Gallbrunn
Kernhof
661
Kern i. d. Au
612
Parkplatz
Roßleithen
Gh Zum Sengsschmied
Sensenwerk
Seebach
736
Waldhammer
Stummer-Mühle
Koglerhtt.
Pairstöckl
Klammberg
959
Stoffer
Gh Tommerl
Tommerl
Naturdenkmal
Pießling-Ursprung
Gh Seebauer
806
Präwald
1227
Gleinkersee
Roßleithen-reith
1270
Tommerlalm
Seegraben
Gamssulzenhöhle
1574
Seespitz
Riegleralm
Stofferalm
1495
M. Kniewasser Steig
1526
Dümlerhütte
Weierbaueralm
Zickalm
500 m
Riegler Ramitsch
1686
Stofferkar
Kaskeller
Schlund

le in Oberösterreich. Ein prachtvoller blaugrüner Quellsee, umgeben von mächtigen Felswänden, den Nordostabstürzen des Warschenecks, gibt hier das ganze Jahr über mindestens 250 Liter kristallklares Wasser pro Sekunde frei. Nach der Schneeschmelze quellen aus dem 50m tiefen und bislang unerforschten Siphon sogar bis zu 2 000 Liter Wasser pro Sekunde!

Auf dem Rückweg vom Pießling Ursprung kommen wir nach ca. 400 m zu einem Holzsteg, dem wir rechts über die Pießling folgen. Über einen Steig erklimmen wir den Geländerücken und kommen nun auf einen Güterweg, dem wir rechts zum Gleinkersee folgen. Nach einem weiteren Kilometer gabelt sich der Weg. Wir folgen dem geschotterten Wanderweg und kommen nach wenigen Minuten zum Gh Tommerl. Wir genießen den Blick auf den zauberhaft zwischen Wiesen und Felsen liegenden Gleinkersee. Bei der Seeumrun-

dung sehen wir, daß der unter Naturschutz stehende Bergsee kaum Zuflüsse hat. Dies bewirkt, daß der Gleinkersee im Sommer recht warm wird und daher zum Baden einlädt. Der See ist durchschnittlich 25m tief, fällt aber im westlichen Teil 120m tief ab. Wer neben der Seeumrundung (ca. 30 Gehminuten) noch auf den Seespitz aufsteigen möchte, braucht sich am südlichen Seeufer nur an die rotweißrote Markierung 292 und das Schild „Michael Kniewasser-Steig“ halten und wandert auf einem schmalen Steig rechts bergwärts. Nach Erreichen eines kleinen Plateaus kommt man zur Weggabelung Dümlerhütte. Dort halten wir uns links, und in Kehren gelangen wir durch den Wald hinauf zum Sattel. Weniger steil führt uns nun der Weg zum Gipfelkreuz des Seespitz (1574m), der eine herrliche Aussicht auf das Sengsengebirge, den Warscheneckstock, die Haller Mauern und den unter uns liegenden Gleinkersee eröffnet.

Nach der Seeumrundung und einer Rast im Seegasthof wandern wir über den Parkplatz zum Hinweisschild Güterweg Stoffer. Wir folgen nun dem Waldweg (rotweißrote Markierung) zurück zum Gh Sengsschmied.

Zugänglichkeit:
Die Wanderung ist ganzjährig möglich.

Empfehlungen:
Gruppen können sich für eine Führung im Sensenwerk Schröckenfux oder zu einer Mühlenvorführung anmelden. Die Wanderung kann auch als geführte Nationalpark Tour gebucht werden.

Information:
Kurverband Windischgarsten,
Tel. 07562/5266
Nationalpark Infostelle Windischgarsten, Tel. 07562/6137

Einkehrmöglichkeiten:
Eisenstraßenwirt
Gh Zum Sengsschmied,
Roßleithen 45, Tel. 07562/7521,
Ruhetag: Montag

Tour 5

Der Millionenweg

Der Themenweg entführt den Wanderer auf eine interessante Reise durch 250 Millionen Jahre Erdgeschichte. Entlang der Rundstrecke wird an 26 Stationen auf die hier vorzufindenden geologischen Besonderheiten aufmerksam gemacht, die im Garstner Tal eine schier unglaubliche Landschaftsentwicklung gebracht haben.

Ausgangspunkt:
Bahnhof Windischgarsten

Zufahrt:
A1 Abfahrt Voralpenkreuz – A9 bis Inzersdorf – auf B138 über Kirchdorf nach St. Pankraz – Auffahrt auf A9 und nach 8 km Abfahrt nach Windischgarsten.
Von der Steiermark kommend auf A9 bis Abfahrt Roßleithen/Windischgarsten, weiter durch das Ortszentrum zum Bahnhof.
Mit der Bahn: Ab Linz Hauptbahnhof mit der Pyhrnbahn (Linie 14).

Gehzeit:
3 h, mit Abstecher zur Ramitscheder Mühle 45 min länger.

Vom Bahnhof aus folgen wir der Beschilderung „Millionenweg“ Richtung Ortszentrum. Zunächst statten wir der Pfarrkirche einen Besuch ab, in der sich neben zwei Seitenaltarbildern, die Martin Schmidt, dem berühmten „Kremser Schmidt“, zugeschrieben werden, auch ein sehr wertvolles schmiedeeisernes Grabkreuz befindet. An der Kirchen- und entlang der Friedhofsmauer können wir den „Psalmenweg“ mit einer beachtlichen Anzahl schmiede- und gußeiserner Grabkreuze bewundern. Nach einem Blick in den romantischen Arkadenhof halten wir uns am Marktplatz rechts, am Rathaus vorbei zu einer Kreuzung, wo wir links der Hengststraße folgen. Nach ca. 200 m erreicht, rechts von der Straße abbiegend, erreichen wir das Heimathaus mit seinen wertvollen Römerfunden. Dort geht es links weiter, vorbei am Freibad kommen wir bald zum großen Naturpark, in dem sich ein aufschlußreicher geologischer Lehrpfad befindet.

Der Lehrpfad entstand auf der Grundlage einer 45jährigen Forschungsarbeit des Geologen Dr. Siegmund Prey in Zusammenarbeit mit OSR Rudolf Stanzel. Manche der bunten Steine und Felsen, die alle aus der Umgebung von Windischgarsten stammen, sind nicht nur unermeßlich alt, sondern entstanden auch an weit entfernten Orten und unter einem ganz anderen Klima. So entstanden die roten und grünen Steine der Werfener Schichten, die ältesten Meeresablagerungen unserer Nördlichen Kalkalpen, vor 250 Millionen Jahren in seichtem Meer in tropischen Breiten. Ein paar Objekte weiter finden wir den dunkelgrauen Gutensteiner Kalk, der in tieferliegendem Meer entstanden ist. Die Steine aus dem Sengsengebirge bestehen aus Wettersteinkalk. Dieses Gebirge ist ein ehemaliges Meeresriff und hat sich aus Milliarden abgestorbener Rifflebewesen wie Korallen und Algen gebildet, die sich im Lauf von Jahrmillionen zu jenen Kalkschichten aufschichteten, die durch die Kontinentaltrift nach Norden gelangten und aufgefaltet wurden. Und aus der relativ jungen Zeit, als noch das Gosaumeer unsere Heimat bedeckte, stammen die dekorativen Schneckensteine, die man bei genauer Beobachtung auf den Schotterbänken in und um Windischgarsten finden kann.

Arkadenhof
Psalmenweg
Heimathaus
Naturpark mit geologischem Lehrpfad
Gh Schaffelmühle
Wasserfall
Ramitscheder-Mühle
Bhf Windischgarsten
Windischgarsten
Sommerrodelbahn
Wurbauerkg.
858
667
Res.
(602)
Kleiner
Dambach
Fh. Rieplsberg
Puchriegl
Trojer
Mühlreit-Sdlg.
648
Ghf. Schafflmühle
Fraitgraben
Dambach
SW
Ghf. Sperl
Stummerhof
666
Dörfl
Hot. Bischofsberg
Knirsch
Moosgieler B.
821
Edlbach
Edlbach
Gößwein
794
Garstner Eck
Eck
500 m
941
Muttl

Entlang des munter rauschenden Dambaches folgen wir auf einem schattigen Weg der Beschilderung bis zum Gh Schaffelmühle. Von dort geht es 1 km entlang der Hengststraße Richtung Rosenau bis zu einer Bushaltestelle. Von hier folgen wir den Wegtafeln „Stanglmühle, Gh Zottensberg, Ramitscheder Mühle“ rechts durch ein Waldstück in den enger werdenden romantischen Fraitgraben. Zum Bach quergestellte, harte Gosauschichten (manchmal findet man hier versteinerte Schnecken!) sind die Ursache für einen eindrucksvollen Wasserfall, an dem einst unterhalb eine Mühle und oberhalb eine Schmiede gestanden sind. Aufmerksame Beobachter können die Überreste erkennen. Schließlich gelangen wir zu einer Wegkreuzung mit Ruhebänken. Hier empfiehlt sich ein Abstecher, immer leicht aufwärts wandernd, zur sehenswerten Ramitscheder Mühle.

Nach der Mühlenromantik setzen wir unseren Weg Richtung Windischgarsten fort und erreichen wenig später, nachdem wir ein Bergaufstück hinter uns gebracht und den Wald verlassen haben, einen Panoramapunkt. Einzig in seiner Art präsentiert sich hier das Tote Gebirge, jene Hochgebirgsumrahmung des Pyhrn-Priel-Gebiets mit Priel, Brotfall, Spitzmauer und Warscheneckstock. Diese sogenannten Dachsteinkalke, die bis zu 1000m mächtig sein können, entstanden durch Kalkablagerungen in einem Lagunenbecken eines Meeres zwischen Riff und Festland.

Am landschaftlich beeindruckenden Rückweg, der - teilweise auf Stücken des historischen Proviantweges - durch die Ortschaft Dörfl nach Windischgarsten führt, erfahren wir noch von mächtigen Eisströmen, Gletscherzungen, dem Erbe der Eiszeit und der frühen Besiedelung des Garstner Tales.

Nach dieser landschaftlich abwechslungsreichen Wanderung, die unsere Ehrfurcht vor der Natur vertieft hat, werden wir künftig den Steinen mehr Aufmerksamkeit schenken.

Zugänglichkeit:
Diese einfache Rundwanderung ist außer bei hoher Schneelage ganzjährig begehbar. Sie weist nur geringe Steigungen auf, erforderlich sind besonders nach Regenfällen Wanderschuhe, wind- und regendichte Kleidung sowie etwas Proviant und Getränke.

Besonderheiten: Heimathaus: geöffnet 1. Mai bis 1. Oktober: Mittwoch 15 - 17 Uhr, Sonntag 10 - 12 Uhr sowie jederzeit nach Voranmeldung (auch im Winter), Tel. 07562/5266.

Information:
Tourismusbüro Windischgarstner Tal, Hauptstraße 56, 4580 Windischgarsten, Tel. 07562/5266, Fax 07562/7101
Eine kostenlose Routenübersicht des Millionenwegs sowie ein Steinschauführer (öS 20,–) sind im Tourismusbüro erhältlich.

Einkehrmöglichkeiten:
Hotel-Restaurant Schwarzes Rössl, Hauptstraße 39, Tel. 07562/7011
Gh Zur Blauen Sense, Hauptstraße 59, Tel. 07562/5329, Ruhetag Donnerstag
Hotel Bischofsberg, Edlbach 31, Tel. 07562/8855, kein Ruhetag
Gh Schaffelmühle, an der Hengststraße, Tel. 07562/7111, Ruhetag Donnerstag

Tour 6

Vom Schafsteig zum Leitersteig

Rundwanderweg am Rande des Nationalpark Kalkalpen mit herrlicher Aussicht auf Großen Priel, Spitzmauer und Haller Mauern. Für Blumen- und Schmetterlingfreunde ist die Tour besonders im Mai und Juni eine Augenweide. Stimmungsvoll ist die Wanderung auch im Herbst, wenn sich die Laubbäume in ihrer bunten Pracht zeigen.

Ausgangspunkt:
Wurbauerkogel bei Windischgarsten

Zufahrt:
A1 Abfahrt Voralpenkreuz – A9 bzw. B138 bis Windischgarsten. Von Weyer kommend über den Hengstpaß nach Windischgarsten. Auf den Wurbauerkogel gelangt man entweder mit dem Sessellift der Sommerrodelbahn oder zu Fuß in 30–40 Minuten ab der Talstation der Sommerrodelbahn.

Gehzeit:
3 - 4 h ab Bergstation Wurbauerkogel

Schon zu Beginn erwartet uns am Wurbauerkogel ein wunderbarer Panoramablick auf den Stoderkamm mit der unvergleichlichen Bergkulisse von Spitzmauer und Prielgruppe. Nach diesem ersten Genuß kontrollieren wir die Ausrüstung der Kinder und stellen die Träger der Rucksäcke richtig ein. Dann folgen wir der schmalen Straße, bis wir zu den ersten Häusern kommen, und folgen dem Güterweg zum Haslersgatter hinauf. Wir biegen nach ca. 10 Minuten links in den Schafsteig ein, gehen der rotweißroten Markierung (Weg Nr. 9a) nach und queren wenig später eine Forststraße. In mehreren Kehren geht's nun etwas steiler bergan, und wo sich der Wald lichtet, eröffnet sich stets ein Blick zu den umliegenden Berggipfeln. Wir erreichen eine Forststraße, der wir ostwärts Richtung Haslersgatter folgen. Noch bevor uns eine Tafel darauf aufmerksam macht, daß wir uns im Nationalpark Kalkalpen befinden, stellt dies ein kapitaler Schwarzspecht mit seinem lauten und eigentümlichen Flugverhalten schon unter Beweis. Sein Vorkommen ist ein gutes Zeichen, denn der Schwarzspecht hackt auf der Suche nach der von ihm bevorzugten Roßameise große Fraßlöcher in faule Nadelbäume und liefert so Höhlen für viele höhlenbrütende Vogelarten.

Unser Weg mündet in eine weitere Forststraße, der wir nun links folgen, bis wir wenig später auf eine Weggabelung stoßen, die uns links auf den Leitersteig führt (Weg Nr. 472/9). Auf einem Spurweg gelangen wir zu einer Almwiese, von der der Weg zum schönsten Teil der Wanderung, dem „Leitersteig", hinunterführt. Obwohl der Name dies vermuten ließe, finden wir keine Leitern, dafür aber einen romantischen Steig und eine Reihe idyllischer Plätzchen sowie eine Vielfalt bunter und seltener Blumen. Silberdistel, Echtes Labkraut, Knäuel-Glockenblume, Nestwurz, Wundklee, Echtes Johanniskraut uam. säumen den Weg und verbreiten ihre Düfte. Einen Apollofalter können wir mit ausgebreiteten Flügeln beim Sonnenbad beobachten.

Nach einer ausgedehnten Rast und ausgiebiger Jause setzen wir unseren Weg fort und steigen ab, bis wir zur Abzweigung „Salzatal/Wurbauer" kommen. Wir folgen dem Weg zum Salzabach hinunter, überqueren diesen und gelangen auf eine

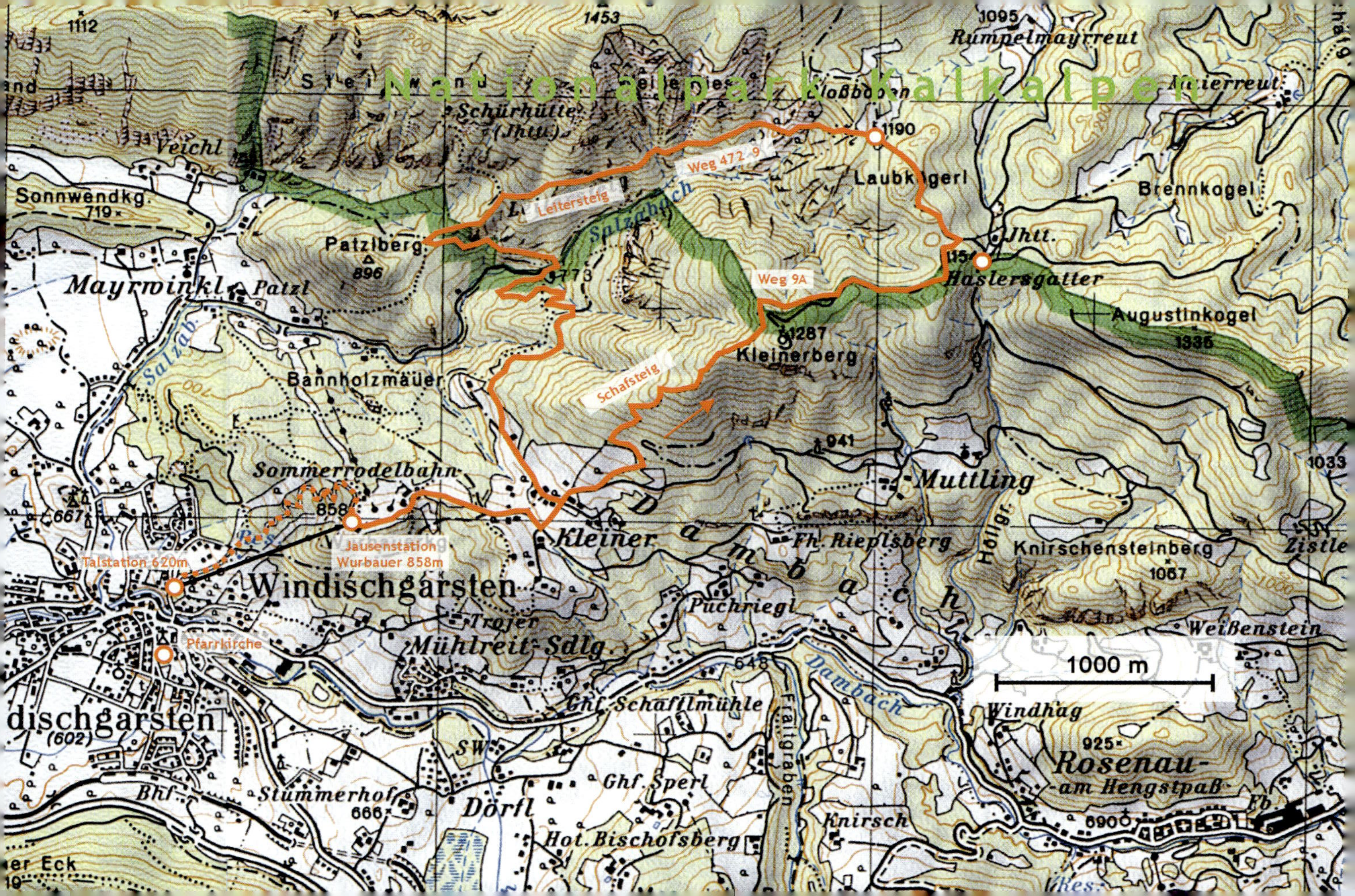

Nationalpark Kalkalpen
Weg 472 9
Leitersteig
Weg 9A
Schafsteig
Laubkogel
1190
Haslersgatter
Jhtt.
Schürhütte (Jhtt.)
Salzabach
Patzlberg
896
773
1287
Kleinerberg
Augustinkogel
1336
Brennkogel
Rumpelmayrreut
1095
1453
1112
Veichl
Sonnwendkg.
719
Mayrwinkl
Patzl
Salzab
Bannholzmäuer
Sommerrodelbahn
858
Jausenstation Wurbauer 858m
Talstation 620m
Pfarrkirche
Windischgarsten
dischgarsten (602)
667
Kleiner Dambach
Muttling
941
Fh. Rieplsberg
Hollgr.
Knirschensteinberg
1067
1033
Zistle
Puchriegl
Trojer
Mühlreit-Sdlg.
648
Ghf. Schafflmühle
Dambach
Fraitgraben
Weißenstein
1000 m
Windhag
925
Rosenau am Hengstpaß
Ghf. Sperl
Dörfl
Stummerhof
666
Hot. Bischofsberg
Knirsch
Bhf.
SW
er Eck

Lichtung mit einer herrlichen Blumenwiese und üppig blühenden Hochstauden, auf denen sich viele verschiedene Schmetterlinge tummeln. Sie müssen hier besonders gute Lebensbedingungen vorfinden, da ich mich kaum erinnern kann, so viele verschiedene Falter je an einem Ort gesehen zu haben!

Weil wir den auf der mitgenommenen Karte eingetragenen Weg neben dem Forsthaus nicht entdecken können, wandern wir auf der leicht ansteigenden Forststraße hinauf und kommen aus dem Wald auf eine Alm, die uns den Blick ins Teichltal, auf den Tamberg und das dahinterliegende Tote Gebirge freigibt. Am Bauern-

hof vorbei wandern wir nun rechts, bis wir wieder zur Straße kommen, die uns zum Wurbauerkogel zurückführt.

Ein abschließender Höhepunkt, nicht nur für Kinder, ist nun die rasante Talfahrt auf den Sommerrodeln zur Talstation!

Vor der Heimfahrt bestaunen wir in der Pfarrkirche Windischgarsten noch das Schoiswohlkreuz, welches von Barockschmiedemeister Andreas Ferdinand Lindemayr in der ersten Hälfte des 18. Jahrhunderts geschaffen wurde und zu den erlesensten Werken österreichischer Schmiedekunst zählt, sowie eine Sammlung von guß- und schmiedeeisernen Kreuzen, die am Psalmenweg rund um die Pfarrkirche aufgestellt wurden.

Zugänglichkeit:

Ganzjährig begehbar, festes Schuhwerk erforderlich. Kurzer, aber steiler Anstieg im Bereich des Schafsteiges.

Der Sessellift der Sommerrodelbahn ist von Mai bis Mitte Oktober in Betrieb, Montag bis Freitag 9.00 bis 12.00 Uhr und 13.00 bis 17.20 Uhr, Samstag, Sonntag, Feiertag 9.00 - 18.00 Uhr, nur bei trockener Witterung!
Info unter Tel. 07562/5248, Änderungen vorbehalten.

Information:

Tourismusbüro Windischgarstner Tal,
Hauptstraße 56, 4580 Windischgarsten,
Tel. 07562/5266, Fax 07562/7101

Einkehrmöglichkeiten:

Jausenstation Wurbauer,
Tel. 07562/8122
Gh „Schwarzes Rössl“, Marktplatz Windischgarsten, Tel. 07562/5311
Gh Kemmetmüller,
Windischgarsten 47, Tel. 07562/5340

Tour 7

Durch die Klamm und über Almen

Eine beeindruckende Rundwanderung durch das Naturschauspiel Dr. Vogelgesang-Klamm und über versteckte Almen vor der Kulisse der schroffen Berggipfel von Bosruck, Scheiblingstein und Pyhrgas.

Ausgangspunkt:
Gh Grünau in Spital am Pyhrn (640m)

Zufahrt:
A1 Abfahrt Voralpenkreuz – A9 bis Inzersdorf – B138 bis St. Pankraz – A9 bis Abfahrt Spital am Pyhrn – nach Autobahnabfahrt links ins Ortszentrum, beim Gemeindeamt rechts abbiegen, vorbei an Schauschmiede Lindemayr und Jugendheim Lindenhof bis zum Gh Grünau.
Mit der Bahn: von Linz mit der Linie 14 nach Spital am Pyhrn.

Gehzeit:
insgesamt 4 bis 5 h, bei Start am Bahnhof + 1 h, Anstiege 970 Höhenmeter. Teilstücke: Gh Grünau durch Vogelgesangklamm bis Arlingsattel (1425m) 2 h, Arlingsattel – Bacheralm – Rohrauerhaus 1 h, Rohrauerhaus – Hiaslalm – Bosruckhütte – Gh Grünau 1,5 h). Ein Start beim Bahnhof verlängert die Gesamtgehzeit um 1 h.

Vom Gh Grünau wandern wir zunächst auf einer Schotterstraße entlang des Baches zum Klammeingang, der nach Dr. Moritz Vogelgesang, ehemaliger Gemeindearzt und Obmann des örtlichen Verschönerungsvereins, benannt wurde. Der gut gesicherte Steig durch die wildromantische Schlucht ist vom 1. Mai bis Ende Oktober geöffnet. Nachdem wir unser Scherflein zum aufwendigen Erhalt der Holzstege, Brücken und Stufen beigetragen haben, erfreuen wir uns am Tosen, Spritzen, Zischen und Gurgeln des wilden Wassers. Auf den ersten die tiefe Schlucht querenden Stegen, schmiegen sich die Kinder noch ängstlich an uns. Doch schnell wandelt sich ihre Zaghaftigkeit in helle Begeisterung. Schnell sind alle fünfhundert Holzstufen, die über Felsen und den ins Tal tobenden Bach führen, erklommen.

Vom Klammende wandern wir auf einer Forststraße kurz durch Mischwald bergwärts Richtung Bosruckhütte. Gleich nach Erreichen des Almbodens halten wir uns rechts, überqueren einen Bach, und marschieren über die Ochsenwaldalm, auf die seit altersher nur Jungochsen aufgetrieben werden durften. Nach dem Almgang wurden sie als Zugochsen angelernt und als solche an die Flachlandbauern verkauft. Mit dem Aufkommen der Traktoren in der Landwirtschaft war für Zugochsen kein Platz mehr, so daß man sich gezwungen sah, die uralten Verträge so zu ändern, daß jeder berechtigte Bauer Rinder nach seiner Wahl auftreiben kann. Oberhalb der Ochsenwaldalmhütte bestünde bei einer Weggabelung die Möglichkeit, über die Mausmayralm nach Spital abzusteigen. Wir setzen aber unseren Anstieg zur Ochsenwaldkapelle, die von zwei mächtigen Linden flankiert wird, und zu den Arlingalmen fort. Zweimal eine Forststraße querend erreichen wir die romantischen Almhütten. Nach einer kurzen, unserer Erholung dienenden Pause steigen wir mit Blick auf das Gipfelkreuz des Bosruck zum Arlingalmsattel hinauf. Ein wunderschönes Panorama eröffnet sich uns. Die markanten Felsgipfel des Toten Gebirges mit Warscheneck und Prielgruppe, das Seng-

Hotel Freunde der Natur
ehem. Stift
Lindemayr-schmiede
Spital a. Pyhrn
Gh Grünau 723m
Hofalmhütte
Dr. Vogelgesang--Klamm
Bosruckhütte
Ochsenwaldalm
Rohrauerhaus
Pyhrgasgatterl 1308m
Arlingsattel 1425m
1000 m
Schmeißlreut
Mausmayr
Hochbrandner
Sonnleitner Reut
Kampleck
1314
Holzeralm
Vorleiten
Finstertal
Berghansl
Eckbauer
St. Leonhard
Hasen-berg
Stegreith-Talherberge
971
Moltersberg
Wirtsreut (verf.)
Lugkogel
1447
1305
G. Pyhrgas
2244
Hiaslalm
Brandneralm
1308
Stiftsreut
1043
Eisenerzer Hütterl
Ochsenwaldkpl.
Mausmayralm (Jhtt.)
1168
Arlingalmen
Karleck
1582
Bachermauern
Bacheralm
1466
1425
Wildfrauenhöhle
Bosruck
1992
Frauenmauer
Warteck
1086
Schneideralm
Kitzstein
1925
Ardningalm
Angeralm
Bosrucktunnel
Gowilalmhütt.
1375
1017
847
Bhf.
709
Lofer

sengebirge mit der Hohen Nock und die Hallermauern ragen steil auf. Darunter liegt das waldreiche Ennstal, die Orte Ardning, Weng sowie Admont mit dem ehrwürdigen Benediktinerstift. Richtung Süden wird der Fernblick von den Niederen Tauern begrenzt.

Auf ausgetretenem Weg geht es nun etwas steiler Richtung Ardningalmen hinunter. Bevor wir diese erreichen, folgen wir aber der Forststraße, die links fast eben zur malerisch gelegenen Bacheralm (nicht bewirtschaftet) hinüberführt. Sanft ansteigend, mit Blick auf den Großen Pyhrgas, den Scheiblingstein, den Hexenturm und den Natternriegel, gelangen wir zum Pyhrgasgatterl und zum Rohrauerhaus. Hier werden wir mit guter Kost gestärkt und entsinnen uns, daß diese Hütte an eine besondere Spitaler Persönlichkeit erinnert. Alois Rohrauer, ein Sensenschmied, hat 1895 gemeinsam mit dem jungen, späteren

Staatskanzler und Bundespräsidenten, Karl Renner die Naturfreundebewegung gegründet, deren Obmann Rohrauer bis zu seinem Tod 1923 geblieben ist.

Wenig anstrengend gehen wir danach am Fuß des Großen Pyhrgas Richtung Hofalm. Wir zweigen aber vorher links hinunter zur Hiaslalm ab und gelangen auf einer Forststraße zur Bosruckhütte. Diesen Weg haben wir gewählt, weil wir noch einmal die wilde Schönheit der Vogelgesangklamm erleben wollen. Als Variante könnte man auch über die Hofalmhütte nach Spital absteigen.

Wer noch über ausreichend Zeit verfügt, dem sei ein Besuch in der denkmalgeschützten Huf- und Hackenschmiede Lindemayr empfohlen. Der berühmte Schmied Andreas Ferdinand Lindemayr (1686-1759) fertigte darin ua. das Abschlußgitter der Stiftskirche Spital, eines der schönsten schmiedeeisernen Kunstwerke Österreichs.

Zugänglichkeit:
Diese zünftige Almwanderung empfiehlt sich nach der Schneeschmelze von Anfang Mai bis Ende Oktober. Die Steige und Waldwege sind gut markiert, festes Schuhwerk ist erforderlich.

Besonderheiten:
Die Lindemayrschmiede kann von Gruppen im Rahmen der Ausstellung „Pilger, Paß und Puschen" besucht werden. Führungsdauer mit Schmiedevorführung ca. 1 h, Anmeldung beim Tourismusbüro erforderlich.

Information:
Tourismusverband Spital am Pyhrn, Tel. 07563/249

Einkehrmöglichkeiten:
Rohrauerhaus: bewirtschaftet von Mitte Mai bis Ende Oktober (täglich), Tel. 07563/660
Bosruckhütte: bewirtschaftet vom 1. Mai bis Ende Oktober sowie von Weihnachten bis Ostermontag (täglich), Tel. 07563/666
Hofalm: bewirtschaftet von Mitte Mai bis Mitte September täglich, bis Ende Oktober an Wochenenden.
Eisenstraßenwirt Hotel Freunde der Natur, Spital Nr. 7, Tel. 07563/681, kein Ruhetag

Tour 8

DEN SPUREN DES HÖHLENBÄREN

Ebener und leicht begehbarer Rundwanderweg auf der Wurzeralm vor der Kulisse des mächtigen Warscheneckstocks im Toten Gebirge. Nur einen Abstecher entfernt, am Brunnsteiner See, entspringt die Teichl, die mäandrierend das naturgeschützte Moor des Teichlbodens durchquert. Für die naturkundlich interessante Rundwanderung sollte man sich Zeit nehmen für bewußtes Hinhören, Riechen und Fühlen.

Ausgangspunkt:
Bergstation Wurzeralm-Standseilbahn (1430m) in Spital am Pyhrn

Zufahrt:
A1 Abfahrt Voralpenkreuz – A9 bis Inzersdorf – B138 bis St. Pankraz – A9 bis Abfahrt Spital am Pyhrn – nach Autobahnabfahrt rechts bis zum Parkplatz Wurzeralm-Talstation

Gehzeit:
Rundwanderweg am Teichlboden 2 h
Optionen: Abstieg von der Wurzeralm zur Talstation 1,5 – 2 h, Gewässerlehrpfad von Talstation ins Ortszentrum Spital 3/4 h.

Die Wanderung auf der Wurzeralm ist eine höchst interessante erdgeschichtliche Zeitreise. Vor rund 200 Millionen Jahren bildeten sich in den tropischen Südseen aus Milliarden Tonnen von Skeletten abgestorbener Korallen, Schnecken, Muscheln und Tintenfische jene Kalke, die dann vor 20 Millionen Jahren als Alpen aus dem Meer zu wachsen begannen. Ein Hügelland entstand, das sich nach und nach zum Bergmassiv aufbäumte. Anfangs tropisch bewachsen, setzte bald die Verkarstung ein. Und dort, wo früher auf sanftwelligem Gelände Laubwald stand, formten Wasser und Eis in Millionen von Jahren die heute zu sehenden Karstplateaus und schroffen Gebirgsformen des Toten Gebirges. Klimaveränderungen haben immer wieder Vegetationsveränderungen gebracht und die Besiedelung dieses Gebietes durch Mensch und Tier geprägt. Ein sensationeller Fund in der sogenannten Rameschhöhle auf 1960m Höhe, knapp unter dem Warscheneckgipfel, bezeugt uns die Anwesenheit des vorwiegend als Pflanzenfresser bekannten Höhlenbären auf der Wurzeralm. Er hat in der letzten Warmzeit zwischen der Riß- und der Würm-Eiszeit vor ca. 128.000 bis 117.000 Jahren und dann wieder in einer eisfreien Periode der letzten Eiszeit vor 64.000 bis 45.000 Jahren ausreichend Nahrung vorgefunden. Gejagt wurde er von den Neandertal-Menschen, die anläßlich ihrer Jagdzüge ebenfalls in die Rameschhöhle gekommen sein dürften, wie gefundene Hornsteinartefakte nahelegen. Das vollständige Skelett des Höhlenbären und Funde von Höhlenbärenknochen sind, neben den geheimnisvollen Felszeichnungen vom Warscheneck, im Felsbildermuseum im ehemaligen Stift Spital am Pyhrn zu sehen.

Bequem erreichen wir in wenigen Minuten mit der Wurzeralm-Standseilbahn die Bergstation und folgen dem Schild „Teichlboden-Rundwanderweg“. Vor der mächtigen Kulisse des Warschenecks wandern wir am Frauenkar-Schilift vorbei und verlassen den Rundweg, um zum Brunnsteiner See zu gelangen. Der idyllische Bergsee beheimatet Molche und die vom Aussterben bedrohten Lurche. Und er ist auch Ursprung der Teichl, die sich von hier

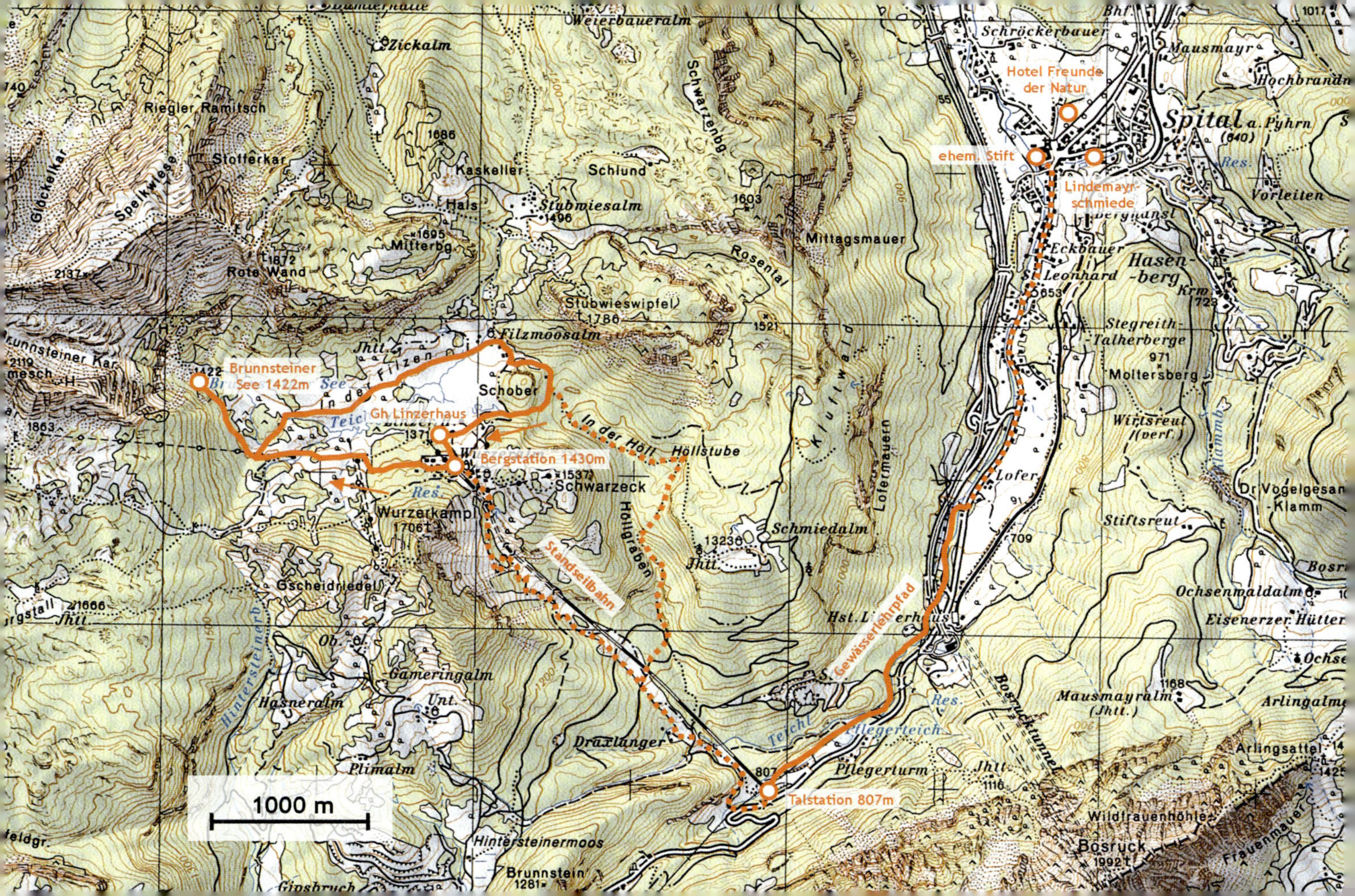
Hotel Freunde der Natur
ehem. Stift
Lindemayr-schmiede
Brunnsteiner See 1422m
Gh Linzerhaus
Bergstation 1430m
Standseilbahn
Gewässerlehrpfad
Talstation 807m
1000 m

ihren verschlungenen Weg durch die Moore am Teichlboden sucht.

Die naturgeschützten Moore haben eine interessante Geschichte: Bis vor etwa 7000 Jahren bestand am heutigen Teichlboden ein See, der dann mit Moosen verlandete. Vor 5000 Jahren dürfte die gesamte Fläche bewaldet gewesen sein. Nachdem der Mensch den Wald gerodet und die heutige offene Fläche geschaffen hatte, geriet vermutlich ein Teil des Filzmooses ins Rutschen, wodurch sich ein oberes und ein unteres Moor bildete.

Vom Brunnsteiner See auf den Rundweg zurückgekehrt, folgen wir der Teichl. Ein Plätschern, Rauschen und Gurgeln begleitet uns entlang des mit Latschen durchsetzten Moores hinüber zu den Filzmooshütten unterhalb des Stubwieswipfels. Pferde und Kühe werden hier aufgetrieben, die auch das Moor beweiden. Hoffentlich tragen sie nicht dazu bei, die Erosionsvorgänge am Moor voranzutreiben.

Wie von Zauberhand verschwindet dann die Teichl im Untergrund und sucht sich einen verborgenen Weg. Sie wird erst am Gewässerlehrpfad im Tal wieder zum Vorschein kommen, wo sie sich mit dem Pyhrnbach verbindet. Das Versickern des Wassers in Karen und Dolinen ist im Kalkgestein keine Seltenheit und das Ergebnis eines jahrmillionenlangen Zusammenschmelzens der Kalkgebirge. Von der „Teichlschwind" erreichen wir wenig später wieder die Bergstation. Hier legen wir vorerst die verdiente Rast ein und lassen uns im ÖAV-Berggasthof Linzerhaus von der Wirtin mit regionalen Spezialitäten laben. Während es ein Teil unserer Wanderschar vorzieht, bequem mit der Standseilbahn nach Spital zurückzukehren, um sich den Höhlenbären im Felsbildermuseum anzusehen, marschiere ich mit den älteren Kindern auf der Schotterstraße ins Tal hinunter. Von der Talstation ins Ortszentrum Spital erfahren wir auf dem 3,5 km langen Gewässerlehrpfad unter anderem über Ufergehölze, die Wassergüte, was die Lieblingsspeise der Forellen ist und wie das Wasser Höhlen im Kalkgestein entstehen läßt.

Zugänglichkeit:
Wegen der Höhenlage empfiehlt sich die Teichlboden-Wanderung erst nach dem Aperwerden im Mai. Für Wanderungen mit Kindern sehr zu empfehlen. Für die Zutalwanderung empfiehlt sich festeres Schuhwerk.

Besonderheiten:
Felsbildermuseum und Multimedia-

schau über das geologische Entstehen der Region: geöffnet vom 1. Mai bis 15. Oktober täglich außer Montag von 10 - 12 Uhr und 14 - 17 Uhr. Für Gruppen nach Voranmeldung auch außerhalb dieser Zeiten möglich.

Information:
Tourismusverband Spital/Pyhrn,
Tel. 07563/249
Fahrzeiten der Standseilbahn: Durchgehender Sommerbetrieb von Mitte Juni bis Mitte Oktober, Montag bis Freitag 8.30 – 12.00 Uhr und 13.00 – 16.30 Uhr, Samstag, Sonntag, Feiertag 8.30 – 12.00 Uhr und 13.00 – 17.00 Uhr, Fahrt zu jeder vollen Stunde, Gipfelstürmer-Fahrt um 7.00 Uhr bei Schönwetter, Änderungen vorbehalten. Infotelefon 07563/248

Einkehrmöglichkeiten:
Eisenstraßenwirt ÖAV-Berggasthof Linzerhaus, bei der Bergstation Wurzeralm, Tel. 07563/237, kein Ruhetag
Eisenstraßenwirt Hotel „Freunde der Natur", Spital/Pyhrn Nr. 7 (nahe dem Stift), Tel. 07563/681, kein Ruhetag

Tour 9

Natur und Technik am Klausersee

Entlang des 5 km langen Lehrpfades spüren Sie die intensive Spannung zwischen landschaftlicher Idylle und imposanten Technikbauten. Dort, wo seit Jahrhunderten menschlicher Tatendrang auf ungestüme Natur trifft, erfahren Sie Wissenswertes von der ersten Blütezeit österreichischer Tunnelbaukunst, dem Entstehen der steilen Konglomeratwände, den seltenen Pflanzen am Steyrufer, dem Fischreichtum im Klausersee und dem innovativen Kalksteinabbau in Steyrling.

Ausgangspunkt:
Parkplätze beim Bahnhof Klaus

Zufahrt:
A1 Abfahrt Voralpenkreuz – A9 bis Inzersdorf – B 138 bis Klaus.
Aus Richtung Graz auf der A9 bis St. Pankraz und weiter auf der B138 nach Klaus.
Bahnbenützer erreichen Klaus mit der Pyhrnbahn (Linie 14) von Linz.

Gehzeit:
Bahnhof Klaus bis Bahnhof Steyrling 1,5 h - 2 h, Verlängerung bis zum Elisabethsee und Gh Steyrbrücke weitere 1,5 h, von dort zum Bahnhof Hinterstoder 30 min.

Der Ortsname Klaus leitet sich von „Klause“ her, also einem engen, leicht zu sperrenden Taldurchgang. An der Schnittstelle zweier Bergzüge, des Sengsengebirges und der Kremsmauer, hatte dieses Tal schon in der Römerzeit eine strategische Bedeutung erlangt. An der 1,5 m breiten Militärstraße, einer der wichtigsten Nord-Süd-Verbindungen über den Pyhrn, bestand hier eine Raststation. Erste Befestigungen wurden vermutlich im 10. Jahrhundert angelegt, eine Burg ist um 1100 urkundlich erwähnt. Ohne Duldung des Machthabers der Festung Klaus konnte der niedrige Pyhrnpaß nur schwer erreicht werden! Bis zur Mitte des 18. Jahrhunderts hatten Durchreisende eine Wegemaut zu entrichten. Aus der gewichtigen Vergangenheit sind noch das Schloß Klaus und die sehenswerte Bergkirche erhalten, in der alljährlich Konzerte abgehalten werden.

Vom Bahnhof werden wir zunächst zur Bundesstraße hinunter geleitet, der wir rechts zum Kraftwerk folgen. Mit der Inbetriebnahme des Kraftwerks 1975 wandelte sich die tief eingeschnittene Schlucht der Steyr zu einem langgezogenen, fast einen Quadratkilometer großen Stausee: Bei normalen Verhältnissen drücken 12,6 Millionen Kubikmeter Wasser gegen die 55m hohe Staumauer. 2 Kaplanturbinen erzeugen rund 17.000 Kilowatt elektrische Leistung - sie könnten damit eine Stadt wie Steyr mit Strom versorgen. Am gegenüberliegenden Ufer sehen wir die „Flügelwolke“, eine zeitgenössische Plastik, die vom englischen Künstler Pascal Schöning zur Landesausstellung „Land der Hämmer“ 1998 geschaffen wurde.

Nach einem Stück entlang der Bundesstraße passieren wir jene Stelle, an der sich das Sensenwerk „Im Graben“ - unten in der Steyrschlucht - befunden hat. Es wurde 1936 in ein Kraftwerk umgebaut und versank schließlich im Stausee. Kurz darauf verlassen wir die Bundesstraße rechts zum Parkplatz hin, und unter der Straße hindurch betreten wir den Fischersteig. Dabei begleiten uns die Tunnels und Hangbauten der Pyhrnbahn, die zwischen 1901 und 1906 unter großer Anstrengung

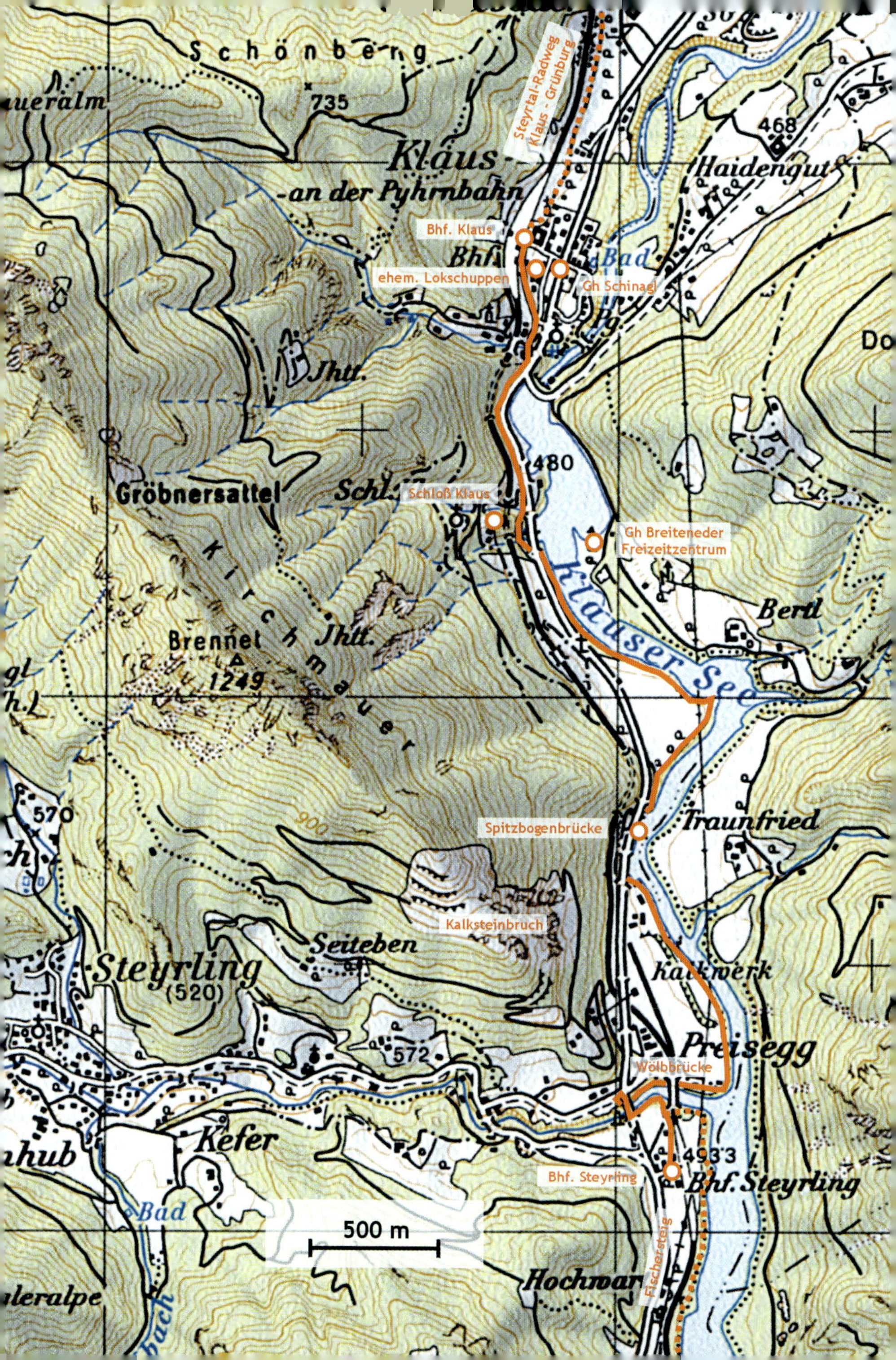

Schönberg
735
Steyrtal-Radweg Klaus - Grünburg
Klaus
an der Pyhrnbahn
468
Haidengut
Bhf. Klaus
Bhf
ehem. Lokschuppen
Gh Schinagl
Bad
Jhtt.
480
Gröbnersattel
Schl.
Schloß Klaus
Gh Breiteneder
Freizeitzentrum
Klauser See
Bertl
Kirchmauer
Brennet
1249
Jhtt.
570
900
Spitzbogenbrücke
Traunfried
Kalksteinbruch
Seiteben
Steyrling
(520)
Kalkwerk
Preisegg
572
Wölbbrücke
Kefer
493'3
Bhf. Steyrling
Bhf. Steyrling
Bad
500 m
Fischersteig
Hochwar

und mit vielen Opfern gebaut wurden. Der Fischersteig führt uns auf weichem Waldboden entlang der Schluchtoberkante zu idyllischen Plätzen.

Die Gletscher der Eiszeit haben diesen Teil der Landschaft ganz entscheidend geprägt. Eisströme schürften das Steyrtal aus, Gletscher und Schmelzwässer ließen riesige Schotterbänke zurück, und kalkhaltiges Wasser hat die Deckenschotter zu Konglomerat verfestigt. Da in der letzten Eiszeit die Gletscher nicht mehr ins Steyrtal vorstießen, konnte sich die Steyr in diese Schotter eingraben, so daß ein bis zu 50m tiefer und 20 km langer Canyon entstand, von dem heute noch die Oberkanten aus dem grünen Wasser des Stausees ragen. An den steilen Schluchtwänden blühen sogar alpine Pflanzen wie Zwergalpenrose oder Peterg'stamm auf nur 400m Seehöhe! Ihre Samen wurden nämlich aus dem Gebirge herabgeschwemmt.

Eine Schotterstraße führt uns wieder vom See weg, hoch über uns sehen wir die Abbrüche des Kalksteinbruchs Steyrling. Täglich werden hier 2000 Tonnen Kalk gebrannt und ins Linzer VÖEST-Stahlwerk transportiert. Dieser wird bei der Stahlerzeugung zur Neutralisierung saurer Erze in der Sinteranlage benötigt. Ein nostalgisches Erlebnis ist die Begegnung mit der alten Pyhrnstraße, die zur Römerzeit „Via Norica“ hieß und von der noch ein Teil erhalten ist. Die Pyhrnroute war die kürzeste Verbindung von Aquilea an der oberen Adria nach Ovilava (Wels) und zur Donau.

Schließlich treffen wir auf eine Rarität, die 102 m lange Wölbbrücke der Pyhrnbahn, die seinerzeit zu den größten der Welt zählte und sich imposant über uns erhebt. Sie überwindet die Mündungsschlucht der Steyrling und wurde mit tonnenschweren Mauthausener Granitquadern, die sorgfältig aneinander gereiht wurden, gebaut.

Auf Metallstiegen steigen wir zur Steyrling hinunter, und nach einem weiteren Auf und Ab entlang der fast senkrecht abfallenden Wand erreichen wir den Sockel der Bundesstraßenbrücke. Über eine sehr steile Metallstiege gehen wir hinauf zur Bundesstraße, überqueren die Brücke und halten uns auf der anderen Seite sofort wieder links, weiter am Fischersteig. Abwechlungsreich und vorbei an schönen Aussichtsplätzen geht es noch ein Stück durch den Wald, bis wir diesen direkt am Gelände des Bahnhofes Steyrling wieder verlassen.

Für Wandervögel ist es sehr lohnend, vom Bahnhof Steyrling auf dem Fischersteig zum Elisabethsee beim Gh Steyrbrücke bzw. zum Bahnhof Hinterstoder weiterzuwandern, von wo man den Ausgangspunkt ebenfalls wieder mit der Bahn erreicht.

Zugänglichkeit:
Empfehlenswert vom Spätwinter bis in den Spätherbst, wenn höhergelegene Ziele noch immer oder bereits schneebedeckt sind. Die leichte Wanderung weist nur beim Steyrling-Übergang eine Steigung in Form von zwei steilen Metallstiegen aufweist. Besonders bei feuchter Witterung ist gutes Schuhwerk empfehlenswert.

Information:
Tourismusverband Klaus,
Tel. 07585/577

Einkehrmöglichkeiten:
Gh Schinagl, Klaus 62, Tel. 07585/6000,
Ruhetage: Dienstag und Mittwoch
Gh Breiteneder mit Freizeitzentrum (Bootsfahrten, Bademöglichkeit),
Tel. 07585/310
Eisenstraßenwirt Gh Steyrbrücke mit Wilderermuseum,
Kniewas 17, Tel. 07565/313,
Ruhetag: Montag

Tour 10

Rundwanderung Frauenstein und Paltenbachtal

Leichte, familienfreundliche Rundwanderung auf Forststraßen, Güterwegen, Karren- und Wiesenwegen im mittleren Steyrtal.

Ausgangspunkt:
Wallfahrtskirche Frauenstein in der Nationalparkgemeinde Molln

Zufahrt:
A1 Abfahrt Voralpenkreuz – A9 bis Inzersdorf – B138 bis Gh Steinwänd, links abbiegen – auf die Steyrtalbundesstraße B140. Nach ca. 500 Metern rechts abzweigen zur Wallfahrtskirche Frauenstein. Oder von Steyr auf der B122 und ab Sierning auf der B140 über Leonstein nach Frauenstein.

Gehzeit:
Mit einem Abstecher zum Jugendstilkraftwerk Steyrdurchbruch 2,5 h

Bevor wir uns auf Wanderschaft begeben, statten wir der Wallfahrtskirche Frauenstein einen Besuch ab. Ursprünglich befand sich an dieser Stelle eine Burg, die im 15. Jahrhundert zum Kloster Garsten gehörte. In dieser Zeit baute man die Festung in eine Kirche um, die 1488 geweiht wurde. Schon früh hat sich die Kirche zu einem Marien-Wallfahrtszentrum entwickelt. Im Inneren der Kirche finden wir die berühmte Schutzmantelmadonna, eines der bedeutendsten Holzschnitzkunstwerke im deutschsprachigen Raum. Sie wurde im Jahr 1515 vom Ulmer Meister Gregor Erhard geschaffen. Unter dem Schutzmantel der hl. Maria ist Kaiser Maximilian I. zu erkennen. Der Legende nach hat Maximilian die Schutzmantelmadonna von Frauenstein in Auftrag gegeben, nachdem er in Seenot geraten war und in höchster Not die hl. Maria um Hilfe angerufen hatte. Zum Dank für sein Überleben stiftete er die prächtige gotische Schutzmantelmadonna von Frauenstein.

Von der Kirche wandern wir zwischen Friedhof und Stadel, auf dem sich der Hinweis „Europäischer Fernwanderweg Pyrenäen - Jura - Neusiedler See“ findet, über eine Wiese abwärts, queren diese Richtung Nordosten bis zur Straße und gelangen zu einem Bauernhof. Von diesem wandern wir auf einem Karrenweg leicht bergauf, an Obstbäumen vorbei, zu einer Wiese. Wir überqueren diese und kommen zum Sattel hinauf. An einem Durchlaß gelangen wir in eine Weide und wandern entlang des Weidezauns, vorbei an drei Fischteichen, leicht bergab zum Spurweg, der uns zum Gh Forsthubgut führt. Das Forsthubgut gehört zu den ältesten Häusern im Gemeindegebiet von Molln. Es war im Mittelalter Pflegegericht mit Richtstätte. Vom Volksmund wird behauptet, daß hinter dem Haus auch Strafen vollzogen wurden. Interessant ist die mit einem Doppeladler geschmückte Haustür. Wir wandern ca. 150 m auf dem Güterweg Richtung Ramsau und zweigen links ab. Vorbei an zwei Häusern wandern wir nun auf einer Schotterstraße leicht bergab zum Paltenbach, den wir auf einer Holzbrücke überqueren. Entlang des romantischen Weges entdecken wir mehrere wunderbare Badeplätze. Kalt, aber erfrischend ist das glasklare und sauerstoffreiche Wasser der Palten – idealer Lebensraum der Bachfo-

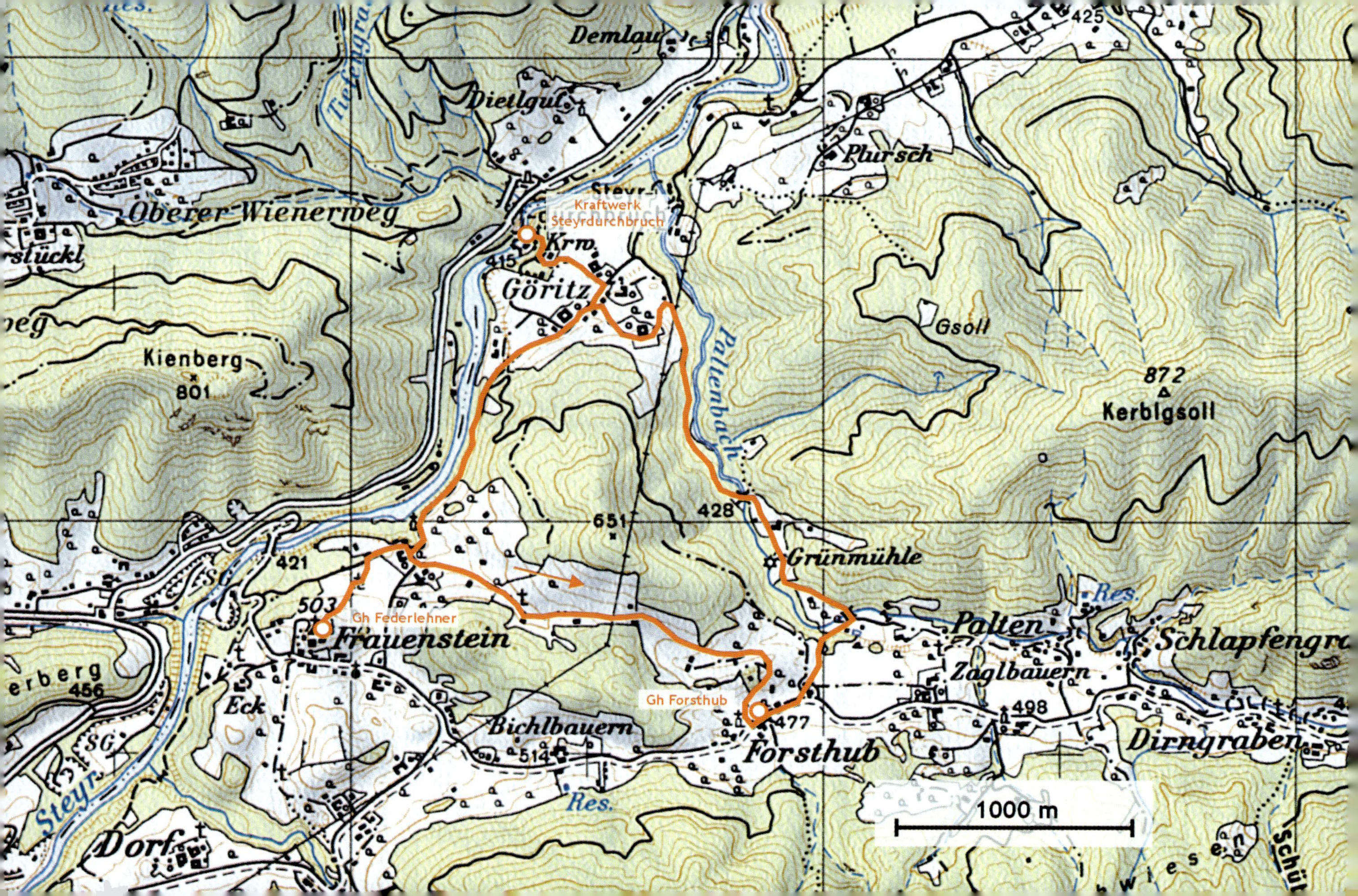
Kraftwerk Steyrdurchbruch
Gh Federlehner
Gh Forsthub
Demlau
Dietlgut
Plursch
Oberer Wienerweg
Göritz
Gsoll
Kienberg
801
872
Kerbigsoll
Paltenbach
651
428
421
503
415
425
Grünmühle
Res.
Palten
Schlapfengr
Zaglbauern
498
Frauenstein
Eck
Bichlbauern
514
477
Forsthub
Dirngraben
456
Steyr
Dorf
1000 m

relle. Wir trocknen uns noch kurz in der Sonne und setzen unseren Rundwanderweg über eine zweite Holzbrücke fort. Durch einen dichten Auwald gelangen wir leicht bergwärts zu einer Weggabelung, an der wir uns links halten und das Kerblgut erreichen. Der Weg führt uns hinter dem Bauernhof, an einer stattlichen Linde vorbei, auf den Güterweg, der uns links nach Frauenstein zurückführt.

Bevor wir dies tun, statten wir noch dem Jugendstilkraftwerk Steyrdurchbruch einen Besuch ab: Wir überqueren den Güterweg und wandern geradeaus über die Wiese zu diesem zweifellos schönsten Kraftwerk Österreichs hinab. Es wurde vom Jugendstilbaumeister Mauriz Balzarek 1907/08 errichtet und zählt heute zu den bedeutendsten technischen Baudenkmalen Europas. Da auf der Steyr noch bis nach dem 2. Weltkrieg Holz getriftet wurde, war es notwendig, eine eigene Triftgasse vorzusehen. Heute wird diese Rutsche gelegentlich von Kajakfahrern benutzt.

Nach diesem kurzen Abstecher wandern wir zurück zum Güterweg und auf diesem nach Frauenstein. Schon bald haben wir einen herrlichen Blick auf die Frauensteiner Kirche mit dem dahinter liegenden Großen Priel. Beim Bauernhof „Unterführholzergut“ (Urlaub am Bauernhof), wo man einen ausgezeichneten Most bekommt, zweigen wir von der Straße links ab und erreichen den Weg, der uns über die Wiese schließlich zum Ausgangspunkt zurückbringt.

Wer über die Geschichte von Molln, die Maultrommelmacher, die Schüssler und Schaufelhacker und den Nationalpark Kalkalpen mehr erfahren möchte, dem sei im Anschluß ein Besuch im „Museum im Dorf“ in Molln empfohlen.

Zugänglichkeit:
Ganzjährig begehbar, der unmarkierte Weg hat nur wenige, leichte Anstiege.

Besonderheiten:
Jugendstilkraftwerk Steyrdurchbruch: Gruppen können sich von Montag bis Donnerstag von 7 - 15.30 Uhr zu einer empfehlenswerten Führung anmelden (Tel. 07584/2491).

Die Architektur kann jederzeit auch ohne Führung besichtigt werden.

Information:
Tourismusbüro Molln, Tel. 07584/3939

Einkehrmöglichkeiten:
Gh Federlehner, neben Kirche Frauenstein, Tel. 07585/512, Ruhetag: Montag
Gh Forsthub (nur Getränke),
Tel. 07585/561

Tour 11

Durch die Steyrschlucht zum Naturphänomen Rinnende Mauer

Der Schluchtpfad führt entlang der Steyr durch eine der urtümlichsten Landschaften Oberösterreichs zu einem einzigartigen Naturschauspiel, der „Rinnenden Mauer“. Der Steig ist vom ÖAV und dem Nationalpark Kalkalpen mit insgesamt 12 Schautafeln ausgestattet, die über den Naturraum der Steyr informieren.

Ausgangspunkt:
Parkplatz beim Gh Roidinger (Stefanibrücke) in Molln

Zufahrt:
Von Kirchdorf oder von Steyr kommend auf Steyrtalbundesstraße B140 bis Leonstein - Abzweigung Molln - unmittelbar nach der Stefaniebrücke liegt rechter Hand das Gh Roidinger (ausreichend Parkplätze).
Auch per Fahrrad (vom Steyrtalradweg aus die Stefaniebrücke überqueren) oder mit öffentlichen Bussen (Bushaltestelle „Stefaniebrücke“) sehr gut zu erreichen.

Gehzeit:
reine Gehzeit 3 h, für genußvolle Wanderung oder einen Besuch der Mollner Maultrommelmacher aber etwas mehr Zeit einplanen.

Der Weg beginnt an der Straßenkreuzung beim Gh Roidinger, wo auch die erste Schautafel „Naturweg Steyrschlucht“ aufgestellt ist. Auf dem Güterweg geht es vorerst flußaufwärts. Nach ca. 250 m verlassen wir die Straße und zweigen rechts in eine schmaler werdende Straße ein, die uns in einem Bogen hinunter zum Flußufer der Steyr bringt. Von nun an begleitet uns das Rauschen der Steyr, und aus dem Schottersträßchen wird ein romantischer Schluchtsteig, der sich in leichtem Auf und Ab entlang der mächtigen Konglomeratwände und der grünen Steyr dahinschlängelt. Kinder fühlen sich von diesem Steig, den weißen Schotterbänken und den überhängenden Konglomeratwänden, die in dieser Form kaum wo zu finden sind, magnetisch angezogen.

Das augenfälligste am Wasser der Steyr ist wohl seine Farbe: ein intensives Smaragdgrün. Die Färbung rührt vom Kalk der Gebirge und Gerölle her, der im Wasser gelöst ist. In der mächtigen Konglomeratschlucht der Steyr stößt man auch auf eine Vielfalt besonderer Pflanzengemeinschaften. Diese entwickelten sich aufgrund geologischer und klimatischer Sonderbedingungen, die in der Schlucht herrschen (Schluchtklima). Wer genau beobachtet, entdeckt in den Schluchtwänden auch Pflanzen aus dem Hochgebirge wie bspw. die Zwergalpenrose, das Petergstamm, das Jagerbluat und auch den Weißen Germer. Dieser Teil der Steyr ist zugleich Heimat des Fischotters, den man in Oberösterreich sonst nur mehr im Mühlviertel vorfindet.

Nach ca. 45 Minuten Gehzeit treffen wir auf die Einmündung der Krummen Steyrling, wo sich an schönen Tagen ein weiter Schotter- und Sandplatz zum Sonnen und Rasten anbietet.

Die Markierung geleitet uns nun über einen Holzsteg zu imposanten Konglomeratwänden und führt uns vom Uferbereich hinauf an die Schluchtoberkante.

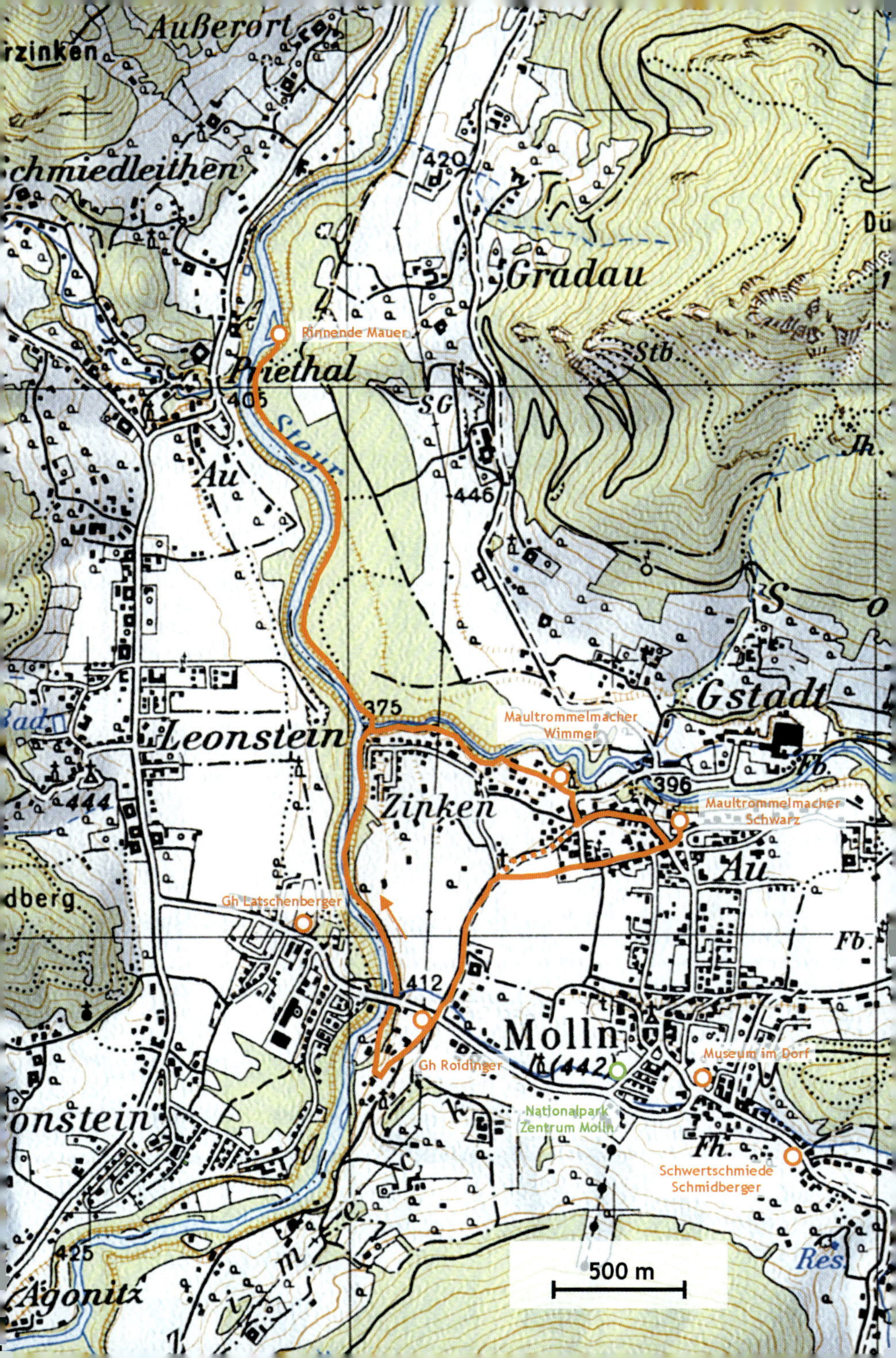

Außerort
Gradau
Priethal
Steyr
Au
Leonstein
Zinken
Gstadt
Au
Molln
Agonitz
420
405
446
375
396
412
444
425
(442)
Rinnende Mauer
Maultrommelmacher
Wimmer
Maultrommelmacher
Schwarz
Gh Latschenberger
Gh Roidinger
Museum im Dorf
Nationalpark
Zentrum Molln
Schwertschmiede
Schmidberger
500 m

Wir wandern, mit beeindruckendem Tiefblick auf die glitzernde Steyr, bis zu einer ausgedienten Seilbahnhütte. Nach ca. 50 m zweigt ein schmaler, anfangs schwer erkennbarer Steig nach links in die Schlucht ab, auf dem man bald zum Naturschauspiel „Rinnende Mauer“ gelangt.

Auf einer Strecke von etwa 60 Metern tritt Wasser direkt aus der Schluchtwand aus. Aus ca. 5 bis 7m Höhe fließt und tropft es aus den unzähligen Öffnungen des porösen Gesteins. Wie ein grüner Teppich überzieht eine prächtige Quellflur aus verschiedenen Moosen, Sumpfdotterblumen und Bitterem Schaumkraut das ansonsten trockene Konglomeratgestein. Und im Winter funkeln hier eine Vielzahl an Eiszapfen im Sonnenlicht um die Wette!

Nach diesem Naturschauspiel folgen wir dem Steig, den wir gekommen sind, bis über den Holzsteg bei der Mündung der Krummen Steyrling. Dort folgen wir dem Hinweis „Flötzersteig, Krumme Steyrling“ und wandern links der Steyrling entlang zu den Mollner Maultrommelmachern. Noch um 1830 haben in Molln 35 Maultrommelmeister mit ihren Gesellen und Familien bis zu 2,5 Millionen Stück dieses kleinen Musikinstruments gemacht und in die ganze Welt exportiert. Der Weg führt uns direkt vor das Haus und die Werkstätte von Maultrommelerzeuger Franz Wimmer, der sich beim Maultrommelmachen auch gerne über die Schulter schauen läßt. Größere Gruppen sollten ihren Besuch zuvor anmelden. Und auch der Maultrommelschaubetrieb Schwarz, der größere der Betriebe, liegt gleich in der Nähe. Nach dem Besuch bei den Maultrommelmachern wandern wir, den Ort Molln verlassend, 1 km in südwestlicher Richtung auf einer wenig befahrenen Straße zum Gh Roidinger zurück.

Zugänglichkeit:
Ganzjährig; im Sommer wegen des Schattens in der Schlucht und wegen der erfrischenden Abkühlung in der Steyr sehr beliebt. Da der schmale Weg zum Teil unmittelbar an der Schluchtoberkante verläuft, sind Trittsicherheit und Schwindelfreiheit nötig.

Information:
Tourismusbüro Molln, 4591 Molln,
Tel. 07584/3939

Einkehrmöglichkeiten:
Gh Roidinger vlg. Stefaniebrücke,
Tel. 07584/2314
Eisenstraßenwirt Gh Latschenberger, auf der Leonsteiner Seite der Stefaniebrücke direkt am Steyrtalradweg,
Tel. 07584/2756, Ruhetag: Dienstag

Tour 12

Im Herbst auf Gaisberg und Dürres Eck (1220m)

Nirgendwo sonst in den Nördlichen Kalkalpen findet man so prächtige Mischwälder wie in den Tälern rund um die Nationalpark Gemeinde Molln. Jeden Herbst erfreuen wir uns an ihrer bunten Farbenpracht, hebt das Rascheln des herb duftenden Buchenlaubs unsere Stimmung. Die Wanderung auf den nördlich von Molln gelegenen Gaisberg bietet eine außergewöhliche Sicht auf das herrliche Wald- und Gipfelpanorama des Steyrtals.

Ausgangspunkt:
Parkplatz bei Steyrlingbrücke in Gstadt bei Molln

Zufahrt:
A1 Abfahrt Voralpenkreuz – A9 bis Inzersdorf – B138 über Kirchdorf zur Abzweigung links auf B140 Steyrtalbundesstraße bis nach Molln zum Ausgangspunkt.
Oder von Steyr kommend: B122 bis Sierning – auf B140 über Leonstein nach Molln

Gehzeit:
3 h, Anstieg 800 Höhenmeter

Die Marktgemeinde Molln kann mit vielen Überraschungen aufwarten: Mit herrlichen, zum Teil ursprünglichen Landschaften, die im Nationalpark Kalkalpen zu entdecken sind. Aber auch mit beruflichen Raritäten wie Schwertschmied, Maultrommelmacher und Schaufelhacker. Noch heute werden keltische Schwerter, mittelalterliche Hellebarden, Ritterrüstungen, aber auch Truhen, Leuchter usw. in Molln produziert. Für ein kleines Salär zeigt uns Meister Johann Schmidberger, seiner Tätigkeit entsprechend in der Schmiedstraße Nr. 16 zu finden, seine beachtliche Sammlung mittelalterlicher Waffen und Beschläge sowie eine original erhaltene Zeug-, Huf- und Wagenschmiede aus der Zeit um 1600. Von einer Besuchergalerie beobachten wir den Meister, wie er in schweißtreibender Arbeit ein Schwert aus einem einzigen Stück Stahl ausschmiedet. Eine beachtliche Anzahl von Bühnen- und Filmhelden hat Schmidberger schon ausgestattet. Etwa Mel Gibson, der im Hollywoodfilm „Braveheart“ einen 1,30 m langen Bihänder aus Molln schwingt. Während Schmidberger sein Eisen aus sicherer Quelle bezieht, wußten seine Vorfahren aufgrund chronischen Eisenmangels im 16. Jhdt. oft nicht, woher sie diesen Rohstoff beziehen sollten.

Die Suche nach Eisenerz am Gaisberg fiel in diese Zeit. 1569 richtete ein gewisser Pischinger an den Kaiser ein Gesuch mit der Bitte, „in einem Gebürg so der Gaisberg genannt alda sich ain gut gediegen Erz sehen läßt“, ein Bergwerk errichten zu dürfen. Im Gstadt, wo wir unsere Wanderung beginnen, stand tatsächlich über viele Jahrzehnte ein Blähhaus, wo das Erz geschmolzen und in einem Welschhammer weiterverarbeitet wurde. Später standen an dieser Stelle, wo heute eines der modernsten Eloxalwerke steht, noch Blech- und Sensenhämmer, Drahtzüge und Pulverstampfen. Der Waldeisenabbau am Gaisberg ist durch mehrere brüchige Stolleneingänge belegt, in denen erst vor kurzem wagemutige Forscher altes Arbeitsgerät gefunden haben.

Nach der Steyrlingbrücke folgen wir

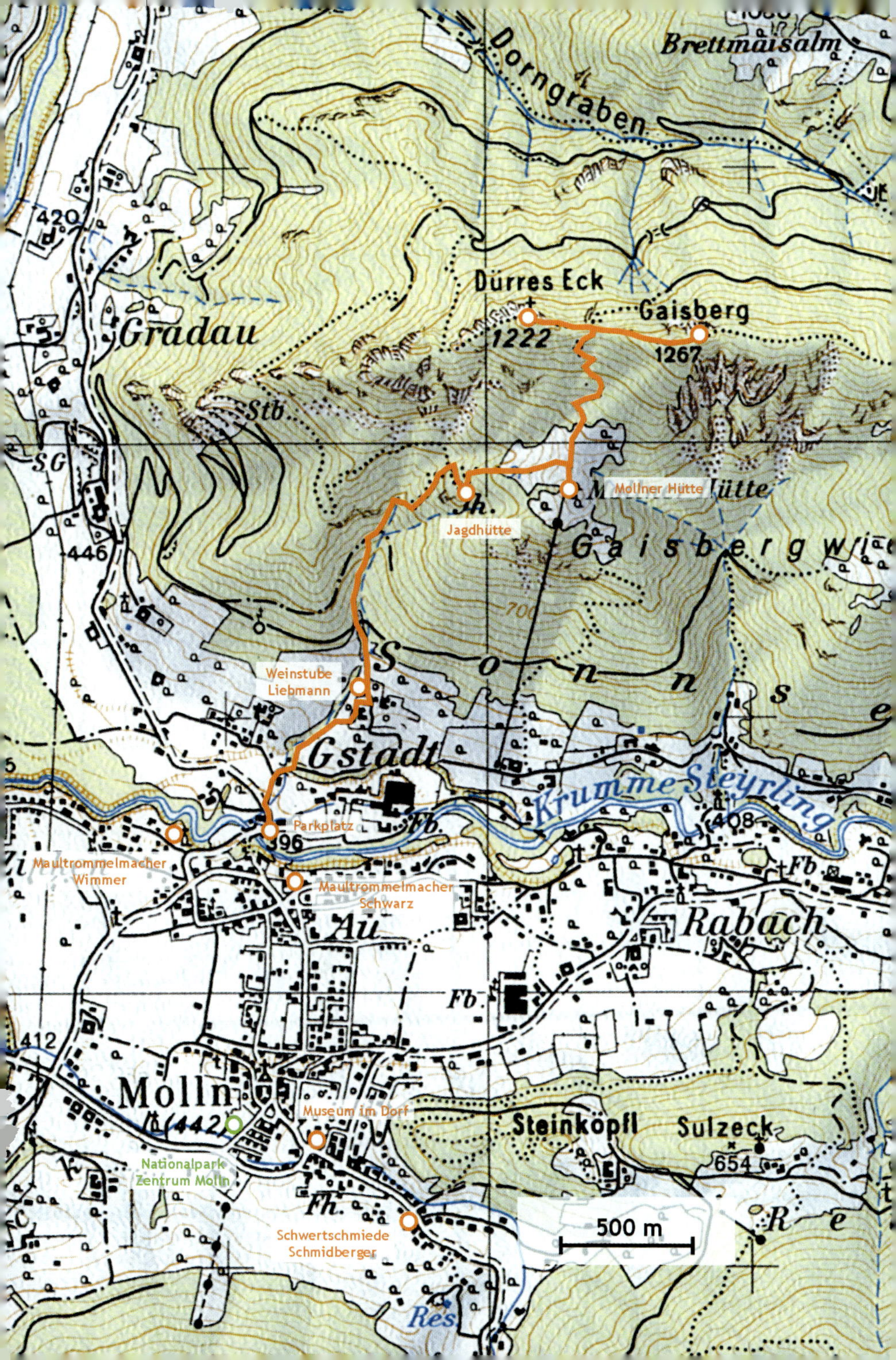

Brettmaisalm
Dorngraben
Dürres Eck
1222
Gaisberg
1267
Gradau
420
Stb
SG
446
Mollner Hütte
Jagdhütte
Gaisbergwi
700
Sonnse
Weinstube
Liebmann
Gstadt
Krumme Steyrling
408
Parkplatz
396
Fb.
Maultrommelmacher
Wimmer
Maultrommelmacher
Schwarz
Au
Rabach
Fb
412
Molln
(442)
Nationalpark
Zentrum Molln
Museum im Dorf
Steinköpfl
Sulzeck
654
Fh.
Schwertschmiede
Schmidberger
500 m
Res

dem Hinweisschild „Gaisberg-Mollner Hütte“ leicht bergan zu einer kleinen Siedlung. Der Markierung 1 folgend zweigen wir zwischen den Häusern nach links in einen Waldweg ab und gelangen aufwärts zu einem Bauernhof und einer Zufahrtsstraße. Wir halten uns an das Hinweisschild „Mollner Hütte“ und kommen an der Weinstube Liebmann vorbei. Entlang der Weide verläuft ein Spurweg, über den wir zu einer Weggabelung gelangen. Hier könnten wir dem Forstweg links zur „Rinnenden Mauer“ folgen. Wir wandern aber geradeaus und kommen wenig später wieder auf eine Forststraße. Wir folgen dieser kurz nach rechts und steigen links in mehreren Serpentinen zu einer Jagdhütte hinauf. Wenige Meter von der Hütte lädt ein herrlicher Aussichtsplatz zu einer wohltuenden Verschnaufpause auf einem Bankerl ein. Hier sehen wir, daß in den umliegenden Wäldern mehr Buchen als Fichten zu finden sind, was eine historische Ursache hat. Über Jahrhunderte fehlten die Transportmöglichkeiten. Triften, also mit dem Wasserschwall treiben, ließ sich nur das Nadelholz. Die Buche war dafür zu schwer. Deshalb wurden Buchen meist nur zu Holzkohle gebrannt, falls sie nicht zu abgelegen standen. Dankbar über die erhaltenen Buchenmischbestände, die in ihrer herbstlichen Pracht unser Auge erfreuen, wandern wir noch ein kurzes Stück durch den Wald auf die Gaisbergwiesen. Zuletzt erreichen wir auf einem Waldsteig den Bergkamm, dem wir links zum Gipfelkreuz des Dürren Eck auf 1220m folgen. Und welch ein Ausblick! Über das Waldmeer erheben sich im Südwesten die markanten Berggipfel des Toten Gebirges, im Westen überragen die schroffe Kremsmauer und der Traunstein die bewaldeten Landsberge, und im Süden beeindrucken die Nordabfälle des langgezogenen Sengsengebirge. Im Norden reicht die Sicht weit über die Grünburger Hütte hinweg übers Alpenvorland bis ins

Mühlviertel. Nach reichlichem Gipfelgenuß wandern wir schließlich noch am Bergkamm zum kreuzlosen Gaisberg hinüber und kehren alsbald auf gleichem Weg zu den Gaisbergwiesen zurück, um der Mollner Hütte einen Besuch abzustatten. Schnell ist dann das Tal erreicht, und eine stimmungsvolle Herbstwanderung geht zu Ende.

Zugänglichkeit:
Ganzjährig begehbare, leichte Bergwanderung, die sich besonders für den Herbst empfiehlt. Wanderschuhe ver-

wenden, Proviant und Getränk nicht vergessen. Vorsicht mit Kindern im Gipfelbereich des Dürren Eck!

Besonderheiten:
Die Schwertschmiede Schmidberger kann während der normalen Arbeitszeit besichtigt werden. Besonders Gruppen werden um vorherige Führungsanmeldung gebeten, Tel. 07584/3073.

Information:
Tourismusverband Molln,
Tel. 07584/3939

Einkehrmöglichkeiten:
Mollner Hütte, Selbstversorgerhütte, bewartet am Wochenende und an Feiertagen von Mitte März bis Allerheiligen, 15 Schlafplätze, Tel. 07584/3229

Weinstube Liebmann, am Weg gelegen, Tel. 07584/3666, ab 17 Uhr geöffnet.

Eisenstraßenwirt Gh Latschenberger, in Leonstein knapp vor Steyrbrücke nach Molln, Tel. 07584/2756, Ruhetag: Dienstag

Tour 13

Über die Ebenforstalm auf den Alpstein und zur Schaumbergalm

Begeisternde Almwanderung im Nationalpark Kalkalpen zu einem von drei noch voll bewirtschafteten Almbetrieben im Hintergebirge.

Ausgangspunkt:
A1 Abfahrt Voralpenkreuz – A9 Pyhrnautobahn bis Inzersdorf – auf B138 bis 5 km nach Micheldorf – bei Tankstelle links abzweigen auf die B140 nach Molln – durch das Ortsgebiet Molln weiter in die Breitenau bis zum Parkplatz Bodinggraben.
Von Steyr über B122 nach Sierning – B140 über Leonstein nach Molln.

Gehzeit:
insgesamt 5 - 5,5 h, Anstiege ca. 940 Höhenmeter
Teilstücke: Bodinggraben – Ebenforstalm 1,5 h, Ebenforstalm – Alpstein 1 - 1,5 h, Alpstein über Luchsboden und Schaumbergalm in den Bodinggraben 2,5 h

Vom kleinen Bauernhaus beim Parkplatz im Bodinggraben (640m) wandern wir auf einem markierten Weg den Bodinggraben hinauf. Dabei kommen wir zunächst an einer Weide vorbei und wandern zumeist entlang des Baches, der den Fels an vielen Stellen ausgeschliffen und sogenannte „Boding“ gemacht hat. Diese haben der Gegend wahrscheinlich auch den Namen gegeben.

Durch den Wald wandern wir um den Schirmkogel herum und erreichen bald die Wiesen der Ebenforstalm, die sich uns mit dem Glockenbimmeln der Jungrinder und einiger Milchkühe ankündigt. Vom Sattel aus sehen wir die drei Almgebäude, die sich in den letzten Jahrzehnten kaum verändert haben, und hinter uns erblicken wir nun die bis zu 600m steilen Nordabfälle des langgezogenen Sengsengebirges, das mit dem Hohen Nock (1963m) als höchstem Gipfel den nördlichen Ausläufer der alpinen Kalkalpen bildet.

Nach dem Schaugenuß wandern wir 400 m hinab zur idyllischen Alm, wo wir von der Halterin Frau Leopoldine Meissl Topfen- und Speckbrote, Saft und Most kredenzt bekommen. Mit 15 Betten und 18 Lagerschlafplätzen eignet sich die Ebenforstalm auch als Stützpunkt für ausgedehnte Hintergebirgswanderungen bspw. hinüber auf die Anlaufalm oder über den Größtenberg nach Windischgarsten oder Rosenau.

Nach der Almfreude verabschieden wir uns mit einem Jauchzer und steigen wieder auf den Weidensattel hinauf, marschieren über die Wiese bis zum Waldrand unterhalb des Trämpls. Hier zweigen wir links in einen Steig ab und queren die Gestrüpp- und Waldflanke unter der Geißlucke. Wiesen-Bärenklau, Wiesen-Schafgarbe, Wiesen-Kerbel, Kuckucks-Lichtnelke und Trollblumen säumen unseren Steig. Durch Mischwald gelangen wir auf die einsamen Weideflächen des Luchsbodens. Besonders angetan sind wir von dem Meer von violett blühenden Disteln, die unseren Weg bis unterhalb des Gipfels säumen. Als wir uns die letzten Meter auf dem steiler und felsiger werdenden Steig zum Gipfelkreuz emporkämpfen, flüchtet eine Auer-

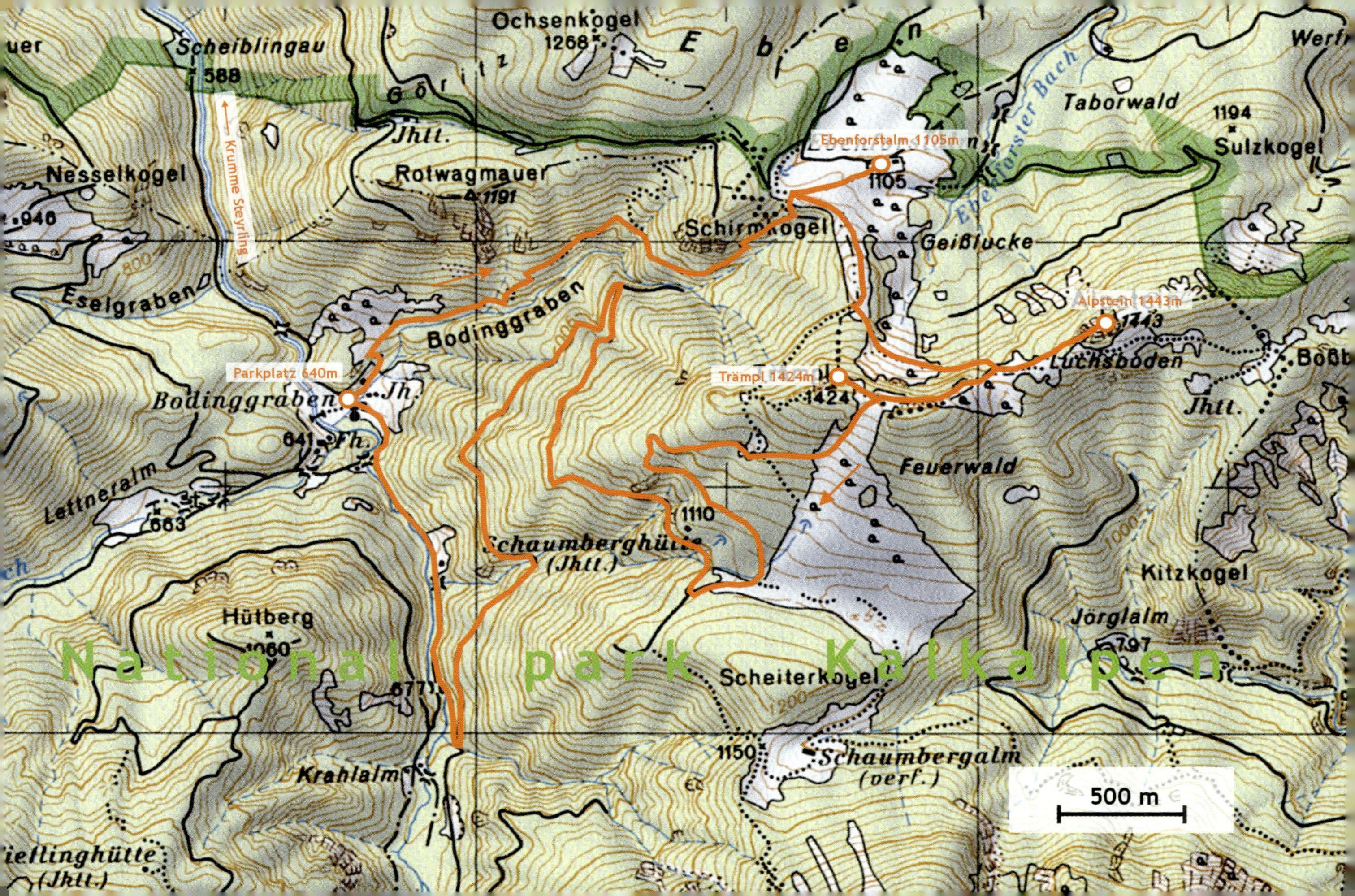

Ochsenkogel
1268
Scheiblingau
588
Krumme Steyrling
Nesselkogel
Eselgraben
Rotwagmauer
1191
Jhtt.
Schirmkogel
Ebenforstalm 1105m
1105
Geißlucke
Ebenforster Bach
Taborwald
1194
Sulzkogel
Alpstein 1443m
1443
Luchsboden
Trämpl 1424m
1424
Bodinggraben
Parkplatz 640m
Jh.
641
Fh.
Lettneralm
663
Feuerwald
1110
Schaumberghütte
(Jhtt.)
Kitzkogel
Jörglalm
797
Hütberg
1060
677
Nationalpark Kalkalpen
Scheiterkogel
1150
Schaumbergalm
(verf.)
Krahlalm
500 m

henne mit den Kücken (Gesperre), die sich wohl die zahlreich zu findenden Beeren schmecken ließen. Bei mitwandernden Kindern ist nun wegen des nordseitigen Abhanges Vorsicht geboten. Am Alpstein (1443m) haben wir einen herrlichen Ausblick auf die ausgedehnte Waldlandschaft des Hintergebirges mit dem Größtenberg als höchster Erhebung, die Gesäuseberge, das Sengsengebirge, den Trämpl und hinüber auf die Weiden der Anlaufalm. Unter uns liegt jetzt ganz klein die Ebenforstalm, von der wir heraufgestiegen sind.
Nach den Gipfelfreuden geht's über den Luchsboden zurück, wir schwenken aber nicht auf den Steig ein, den wir gekommen sind, sondern übersteigen einen Weidezaun und wandern auf einem wenig begangenen Steig die gegenüberliegende Wiese hinauf. An einer Felsmauer vorbei kommen wir auf einen Wiesensattel, von dem es nur mehr wenige Meter auf den 1424m hohen Trämpl sind, dem wir ebenfalls einen kurzen Besuch abstatten. Danach steigen wir über die vordere Wiese der Schaumbergalm hinunter, wobei unser Blick immer wieder auf dem Nordabfall des Größtenbergs haften bleibt. Wir halten uns unten rechts an den Waldrand, wo wir auf eine einmündende Forststraße stoßen, der wir in den Bodinggraben hinab folgen. Von der einmündenden Forststraße aus wäre die verfallene Schaumbergalm, einst ein stolzes Almgebäude, in einer Viertelstunde erreichbar.

In mehreren Serpentinen führt die Forststraße in den Bodinggraben, und wir kommen zur Krummen Steyrling, der wir zurück zum Ausgangspunkt folgen.

Zugänglichkeit:
Ganzjährig begehbar, im Winter auch mit Tourenski möglich. Festes Schuhwerk und Wanderausrüstung sind erforderlich. Am Alpstein ist Vorsicht mit Kindern geboten.
Die Ebenforstalm ist von der letzten Maiwoche bis 30. September bewirtschaftet.

Information:
Tourismusverband Molln,
Tel. 07584/3939

Einkehrmöglichkeiten:
Ebenforstalm, Halterin Frau Leopoldine Meissl, Tel. 0663/9674143

Gh Windhager, Fam. Kores, Breitenau 46, Tel. 07584/2112, Ruhetag: Mittwoch

Gh Steiner-Kraml, Breitenau 20,
Tel. 07584/3017, Ruhetag: Dienstag

Tour 14

Vom Hambaum zu den Planwiesen

Besonders für Blumenfreunde und Naturliebhaber interessante Wanderung zu den botanisch bemerkenswerten Planwiesen. Aber auch der schöne Blick über das Steyrtal macht diesen Ausflug lohnenswert.

Ausgangspunkt:
Forststraßenschranken 600 m unterhalb des Hambaumsattels in Leonstein, Gemeinde Grünburg.

Zufahrt:
Von Steyr oder Micheldorf auf die B140 Steyrtalbundesstraße bis Ortsgebiet Leonstein – abzweigen zur renovierten Pfarrkirche, dort vorbei Richtung Hambaum – nach 2,2 km bergauf durch den Wald erreichen wir 600 m unterhalb des Hambaumsattels eine beschrankte Forststraße, auf die wir links abzweigen. Vor dem Schranken finden wir eine Parkmöglichkeit vor.

Gehzeit:
2 – 2,5 h

Wir folgen der Forststraße hinter dem Schranken durch ein kurzes Waldstück und gehen leicht bergan. Bei einer Weggabelung halten wir uns an den unteren Wegverlauf und marschieren entlang des Weidezaunes an weidenden Kühen und Schafen vorbei. Am Wegrand begegnen wir bereits den blauen Glockenblumen, Heidenelken, Margeriten, der Pimpinelle und anderen Blumenschönheiten, die wir in den andernorts gedüngten Wiesen kaum mehr finden. Flach vorbei geht`s an einem einsamen Haus, bis uns ein Schild darauf aufmerksam macht, daß wir uns in einem Naturschutzgebiet befinden. Von nun an gehen wir auf einer nur selten befahrenen Forststraße stetig bergauf. Auffällig ist hier der gesunde Mischwald mit Eschen, Rotbuchen, Feldahorn, Fichten und vielen anderen Bäumen unserer Heimat.

Am Sattel angelangt finden wir eine Jagdhütte mit Sitzmöglichkeit, wo wir uns auch ausrasten können. Wir folgen nun der Forststraße links hinunter und kommen zum landschaftlich und botanisch schönsten Teil unserer Wanderung. Der Weg wird schmaler, und ein romantischer Steig läßt unsere Herzen höher schlagen. Unseren Blick lassen wir über den Gaisberg, das lange Sengsengebirge und über den unter uns liegenden Ort Molln, Heimstätte der Maultrommelmacher, schweifen. Im Sonnenlicht schillert auch die immergrüne Steyr herauf, die von hier aus noch frischer und reiner wirkt. Und schon bekommt man Lust, sich dort unten auf einer der zahlreichen weißgrauen Schotterbänke zum Baden niederzulassen. Aber die Blütenpracht, die sich plötzlich vor uns auftut, reißt uns aus unseren Träumen und lädt uns zum Verweilen ein. Der Gefranste Enzian, die Gelbe Trollblume, der Wiesen-Salbei, die Wiesen-Glockenblume, Hornklee, Echtes Johanniskraut, Heidenelken finden sich nebeneinander. Auch allerlei Insekten und vor allem viele Schmetterlinge haben sich hier auf den südostexponierten Hängen der Planwiesen eingefunden.

Nachdem wir eine ganze Weile Rast gemacht und uns an der wunderbaren Landschaft erfreut haben, wandern wir weiter und entdecken, daß sich auch der Wald gewandelt hat. Wir marschieren jetzt fast ausschließlich an Kiefern vorbei und entdecken unter uns nun auch die Wall-

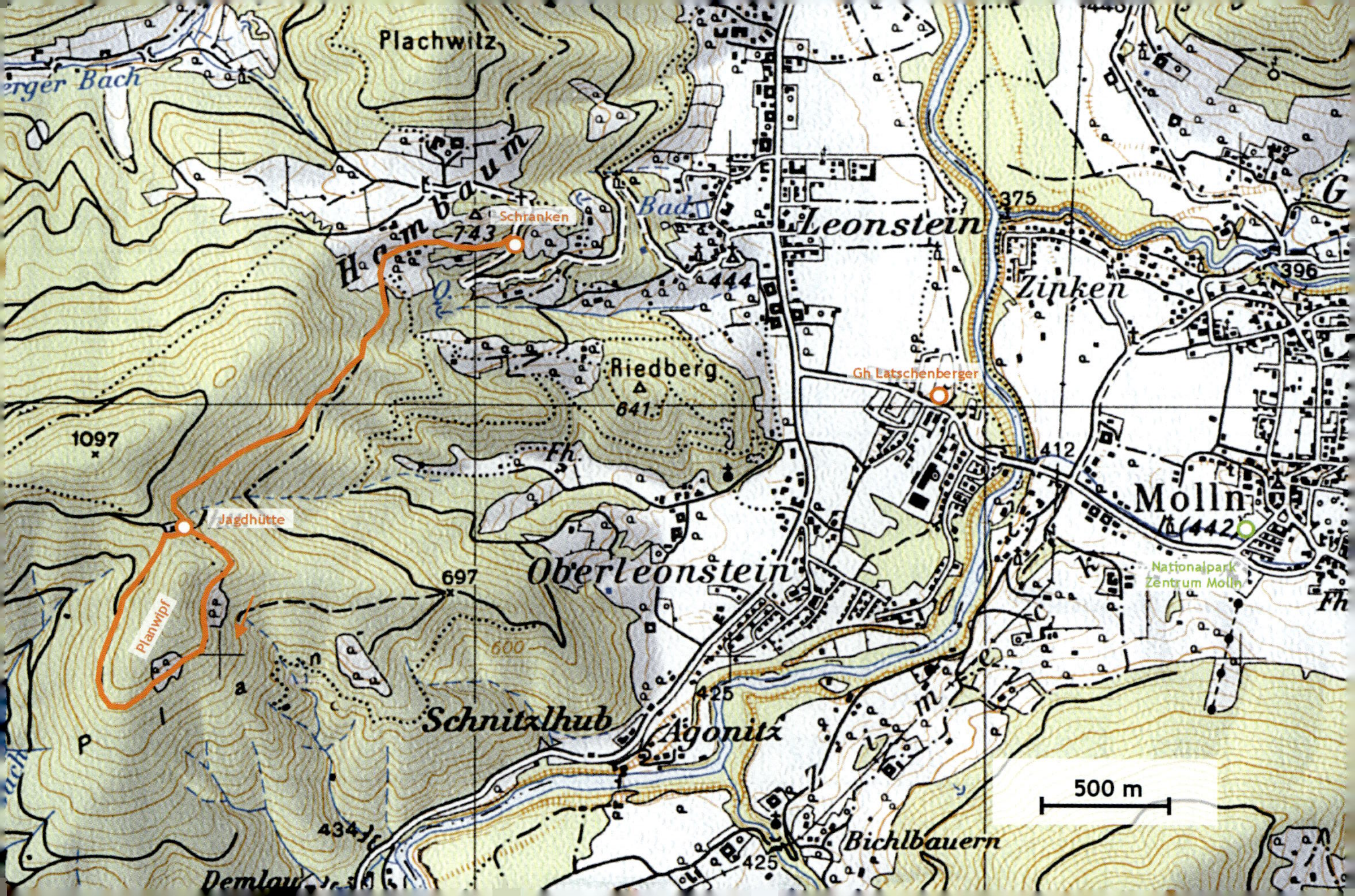

Plachwitz
Hambaum
Schranken
743
Bad
Leonstein
444
375
396
Zinken
Riedberg
841
Gh Latschenberger
Fh.
412
Molln
(442)
Nationalpark
Zentrum Molln
1097
Jagdhütte
697
Oberleonstein
Planwipf
600
Schnitzlhub
Agonitz
425
434
Bichlbauern
500 m

fahrtskirche von Frauenstein, in der sich eines der bedeutendsten Werke deutscher Schnitzkunst, die berühmte Schutzmantelmadonna, eine Stiftung Kaiser Maximilian I., befindet. Gleich danach erblicken wir das Jugendstilkraftwerk Steyrdurchbruch, das in der Zeit von 1907 bis 1908 von Architekt Mauriz Balzarek erbaut wurde und ein Industriedenkmal von europäischem Rang darstellt. Leider streift unser Blick am Gegenhang auch einen erst neu begonnenen Steinbruch, der eine tiefe Wunde in diese fast unberührte Naturlandschaft reißt.

An der Rückseite des Planwipf angelangt, entfaltet sich die Kremsmauer in ihrer vollen Länge. Hier mündet unser romantischer Steig wieder in eine Forststraße, der wir nun folgen. Bei einer Weggabelung folgen wir der bergan führenden

Schotterstraße und gelangen nach wenigen Minuten zur Jagdhütte, an der wir schon einmal vorbeigekommen sind.

Nun wandern wir mit vielen schönen Erinnerungen auf demselben Weg, auf dem wir gekommen sind, zum Ausgangspunkt unserer Tour zurück.

Wer jetzt einen Gusto auf eine ausgezeichnete Steyrtalforelle hat, dem sei der Eisenstraßenwirt Gh Waldklause im Talschluß der Pernzell in Leonstein empfohlen. Wer jedoch auf Hausmannskost Wert legt, sollte beim Gh Latschenberger, kurz vor der Stefaniebrücke Richtung Molln, einkehren.

Zugänglichkeit:
Ganzjährig begehbar, besonders zu empfehlen zur Zeit der Blumenblüte im Mai und im Juni oder im Herbst während der Laubverfärbung. Die leichte Wanderroute ist nicht markiert und hat nur einen Forststraßenanstieg im Mittelteil. Turn- oder Wanderschuhe sind ausreichend. Genug Proviant (Getränke) mitnehmen, entlang des Weges keine Versorgungsmöglichkeit.

Information:
Tourismusverband Molln,
Tel. 07584/3939

Einkehrmöglichkeiten:
Eisenstraßenwirt Gh Waldklause,
Fischspezialitäten, Pernzell 1,
Tel. 07584/3301,
Ruhetage: Montag und Dienstag

Eisenstraßenwirt Gh Latschenberger,
Richtung Molln vor Stefaniebrücke,
Tel. 07584/2756, Ruhetag: Dienstag

Tour 15

Auf und um die beiden Landsberge

Erholsame Bergwanderung über dem romantischen und waldreichen Steyrtal, die nur im Gipfelbereich des Kleinen Landsberges Trittsicherheit erfordert. Der wenig bekannte Aussichtsberg eignet sich bestens für Familientouren zu jeder Jahreszeit. Vom Gipfelkreuz hat man einen imposanten Rundblick auf die umliegenden Berge wie Dürres Eck, Gaisberg, Hoher Nock, Spering, Hochsengs und Traunstein sowie über das Alpenvorland bis zum Mühlviertel.

Ausgangspunkt:
Parkmöglichkeit am Ende des Güterwegs Landsberg, Gemeinde Grünburg

Zufahrt:
A1 Abfahrt Sattledt - Kremsmünster - Bad Hall - Waldneukirchen - B140 Steyrtalbundesstraße nach Grünburg und ca. 5 km Richtung Leonstein - rechts hoch auf den Güterweg Pernzell, nach 500 m links (Hinweisschild „Pension Unterrohregg, Pension Raffetseder") auf den Güterweg Landsberg - 2,5 km nach Verlassen der B140 endet der Güterweg, hier Parkmöglichkeit.

Gehzeit:
auf den Kleinen Landsberg (854m) 45 min, von da aus rund um die Landsberge weitere 2,5 h

Wir folgen ab der Absperrung (Fahrverbotstafel) noch 100 Meter dem Güterweg, dann weist uns ein kleines rotes Schild den kaum sichtbaren Pfad links über die Wiese hinauf. Eine vielfältige und bunte Flora begegnet uns: Wiesen-Glockenblume, Knabenkraut, Rotklee, Wiesensalbei, Echtes Johanniskraut, Bocksbart, Hornklee, Margarite und noch viel mehr blühendes Leben trotzt hier den immer härter werdenden Lebensbedingungen. Angezogen von den zahlreichen Gerüchen und der blühenden Bergwiese tummeln sich Schmetterlinge, Bienen, Käfer und verschiedenste Heuschrecken, um sich am reichen Angebot zu laben.
Nach einem kurzen, aber steileren Anstieg durch einen Jungwald gelangen wir auf eine Forststraße, der wir in Kehren bergwärts folgen. Schon wenig später lassen wir beim Anblick der malerischen Bergwiese, die sich vor der Felsformation des Kleinen Landsberges ausbreitet, die Seele baumeln. Obwohl wir viel in den Bergen unterwegs sind, verzaubert uns dieser Anblick jedesmal aufs neue, und ohne Zutun jagen die Kinder an Pimpinelle, Fingerkraut und Gänseblümchen vorbei zum 760m hohen, zwischen den beiden Landsbergen liegenden Sattel hinauf.

Von da schwenken wir links auf den ansteigenden Weg zum Kleinen Landsberg ein. Rasch erreichen wir die ersten Felszacken und sichern unsere Jüngsten, indem wir sie an die Reepschnur nehmen. Malerisch ist der Talblick vom Gipfelkreuz nach Osten ins Steyrtal mit den Orten Steinbach und Grünburg, die sich an die grüne Steyr schmiegen. Von hier wird deutlich, daß diese beiden Orte, die über viele Jahrhunderte von der Messererzeugung lebten, das Wasser zum Antrieb der Hämmer und Schleifsteine benötigt haben. Mit einem letzten Blick auf das langgezogene Sengsengebirge (Nationalparkgebiet) und hinunter ins Mollner Becken verabschieden wir uns und kehren auf den Sattel zurück. Wer die Tour abkürzen möchte, kehrt jetzt auf gleichem Weg zum Ausgangspunkt zurück.

Tiefenbach
Kollau
Lehner
Res.
659
Sattler
Kappen
Steyrl
Güterweg Pernzell
376
Wurzerbauern
515
Güterweg Landsberg
493
Windhag
Rohregg
Res.
Parkmöglichkeit
590m
Kl. Landsberg 854m
Res.
Großer Landsberg
899
Außerort
Gh Waldklause
426
Schauderzinken
Schmiedleithen
408
420
Rabenstein
Sensenschmiede-
ensemble
500 m
Sonnkogel
882
Priethal
405

Wir gönnen uns aber die aussichtsreiche Umrundung der beiden Landsberge und gehen vom Sattel aus jetzt auf die andere Seite in Richtung Großer Landsberg wenige Meter zur Forststraße hinauf. Wir folgen dieser zuerst leicht talwärts, dann etwas steigend und sehen - nach halber Umrundung des Berges - auf der Höhe des Schauderzinkens, einer von Kletterern gerne aufgesuchten Felsnadel, hinüber auf den Rabenstein. An dessen Fuß befindet sich nicht nur der Eingang in die wildromantische Rinnerberger Klamm, sondern auch das industriegeschichtliche Juwel „Sensenschmiedeensemble Schmiedleithen“.
In kaum merkbarem Auf und Ab queren wir die südlichen Hänge der Landsberge und haben stets einen herrlichen Tiefblick auf die Steyr sowie das Mollner Becken mit den Orten Leonstein und Molln. Nach einer Jagdhütte kurz bergan, vorbei an einem Sendemast, wandern wir nun bergab. Wenig später folgen wir in einer Kehre der linken Forststraße, die uns zu den Bauernhöfen und zur Pension Rohregg hinüberführen. Wieder am Güterweg Landsberg angelangt, sind es links nur mehr 500 m zum Ausgangspunkt zurück.

Zugänglichkeit:
Ganzjährig begehbar, für den Kleinen Landsberg festes Schuhwerk verwenden. Kleinkinder müssen im Gipfelbereich beaufsichtigt und entsprechend gesichert werden! Entlang der Wanderung keine Einkehrmöglichkeit, ausreichend Proviant und Getränke mitnehmen.

Besonderheiten:
Messerermuseum in Steinbach/Steyr, Tel. 07257/7911, Öffnungszeiten (vom 1. Mai bis 26. Oktober): an Samstagen von 13 - 17 Uhr, an Sonn- und Feiertagen von 10.30 - 17 Uhr. Führungen für Gruppen jederzeit nach Voranmeldung.

Information:
Tourismusverband Steinbach,
Tel. 07257/8411

Einkehrmöglichkeiten:
Eisenstraßenwirt Gh Waldklause
(dem Güterweg nach Pernzell folgend)
Tel. 07584/3301,
Ruhetage: Montag und Dienstag

Eisenstraßenwirt Gh Kirchenwirt,
Steinbach/Steyr, Ortsplatz,
Tel. 07257/7970, Ruhetag: Mittwoch

Eisenstraßenwirt Gh Latschenberger,
in Leonstein knapp vor Stefaniebrücke
nach Molln, Tel. 07584/2756,
Ruhetag: Dienstag

Tour 16

Von den Schwarzen Grafen zum Rinnerberger Wasserfall

Rundwanderung vom Sensenschmiedeensemble Schmiedleithen durch die landschaftlich unvergleichliche Rinnerberger Klamm und über den Rabenstein zurück.

Ausgangspunkt:
Parkplätze beim Schloß Leonstein direkt an der B140 (Nationalpark Infohütte)

Zufahrt:
A1 Abfahrt Traun – B139 nach Rohr – B122 nach Bad Hall – Landesstraße nach Waldneukirchen – im Steyrtal B140 nach Leonstein zum Parkplatz beim Schloß Leonstein unmittelbar an der Bundesstraße. Wer die Wanderung abkürzen möchte, fährt noch ca. 300 m weiter und zweigt rechts zum Eisenstraßenwirt Gh Waldklause (2 km) ab und findet dort einen Parkplatz.

Gehzeit:
Vom Schloß Leonstein 4 h, vom Gh Waldklause 2,5 - 3 h

Vom Schloß Leonstein ausgehend, wo heute ein Jugendheim untergebracht ist, führt uns der erste Teil unserer Wanderung auf dem Themenweg „Auf den Spuren der Schwarzen Grafen" entlang des Klingenbaches in das Sensenschmiedeensemble Schmiedleithen. Vorbei geht's an Gärtnerhäusl, Kuhstall, Helmhäusl, Herrschaftsgarten, Altem und Neuem Herrenhaus, Mühle, Schmiedhaus, Hammer, Kram, Kohlbarren und Magazin. Als wäre die Zeit stehengeblieben, so präsentiert sich dieser romantische Hammerherrensitz. Dieses vollständig erhaltene Ensemble bringt den Wohlstand der Schwarzen Grafen, wie die Hammermeister im Volksmund genannt wurden, zum Ausdruck. Besonders lieblich ist das Alte Herrenhaus mit der Biedermeierfassade und den von Hans Pontila geschaffenen Terracotta-Reliefs über Portal und Fensterlünetten.

Bis zum Einstieg in den Wanderweg zur Rinnerberger Klamm haben die Kinder mit den Forellen im Klingenbach sowie den Gänsen und Truthennen, die uns am Weg begegnen, ihre Freude. Kurz nach dem Sensenschmiedeensemble treffen wir auf den Güterweg Pernzell, dem wir rechts - zwischendurch nochmals rechts durch eine Siedlung abzweigend - bis zu einer Straßengabelung folgen. Von dort weist uns ein Wanderschild links in Richtung Rinnerberger Klamm und Burg Altpernstein, dem wir nun folgen. Wir marschieren 250 m bergan und biegen links in den markierten Wanderweg ein. Bei einer Kehre der Forststraße - unserem späteren Rückweg - verlassen wir diese und überqueren auf einem Holzsteg den rauschenden Bach, der nach Regenfällen gewaltig anwachsen kann. Der schmaler werdende Steig führt uns unter gewaltigen Kalkfelsen und im Schatten der Bäume aufwärts. Im Sommer lädt der klare Bach zum Plantschen und zur Erfrischung ein. Überrascht werden wir vom Tosen des Rinnerberger Wasserfalls, wo sich das Wasser seinen Weg über die senkrechten Felsen bahnt und in den kristallklaren Tümpel stürzt. Wir setzen unsere Wanderung fort, überwinden eine Eisenstiege, und ein ruhiger, enger Talkessel und ein noch stillerer Bach empfangen uns.

Außerort
Schauderzinken
Steyrtal-Radweg nach Grünburg
Gh Waldklause
Kohlenmeiler
Ensemble Furth
Schmiedleithen
408
Rabenstein
Grabmais
Rinnerberger Wasserfall
Sensenschmiede-ensemble Schmiedleithen
Ruine
Gh Pfaffeneder
Parkplatz bei Schloß Leonstein
Klamm
Sonnkogel
882
878
405
Steyr
Au
Plachwitz
500 m
Steyrtal-Radweg nach Molln, Klaus
375
Leonstein

Am Ende dieses Wegabschnittes erreichen wir die Rinnerberger Klamm, ebenfalls ein Naturschauspiel. Hier hat sich der Bach in jahrtausendelanger Arbeit den Weg durch den harten Fels geschliffen. 50 m lang zwängt er sich durch die Klamm, und nur wenige getrauen sich die Klamm zu durchsteigen. Nach weiteren 10 Gehminuten, die uns bergauf führen, kommen wir zur Bärenhöhle. Dem idyllischen Steig weiter folgend erreichen wir eine Forststraße, setzen über den Stacheldraht und wandern durch die Weide zu einem Schranken. Nun folgen wir der Schotterstraße links hinauf Richtung Hambaumsattel. Kurz bevor wir diesen erreichen, schwenken wir links in den Höhenweg ein. Auf einem romantischen

Steig gelangen wir durch herrlichen Mischwald wieder talwärts. Wir sehen unter uns den Ort Leonstein, und wenig später sehen wir auch hinüber auf Oberschlierbach, zu den Landsbergen und in die Pernzell.

So gelangen wir auf eine Forststraße und von dieser auf den Güterweg, der uns zum Gh Waldklause bringt, wo sich eine Einkehr schon wegen der Fischspezialitäten und des ruhigen Gastgartens lohnt. Nach einer gemütlichen Rast setzen wir unseren 20minütigen Rückweg auf dem Eisenstraßen-Themenweg oberhalb der Schmiedleithen fort und gelangen schließlich zum Ausgangspunkt Schloß Leonstein zurück.

Zugänglichkeit:
Der Rundwanderweg ist wegen der abwechslungsreichen Natur- und Kulturlandschaft vom Frühjahr bis in den Spätherbst sowie bei geringer Schneeauflage auch im Winter zu empfehlen. Besonders geeignet für Schulausflüge.

Information:
Verein d'Hammerschmied, August Pfaffenhuemer, 0663/9172017, hier erhalten Sie auch Informationen zum Sensenschmiedeensemble Schmiedleithen und zu den Ausstellungen und Vernissagen, die es hier regelmäßig zu sehen gibt. Führungen werden ebenfalls angeboten.

Einkehrmöglichkeit:
Eisenstraßenwirt Gh Waldklause,
Pernzell, Tel. 07584/3301,
Ruhetage: Montag und Dienstag

Tour 17

Übers Messerer-Gscheid und den Hochbuchberg zur Grünburger Hütte

Landschaftlich beeindruckende Rundwanderung über dem Steyrtal mit Panoramablick auf die Bergketten des Toten Gebirges, des Sengsen- und Hintergebirges im Nationalpark Kalkalpen sowie auf die Haller Mauern. Einkehrmöglichkeit auf einer der schönsten, beliebtesten und gepflegtesten Hütten im Land. Der Hochbuchberg ist ein netter Ausflugsgipfel, der auch für Wanderungen mit Kindern empfohlen werden kann.

Ausgangspunkt:
Bauernhof Freidhager im Rodatal, Gemeinde Steinbach/Steyr

Zufahrt:
B140 Steyrtalbundesstraße bis Obergrünburg – bei Haunoldmühle leicht bergab abzweigen, über die Steyr – nach wenigen Metern links den Güterweg „Forstau" bergauf – den Rutzelbach entlang durchs Rodatal bis zu den letzten Bauernhäusern (Freidhager, Seebachergut)

Gehzeit:
Rodatal – Hochbuchberg 1,5 bis 2 h, Hochbuchberg – Grünburger Hütte 0,5 h, Grünburger Hütte – Rodatal 1 h, Anstieg 675 Höhenmeter.

Vom Parkplatz aus wandern wir am Bauernhof Freidhager (580m) und dann an einer kleinen Kapelle vorbei und kommen zu einer Weggabelung. Die linke Forststraße würde nun zum „Schneeherrgott" und zum Einstieg auf den Weg zum Kruckenbrettl hinaufführen. Wir aber folgen keiner der Straßen und halten uns an den markierten Wanderweg, der uns entlang des Baches auf eine Weide führt. Kurz darauf übersteigen wir den Weidezaun und wandern nun etwas steiler am Waldrand, überqueren zweimal eine Forststraße und wandern auf historischen Spuren dem Messerer-Gscheid zu.

Der Weg von Steinbach über das Gscheid hinunter nach Trattenbach ist ein alter Transport- und Handelsweg. Die Steinbacher Messerer, 1422 erstmals urkundlich erwähnt, kauften von den zahlreichen Klingenschmieden, die es in dieser Gegend gab, die geschmiedeten und geschliffenen Klingen. Danach versahen sie die Klingen mit Griffen aus Horn, Bein oder Holz und machten die Ware versandfertig. Die Messerer verkauften die Klingenwaren ins Deutsche und hinunter nach Venedig. Im 16. Jahrhundert blühte das Messerergewerbe so stark auf, daß man vom „goldenen Steinbach" sprach. Am Rückweg brachten sie dafür Gewürze, Venediger Glas, Samt und Seide in die Eisenwurzen mit. Ursprünglich gehörten auch die Trattenbacher Messerer zur Steinbacher Messererzunft, und ein reger Warenaustausch muß erfolgt sein. Die Trattenbacher Lehrlinge wurden bspw. in Steinbach ausgebildet, und einmal jährlich mußten die Trattenbacher an der gemeinsamen Wallfahrt nach Adlwang teilnehmen.

Am Gscheid angekommen, folgen wir dem rechten, sehr romantischen Weg mit der Markierung der Weitwanderwege 404

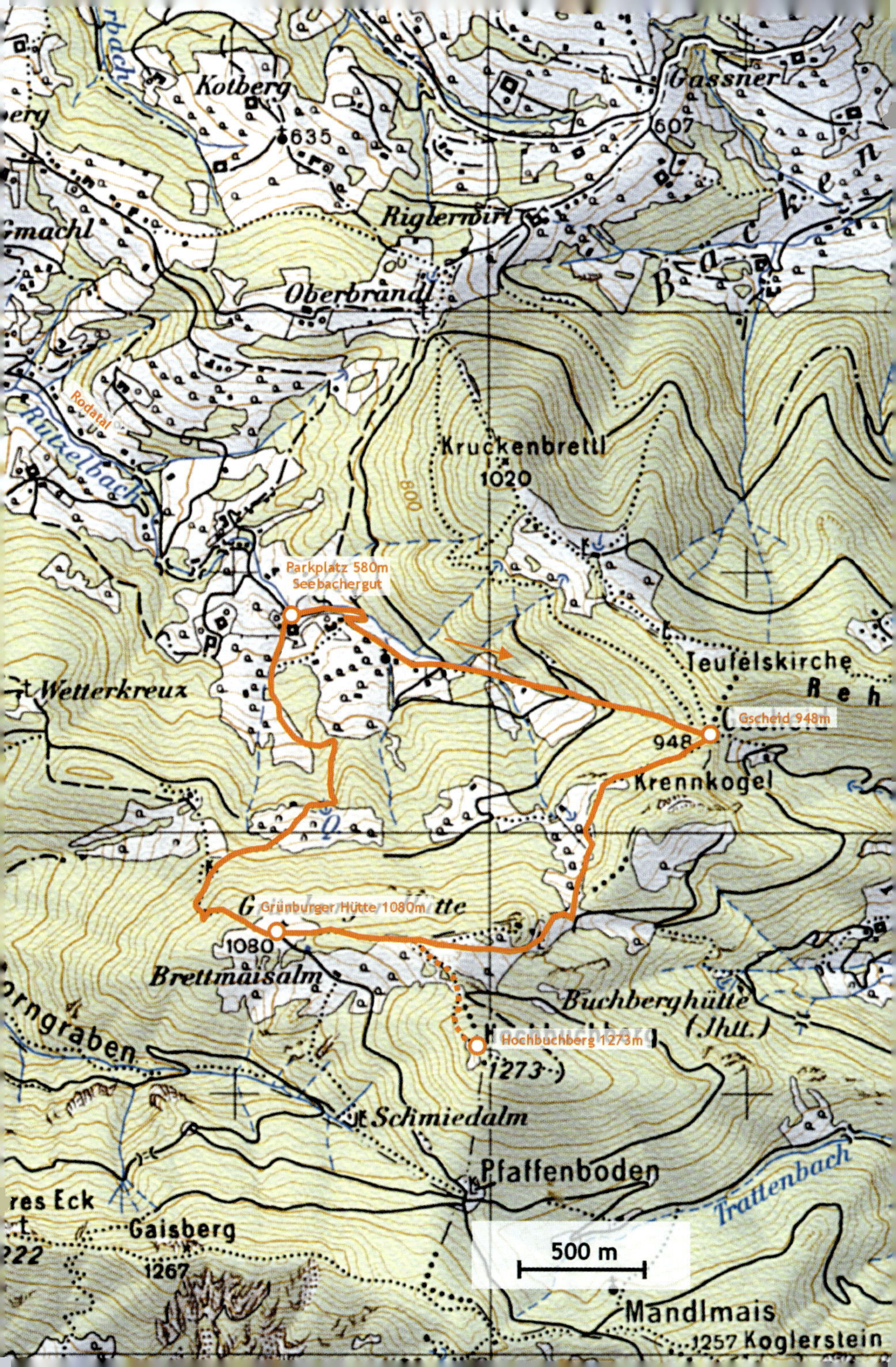

Kotberg
635
Gassner
607
Riglerwirt
Backen
Gmachl
Oberbrandl
Rodatal
Rützelbach
Kruckenbrettl
1020
800
Parkplatz 580m
Seebachergut
Teufelskirche
Reh
Wetterkreuz
Gscheid 948m
948
Krennkogel
Grünburger Hütte 1080m
1080
Brettmaisalm
Buchberghütte
(Jhtt.)
Hochbuchberg 1273m
1273
Schmiedalm
Pfaffenboden
Trattenbach
Gaisberg
1267
500 m
Mandlmais
1257 Koglerstein

und 409 hinüber Richtung Grünburger Hütte und Hochbuchberg. Wir gelangen über eine Weide zum Sattel hinauf und folgen nun am Waldrand der linken Markierung in südöstlicher Richtung zum Hochbuchberg (1273m). Nun kann man entweder durch den Hochwald über den steileren Hang oder flacher, aber im Gipfelbereich wegen der Aussicht interessanter, auf der Trasse der Forststraße zum Gipfel aufsteigen. Wir wählen mit den Kindern die flachere Variante, und wie sie schöner nicht sein könnte, präsentiert sich uns die Bergwelt der Pyhrn-Eisenwurzen. Wie ungemein durchsichtig die Luft an diesem Tag ist, zeigt sich daran, daß der Große Priel und der Traunstein in höchster Klarheit herübergrüßen. Faszinierend sind hier auch die Farbenpracht des Herbstes und die Rauhreifstimmungen. Nur ungern verlassen wir diesen schönen Aussichtsgipfel.

Nun steigen wir zur 1080m hoch gelegenen Grünburger Hütte ab, wo wir auf der Sonnenterrasse eine Nudelsuppe und ganz famose Hascheeknodel kredenzt bekommen. Nach dieser Hausmannskost und einem erfrischenden Sonnenbad verlassen wir die Grünburger Hütte, die auch als Nächtigungsstützpunkt den Weitwanderern zur Verfügung steht, und wandern nordwestlich hinunter Richtung Wetterkreuz und Rieserberg. Nach ca. 10 Minuten Gehzeit kommen wir im Wald, etwas unterhalb der Felsen, zu einer leicht zu übersehenden Wegeinmündung. An dieser verlassen wir den Hauptweg und folgen dem schmäleren Steig. Nun geht's durch Wald und über Wiesen rasch hinab ins Rodatal zum Ausgangspunkt zurück.

Zugänglichkeit:
Der Weg ist ganzjährig begehbar. Die Grünburger Hütte ist von Anfang Mai bis Ende Oktober durchgehend und das übrige Jahr an Wochenenden und an Feiertagen bewirtschaftet.
Zur Wanderung empfiehlt sich gutes Schuhwerk und mit Kindern ein wär-

mender Pullover, da im Gipfelbereich Wind auftreten kann.

Information:
Tourismusverband Steinbach/Steyr, Tel. 07257/8411

Einkehrmöglichkeiten:
Grünburger Hütte, Fam. Lumplecker, Tel. 07257/8300
Eisenstraßenwirt Gh Kirchenwirt, Ortsplatz Steinbach, Tel. 07257/7970, Ruhetag: Mittwoch

Tour 18

Mit der Dampflok zu den Messerern

Ein lohnendes Ziel für jede Jahreszeit ist der „Messererweg“ in Steinbach an der Steyr. Eine Anreise von Steyr her mit der dampf- und rußspeienden Steyrtalbahn durch die liebliche Aulandschaft des Steyrtals machen den Ausflug zu einem besonderen Erlebnis. Oder Sie radeln am Steyrtalradweg von Steyr nach Grünburg, Rücktransport der Fahrräder mit der Steyrtalbahn ist kostenlos möglich.

Ausgangspunkt:
Steyrtalbahn-Lokalbahnhof Steyr (für Zuganreise) bzw. Lokalbahnhof Grünburg/Steinbach (bei PKW- oder Radanreise)

Zufahrt:
A1 Abfahrt St. Florian oder Abfahrt Enns – in Steyr Richtung Stadtzentrum – knapp vor Tunneleinfahrt rechts in die Blumauergasse abzweigen zum Lokalbahnhof (Beschilderung). Vom Ennstal kommend erreicht man den Ausgangspunkt über Schönauerbrücke, in der Tomitzstraße geradeaus, durch Tunnel bergab und gleich danach links in die Blumauergasse.

Gehzeit:
Fahrzeit der Steyrtalmuseumsbahn je Fahrtstrecke: knapp 1 h
Messererweg inkl. Panoramaweg und Besichtigungen: 2 bis 2,5 h

Die alte Eisenwurzen ist eine Kulturlandschaft, die ihresgleichen sucht. Zwar sind die meisten der mehr als 1000 Eisenwerke stillgelegt. Die Hämmer sind verstummt und die Wasserräder längst vermorscht. Viele kleine Bergbaue, Sensenwerke, Drahtzüge, Schleifereien, Messer- und Klingenschmieden, Mühlen und Nagelschmieden gibt es nicht mehr. Sie lagen wenig verkehrsgünstig, konnten sich dem Fortschritt nicht schnell genug anpassen und waren daher der internationalen Konkurrenz nicht mehr gewachsen.

Dennoch haben sich an der Eisenstraße viele Zeugen dieser jahrhundertealten Tradition erhalten. Sie zu besuchen ist zugleich eine nostalgische Zeitreise in eine ehemals blühende Hammerlandschaft. Dazu zählt auch die Fahrt mit der ältesten dampfbetriebenen Schmalspurbahn Österreichs nach „Messerer-Steinbach“.

In Steyr besteigen wir einen der mit Holzbänken ausgestatteten Waggons, die von einer tonnenschweren, schier unverwüstlichen Lokomotive gezogen werden. Ein dumpfer Signalton, und ruckartig setzt sich das „Schnauferl“, wie die Bahn auch liebevoll genannt wird, in Bewegung. Weißer Dampf und schwarze Rauchwolken begleiten uns nun 17 km entlang der glasklaren Steyr nach Steinbach. Auf der Plattform zwischen zwei Waggons stehend, sehen wir blühende Obstbäume, von gelbem Löwenzahn überhäufte Wiesen, die Wallfahrtskirche Christkindl und ehemalige Werndl'sche Fabrikshallen vorüberziehen. In Waldneukirchen überqueren wir auf einer original erhaltenen Stahlkonstruktionsbrücke die Steyr, und bald darauf kündigt der Blick auf die Humplmühle unsere Ankunft im „goldenen Steinbach“ an. Diese Bezeichnung rührt vom 16. Jahrhundert her, als die Steinbacher Messerer aufgrund des Handels mit Messerwaren derart wohlhabend wurden,

nach Sierning
Bahnhof Grünburg
Steyrtal-Museumsbahn
P
Humpelmühle
Alter Pfarrho
straße
Pfarrhof-
Grünburg
Steyrtal-Bundesstraße B140
Weyergasse
Ternberger Straße
Steinba
a. d. Stey
Messerer-
museum
Gh Hammerschmied
nach Molln
Steyrtal-Radweg
Pils-
hallen
Stiege
Hochgasse
Kirchenwirt
Färberbach
Steyr
Ortsplatz
P
Weyergasse
Panoramaweg
Schulstraße
Zehetner
Panoram
Fried-
100 m

daß sie sich angeblich goldene Schuhbänder leisten konnten.

Ausgehend vom Zielbahnhof gehen wir - die Straßenbrücke unterquerend - entlang der Grünburger Messererhäuser und genießen den Blick auf die sich beidseits des Ufers idyllisch an den Berghang schmiegenden Häuser und ehemaligen Fabriksbauten. Fast scheint es, als ob die Gebäude das Ambiente südländischer Orte widerspiegeln, mit denen man jahrhundertelang regen Handel betrieben hat. Über einen Fußsteg, der Grünburg und Steinbach miteinander verbindet, gelangen wir über die Steyr direkt zum Messerermuseum, das sich in der ehemaligen Innungswerkstätte befindet. In einer beeindruckenden Führung erfahren wir von der Zeit, als das Handwerk der Klingenschmiede, Schleifer und Messerer florierte, aber auch vom Niedergang der Kleineisenverarbeitung, die 1967 in der endgültigen Schließung der Pils-Werndl-Besteckfabrik gipfelte.

Heute ist das ehemals krisengeschüttelte Steinbach führend in der Dorferneuerung, was 1994 mit dem „Europäischen Dorferneuerungspreis" gewürdigt wurde. In der Ausstellung „Vom Umbruch zum Aufbruch an der Eisenstraße" wird gezeigt, wie die Bewohner anstatt zu resignieren ihr Schicksal selbst in die Hand genommen haben. Dabei galt es nicht nur wirtschaftliche, sondern vor allem auch soziale Entwicklungsarbeit zu leisten.

Der Erfolg der verschiedenen Initiativen zur Ortsbelebung ist auf dem anschließenden Gang bergauf über die Hochgasse und am Dorfplatz mit seinen stuckverzierten Bürgerhäusern erlebbar. Um einen Eindruck von der Landschaft im Steyrtal zu gewinnen, folgen wir dem Schild „Panoramaweg", das wir beim Heraufkommen von der Hochgasse an der gegenüberliegenden Straßenseite finden. Wir werden nun ein Stück auf dem Salzsteig (Weitwanderweg Nr. 409) geführt, der uns knapp oberhalb des Ortes den Blick auf die herrliche Kulturlandschaft mit vielen Streuobstwiesen, der Kirche von Obergrünburg, den Landsbergen, der Kremsmauer und dem Kruckenbrettl eröffnet. Bei einem Marterl zweigt der Weg ab zum Bauernhof Burghub, von wo wir nun, einen Güterweg querend, durch ein kurzes Waldstück zum Färberbach gelangen. Kurz bergauf am Ortsplatz angekommen, verkosten wir beim Kirchenwirt ein schmackhaftes „Rotkäppchen", ein Steinbacher Naturgetränk aus Apfel- und rotem Holundersaft. Schließlich steigen wir hinter der Kirche die Stiegen zur Flußterrasse hinunter und gelangen über die Weyergasse und die Straßenbrücke zum Bahnhof zurück.

Zugänglichkeit: Ein ganzjährig begehbarer, vorwiegend auf Asphalt und Schotter verlaufender Weg, der nur vom Messerermuseum bis zum Ortsplatz einen steileren Anstieg aufweist.

Besonderheiten:
Öffnungszeiten Messerermuseum: Vom 1. Mai bis 26. Oktober jeweils Samstag 13 - 17 Uhr und an Sonn- und Feiertagen 10.30 - 17 Uhr. Für Gruppen auch wochentags nach Voranmeldung. Öffnungszeiten Ausstellung „Umbruch und Aufbruch an der Eisenstraße“: für Gruppen nach vorheriger Anmeldung. Steyrtalbahn fährt an Samstagen, Sonn- und Feiertagen von Juni bis Ende September sowie im Dezember zum Steinbacher Advent. Fahrplanauskünfte und Sonderfahrten: Info 0664/3812298, Fahrradtransport möglich.

Information:
Tourismusverband Steinbach,
Tel. 07257/8411, Fax 8455 (auch Führungsanmeldungen)

Einkehrmöglichkeiten:
Eisenstraßenwirt Gh Kirchenwirt, am Ortsplatz, Panoramastüberl mit schönem Blick ins Steyrtal, Tel. 07257/7970, Ruhetag: Mittwoch
Gh Hammerschmied, neben Messerermuseum, Tel. 07257/7302, Ruhetag: Montag und Dienstag bis 16 Uhr

Tour 19

Auf dem Waldlehrpfad durch den Hallerwald

Erholsame Familienwanderung auf dem informativen Waldlehrpfad durch den Hallerwald.

Ausgangspunkt:
Gh Wirt im Hallerwald oder Gh Hohe Linde, beide Gemeinde Waldneukirchen.

Zufahrt:
Von Linz oder Wels: nach Bad Hall – Waldneukirchen – am Ortsende nach dem Gemeindeamt rechts in den Güterweg Hallerwald abzweigen – ca. 3,5 km bis Gh Wirt im Hallerwald (Parkmöglichkeit)
Von Steyr: auf der B122 nach Sierning – B140 bis zur IQ-Tankstelle, dort rechts Richtung Waldneukirchen – nach 200 m links der Beschilderung „Gh Hohe Linde“ folgen.

Gehzeit:
Gh Wirt im Hallerwald - Waldlehrpfad - St. Nikolauskapelle und retour 1,5 h. Bei Start beim Gh Hohe Linde zusätzlich 0,5 h.

„Der Lehrpfad soll die Verbundenheit mit der Natur erhalten und das Verständnis der Menschen für natürliche Lebensräume erhöhen“, sagt uns der Wirt vom Hallerwald, der gemeinsam mit der Gemeinde Adlwang und der Bezirksforstinspektion Steyr das Zustandekommen dieses Weges gefördert hat.

Wir beginnen unsere Wanderung unmittelbar beim Gasthaus und gehen den durchgehend geschotterten Weg bis zum Waldrand hinunter. Von nun an erhalten wir viele interessante Informationen über die Schutzfunktionen und die Wirkungen des Waldes. Der Hallerwald liegt übrigens im Wuchsgebiet des Nördlichen Alpenvorlandes in der sog. Flyschzone, die sich durch sanfte Geländeformen, aber auch durch Hangrutschungen auszeichnet. Im vom Menschen unbeeinflußten Naturwald würde sich in diesem Gebiet ein Buchenmischwald entfalten. Die wichtigste Baumart wäre die Rotbuche und die wichtigsten Mischbaumarten wären Esche, Eiche, Bergahorn sowie die Tanne. Aber auch im Hallerwald hat durch den Eingriff des Menschen die Fichte Einzug gehalten, weil diese mehr und rascheren Holzertrag bringt. Auf die Gefahren von Monokulturen wird daher am Lehrweg genauso hingewiesen wie auf die im Wald vorzufindenden Bäume. Unter ihnen sind ua. die Lärche, Douglasie, Esche, Schwarzerle, Kanadapappel, Tanne, Salweide und der wichtigste heimische Laubbaum, die Rotbuche, zu finden.

Nach einigen Minuten Wanderung marschieren wir links durch einen Fichtenjungbestand und dann nochmals links hinunter, wo wir erfahren, daß ein Verjüngungshorst nichts mit Adlern oder sonstigen Greifvögeln zu tun hat.

Daraufhin verlassen wir für einige Zeit den Wald und gehen entlang von Straßenbegleitbäumen auf einem Schotterweg zwischen zwei Häusern hindurch und links weiter zum nächsten Bauernhaus. Am Hausteich vorbei spazieren wir zu einer überdachten Informationsstelle mit Wissenswertem über Pflanzen, Pilze und Bäume. Einige Tische und Bänke laden zu einer kurzen Rast ein. Von hier haben wir

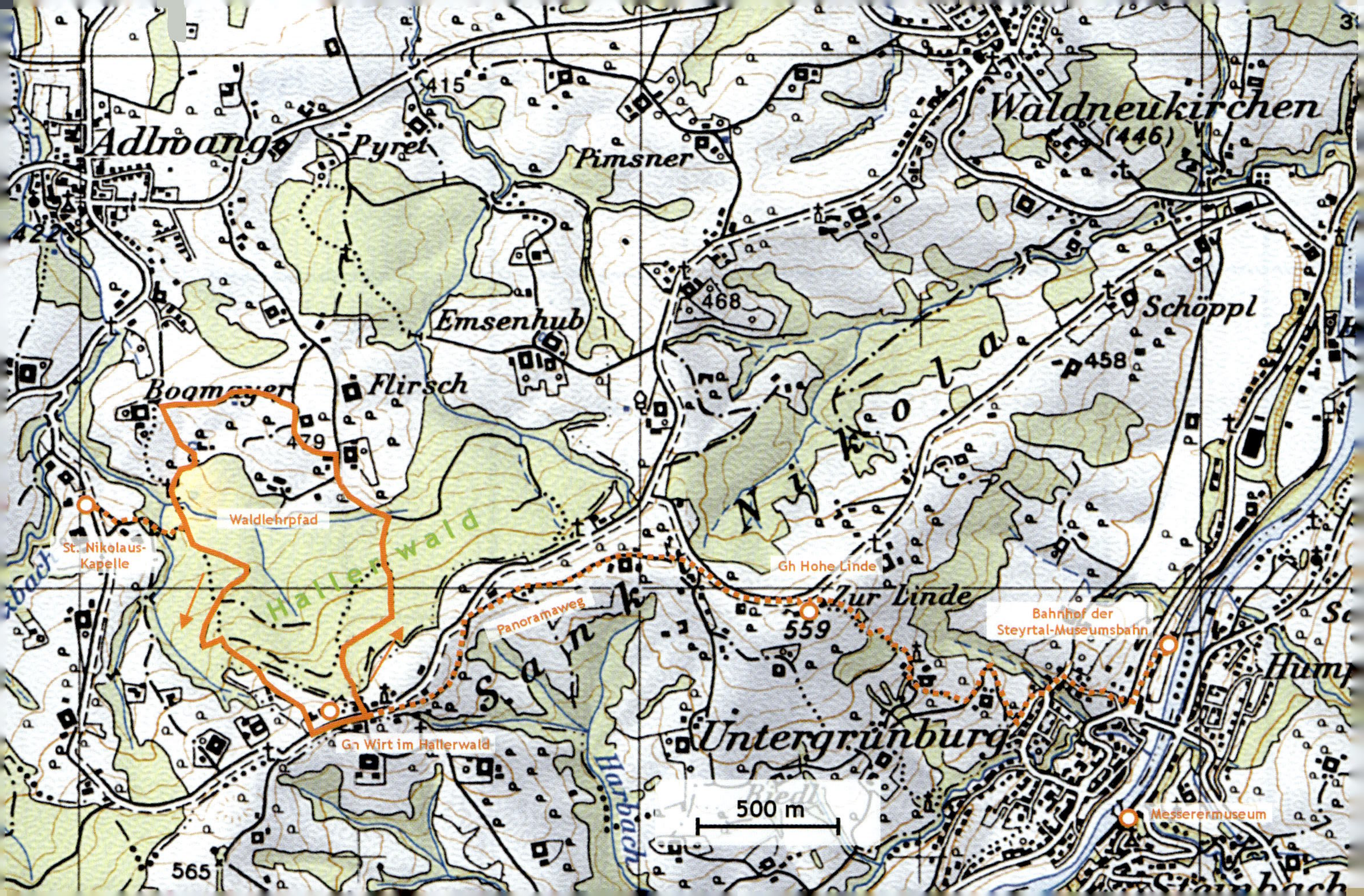
Adlwang
Pyret
415
Pimsner
Waldneukirchen
(446)
422
Emsenhub
468
Schöppl
Flirsch
Boomayer
479
458
Nikola
Waldlehrpfad
Hallerwald
St. Nikolaus-Kapelle
Panoramaweg
Sankt
Gh Hohe Linde
Zur Linde
559
Bahnhof der Steyrtal-Museumsbahn
Gh Wirt im Hallerwald
Untergrünburg
Harbach
500 m
Messerermuseum
565

einen guten Blick hinunter auf den Wallfahrtsort Adlwang, wo sich der „Heilige Brunnen" befindet. Vor urlanger Zeit, so erzählt die Sage, sah man zu gewissen Zeiten des Nachts bei der im Talgrund frei ausfließenden Quelle eine mit hellem Glanz umgebene, strahlend schöne königliche Jungfrau wandeln, die eine mit Diamanten besetzte Krone auf dem Haupt trug. Man hielt sie für die Mutter Gottes. Die Quelle wurde gefaßt, und die Leute kamen mit ihren Sorgen und Gebrechen im Vertrauen auf die Mutter Gottes, um bei diesem Brunnen die Heilung ihrer Augenleiden und sonstiger Krankheiten zu erbitten. Da manchen Gläubigen geholfen wurde, hat sich eine rege Wallfahrt nach Adlwang entwickelt.

Wir folgen dem Wanderweg wieder in den Wald hinein und kommen nach einem Steg zu einem Wegweiser, der uns zum Besichtigen der sehenswerten St. Nikolauskapelle einlädt. Die Kapelle erinnert an eine frühe Kirche, die einst hier gestanden hat.

Wieder auf den Waldlehrpfad zurück gekehrt, wandern wir jetzt bergwärts, an eingezäunten Ameisenhaufen und Informationstafeln vorbei, erst zu den ersten Häusern am Waldrand und retour zum Ausgangspunkt. Vom Wirt im Hallerwald aus genießt man einen weiten Ausblick hinunter ins Steyrtal, auf die gegenüberliegende Grünburger Hütte, das Dürre Eck, den Hohen Buchberg, die Landsberge und auf das langgezogene Sengsengebirge im Nationalpark Kalkalpen. Als Genuß ganz anderer Art sei ein Schnitzerl aus der Pfanne empfohlen, das hier noch richtigerweise im Schweinsfett herausgebacken wird - probieren Sie es aus! Und wer noch nie auf einer Naturladenbahn gekegelt hat, der kann im Gh Hallerwald seine Treffsicherheit unter Beweis stellen.

Zugänglichkeit:
Der Lehrpfad ist ganzjährig begehbar und eignet sich besonders auch für Schulausflüge. Wer Lust hat, die Wanderung etwas auszudehnen, kann bereits beim Gh Hohe Linde die Tour beginnen und geht auf einem Panoramaweg, mit prächtigem Ausblick ins Steyrtal

und übers Alpenvorland, fast eben hinüber zum Gh „Wirt im Hallerwald“.

Information:
Gemeindeamt Adlwang,
Tel. 07258/7455

Einkehrmöglichkeiten:
Gh „Wirt im Hallerwald“,
4594 Waldneukirchen, St. Nikola 30,
Tel. 07257/7541,
Ruhetage: Montag, Dienstag

Gh „Hohe Linde“, 4594 Waldneukirchen, St. Nikola 154, Tel. 07257/7034,
Ruhetag: Mittwoch

Tour 20

ERLEBNIS-SPAZIERGANG DURCH DIE ROMANTIKSTADT STEYR

Der Walkman-Erlebnisspaziergang am Zusammenfluß der Flüsse Enns und Steyr erschließt viele historische Plätze und Sehenswürdigkeiten in der denkmalgeschützten Altstadt von Steyr. Erleben Sie auf Ihrem Rundgang das Flair längst vergangener Tage, genießen Sie die verträumte Stille des Wehrgrabens und einen der bezauberndsten Stadtplätze Europas.

Ausgangspunkt:
Büro des Tourismusverbandes im Rathaus Steyr, Haus Stadtplatz 27.

Zufahrt:
A1 Abfahrt Enns – B115 nach Steyr
oder von Wien kommend: A1 Abfahrt Haag – B42 nach Steyr
oder von Salzburg kommend: A1 Abfahrt Sattledt – B122 über Kremsmünster und Bad Hall nach Steyr
Steyr ist auch mit öffentlichen Verkehrsmitteln (Bahn, Bus) erreichbar.

Gehzeit:
1,5 h ohne Museumsbesichtigungen

Für einen geringen Obolus entleihen wir uns im Büro des Tourismusverbandes im Rathaus einen Walkman und beginnen, nachdem wir einen Ausweis als Kaution hinterlegt haben, unseren abwechslungsreichen Spaziergang. Sollte das Büro einmal nicht besetzt sein, empfiehlt sich ein vorheriger Anruf und eine Hinterlegung der Ausrüstung in einem der Steyrer Hotels am Stadtplatz, was von den hilfsbereiten Mitarbeiterinnen des Steyrer Gästeservice gerne organisiert wird.

Schon ein Rundblick vom Rathaus aus zeigt eine Vielzahl stolzer Bürgerhäuser, die den Glanz und den Reichtum früherer Blütezeit widerspiegeln. Stilarten wie Gotik, Renaissance, Barock und Rokoko geben uns ein authentisches Gefühl früherer Zeiten. Es heißt wohl nicht von ungefähr, die Steyrer Bürger hätten Eisen und Stahl zu Gold gemacht. Ab 1287 mußte nämlich alles Eisen, das durch Steyr transportiert wurde, drei Tage lang den Bürgern zu einem günstigen Preis zum Kauf angeboten werden. Die daraus erzeugten Steyrer Eisenprodukte waren auf allen Märkten Europas, besonders in Venedig, sehr begehrt. Den Händlern aus Steyr standen dort am Canale Grande, im Fondaco de tedeschi, eigene Räume zur Abwicklung der Handelsgeschäfte zur Verfügung. Auf ihrem Heimweg nahmen die Händler Samt, Seide, Glas, Safran, Zimt, Feigen, Mandeln, Oliven uam. mit, was wiederum reichen Ertrag brachte.

Wir erfahren, daß das Bummerlhaus, welches wir gegenüberliegend am Stadtplatz sehen, das Wahrzeichen der Stadt ist und zu den besterhaltenen gotischen Bürgerhäusern von Österreich zählt. Kaiser Maximilian war in diesem Haus öfter zu Gast, um sich Geld von den reichen Steyrer Eisenverlegern für seine Söldnerheere zu leihen.

Weiters hören wir, daß das Rathaus zu den wertvollsten Rokoko-Baudenkmalen Österreichs gehört und daß rund um den Leopoldibrunnen, der seinen Namen von der Statue des hl. Leopold, dem Landespatron von Ober- und Niederösterreich, herleitet, seit vielen Jahren Marktfrauen und Bauern jeden Donnerstag und Samstag vormittag Frischgemüse, Blumen

TABORWEG
GLEINKERG.
BODENG.
KIRCHENG.
SCHLÜSSELHOFG.
FISCHERGASSE
ENNS →
BRÜCKEN
ZWISCHEN-
STRASSE
HARATZMÜLLER-
STRASSE
GASSE
JOHANNES-
BAHNHOF-
FÄRBERGASSE
DR.KOMPASZG.
HESSENPL.
BAHNHOF
DUKARTSTRASSE
ENNS →
ENNSKAI
ENNSKAI
STADTPLATZ
ENGE GASSE
BERGGASSE
PROMENADE
HANDEL-MAZETTI-
Rest. Schloß Lamberg
Hotel Mader
Schwechaterhof
PFARRGASSE
GRÜNMARKT
SCHÖNAUER BRÜCKE
GABLERSTR.
STRASSE
EUEN-
ER-STRASSE
UERGASSE
MITZSTRASSE
CHH.-STR.
ASSE
1 Rathaus, Tourismusinfo
2 Bummerlhaus
3 Sternhaus
4 Barockkirche St. Michael
5 ehem. Bürgerspital
7 Dunkl-Hof
9 Lebzelterhaus
10 Museum Industr. Arbeitswelt
11 Schloß Lamberg
12 Werndl-Denkmal
13 Stadtpfarrkirche
14 Innerberger Stadel, Museum
15 Marienkirche

und bäuerliche Produkte anbieten.

Im Haus Nr. 16, mit einer schmalen, türkis gefärbelten Fassade, war Franz Schubert, der berühmte österreichische Komponist, oftmals zu Gast. Hier hat er für dessen Besitzer, Sylvester Paumgartner, einen Beamten der Eisenkompagnie, das weltberühmte Forellenquintett komponiert.

Dann verlassen wir den langgezogenen Stadtplatz und bewundern entlang des Stadt-Erlebnisweges die malerischen Arkaden des Meditzhauses, den Ennskai, den Wasserturm und gelangen schließlich nahe dem Zusammenfluß von Enns und Steyr zum zweitürmigen Barockbau der Michaelerkirche und zur gotischen Bürgerspitalkirche. Als schönsten und stimmungsvollsten Hof, mit reich verzierten Säulen und Eckpfeilern, erleben wir den Dunklhof in der Kirchengasse, benannt nach der Schriftstellerin Dora Dunkl. Ein Stück weiter an der Straßengabelung wird uns ein auffallend schmales Haus mit reicher Kratzputzornamentik aus dem 16. Jh. als Sitz der Messererzunft, des größten und wichtigsten Handwerksverbandes in Steyr, erläutert.

Im Steyrer Wehrgraben, der schon seit dem 12. Jh. von Handwerkern besiedelt war, kann man sich in die frühere Arbeitswelt intensiv einleben. Josef Werndls Waffenfabrik wurde hier zu einem der größten Industrieunternehmen der Monarchie. Das gesamte Ensemble ist denkmalgeschützt. Wir begegnen dem Museum Industrielle Arbeitswelt, den berühmten Hack-Werken und - nach dem Überqueren des Steyrflusses über einen Fußsteg - dem Schloß Lamberg, einer herrlichen Parkanlage und dem Werndl-Denkmal als Erinnerung an diesen österreichischen Industriepionier. Dann geht es weiter zum mit Sgraffito verzierten Innerberger Stadel, der ursprünglich als Getreidespeicher genützt wurde und heute eine der bemerkenswertesten heimatgeschichtlichen Sammlungen Österreichs sowie das europaweit einzigartige historische Steyrer Kripperl, ein Stabpuppen-Theater, beherbergt. Dieses läßt alljährlich um die Weihnachtszeit nicht nur Kinderherzen höher schlagen und ist ein Teil der Christkindl-Tradition, die hier im Raum Steyr jedes Jahr zur Adventzeit viele Besucher aus nah und fern fasziniert.

Diese Schilderung unseres unvergeßlichen Spaziergangs durch die 1000jährige Stadt zeigt nur einen kleinen Ausschnitt von der Fülle an Schönheit, die die Stadt Steyr zu bieten hat.

Zugänglichkeit:
Ganzjährig begehbar, überwiegend ebener Rundweg mit einigen kleinen Auf- und Abstiegen. Parkplätze: wochentags bei Sport Eybl nahe der Schönauer Brücke und beim Schiffmeisterhaus (gebührenfrei, kein Zeitlimit), Samstag 12 Uhr bis Montag 8 Uhr sind alle Kurzparkzonen in der Innenstadt ohne Zeitlimit und gebührenfrei.

Besonderheiten:
Museum Industrielle Arbeitswelt (mit wechselnden Ausstellungen): geöffnet von April bis Mitte Dezember, täglich von 10 - 17 Uhr (Montag geschlossen)

Information:
Büro des Tourismusverbandes Steyr, Stadtplatz 27, 4400 Steyr, Tel. 07252/53229, erreichbar Montag - Freitag 8.30 - 18 Uhr, Samstag 9 - 12 Uhr, Sonntag geschlossen. Die Walkman-Führung ist in Deutsch, Englisch und Italienisch verfügbar.

Einkehrmöglichkeiten:
Landhotel Mader, Stadtplatz 36, Tel. 07252/53358, Ruhetag: Sonntag

Gh Schwechaterhof, L.-Werndl-Straße 1, Tel. 07252/53067, Ruhetage: Sonntag 14 Uhr bis Montag 17 Uhr

Restaurant im Schloß Lamberg,
Tel. 07252/48675,
Ruhetage: keiner (Jänner bis März: Montag und Dienstag)

Tour 21

Die Micheldorfer Sengstschmiedroas

Dieser Themenwanderweg ist unter den Eisenstraße-Erlebniswegen eine Besonderheit: Wir erfahren auf dem Rundweg und im OÖ. Sensenschmiedemuseum von der einstigen Bedeutung der Kirchdorf-Micheldorfer Sensenschmiedezunft. Die Zeitreise führt uns zu ehemaligen Sensenwerken, Herrenhäusern und Zeugen einer großen wirtschaftlichen Vergangenheit.

Ausgangspunkt: OÖ. Sensenschmiedemuseum, Gemeinde Micheldorf, oder beim Bhf. Micheldorf

Zufahrt:
A1 Abfahrt Voralpenkreuz – A9 bis Inzersdorf – B138 bis Micheldorf – links abbiegen zum Sensenschmiedemuseum (Beschilderung folgen).
Vom Steyrtal kommend auf B140 bis Gh Steinwänd, rechts abbiegen auf B138 und weiter bis Micheldorf. Ausreichend Parkplätze beim Gh „Zum Schwarzen Grafen".
Mit der Bahn: Vom Bahnhof Micheldorf sind es nur wenige Meter bis zum Ausgangspunkt.

Gehzeit:
Themenweg 1,5 bis 2 h, Führung im Sensenschmiedemuseum 1 h

Sensen und Sicheln waren über Jahrhunderte unentbehrliche Arbeitsgeräte zur Bewirtschaftung von Grund und Boden. Bis ins 19. Jahrhundert war die Erzeugung von Sensen und Sicheln der ökonomisch bedeutendste Zweig der österreichischen Eisenverarbeitung. Die Kirchdorf-Micheldorfer Sensenschmiedezunft war mit 42 Sensenhämmern die wichtigste der österreichisch-ungarischen Monarchie. Dem Micheldorfer Hammermeister Konrad Eisvogel gelang um 1584 eine entscheidende Erfindung, die eine Erweiterung der Produktion zur Folge hatte. Erstmals wurde ein wassergetriebener Breithammer zum Breiten der Sensen verwendet, der die anstrengende Arbeit mit dem Fausthammer ersetzte. Die Sensenerzeugung blühte auf, und neue Sensenhämmer an der Krems, Steyr, Alm, Pießling und Steyrling entstanden. Ein sehr bedeutender Sensenherr seiner Zeit war der Gewerke Caspar Zeitlinger in Micheldorf.

Die Wege des Sensenhandels blieben im Lauf dieser Jahrhunderte fast immer die gleichen und wurden nur durch Kriegswirren unterbunden. Einer der Hauptwege führte von Linz nordwärts über Freistadt nach Böhmen, Breslau und Leipzig. Über Krems und Wien wurden 1775 allein 650.000 Stück Sensen nach Rußland geliefert. Diese Exportzahlen und die stattlichen Hammerherrenhäuser belegen eindrucksvoll, daß die Sensenherren sehr wohlhabend wurden, weswegen sie vom Volksmund ehrfurchtsvoll „Schwarze Grafen" genannt wurden.

Eine eigenständige „Sensenschmiedekultur" entwickelte sich. Sie hat ihre Ausprägung auch in einer spezifischen Sensenschmiedetracht erfahren, die wir neben vielen interessanten und skurrilen Exponaten auf unserem Rundgang durchs Sensenschmiedemuseum bestaunen können. Nach der Führung wandern wir am Themenweg zum Steinhuberhammer, in dem die „Klangwelten Pyhrn-Eisenwurzen" untergebracht sind. Tosendes Wasser,

Atzelsdorf
Gh Reitergut Weißenhof
Bad
Strangy
Bhf. Micheldf.
Bhf. Micheldorf
449
512
Sensenschmiedemuseum
Gh Zum Schwarzen Grafen
Micheldorf in
Melcherl-Werkstatt
Heiliges Bründl
595
Georgenberg
Gh Georgenberg
Hst. Ober Micheldorf
Flugfeld
Sensenwerk Pfuster
Krems
Eisbach
490
Sportpl.
500 m
Schotterwerk
Himmelreich-Biotop

mystisch wirkendes Maultrommelspiel, dröhnende Eisenhämmer und das Stürmen des Windes am Gipfel des Großen Priel sind hier in einer eindrucksvollen Inszenierung zu hören. Anschließend führt uns der Weg bachaufwärts und rechts über einen Steg zur Station „Erz & Eisen“ bei der Sensenschmiede „Melcherl-Werkstatt“. Vorbei am Micheldorfer Rathaus gelangen wir eine Siedlung durchquerend zum heutigen Feuerwehrhaus, das stilgerecht in einem ehemaligen Hammergebäude untergebracht ist. In diesem Bereich sind mehrere Gebäude aus der Blütezeit der Micheldorfer Sensenerzeugung zu sehen, manch architektonisches Detail offenbart sich da dem aufmerksamen Betrachter.

Wir passieren die Schautafel „Die Kraft des Wassers“ und unterqueren die Bundesstraße. Ein kurzes Stück auf der Straße zum Flugplatz der Segelflieger, dann links zum schattenspendenden Waldrand, über eine kleine Holzbrücke und vorbei an einer kleinen Kapelle gelangen wir zum ehemaligen Sensenwerk Pfuster, wo sich ein Herrenhaus, Nebengebäude und ein großer Garten zu einem beeindruckenden Ensemble zusammenfügen. Eine genauere Betrachtung verdient auch das vermutlich um 1780 errichtete stilvolle Pfusterkreuz, das wir wenig später erreichen. Der Weg führt uns in einem Bogen zurück zur Bundesstraße, die wir abermals unterqueren. Danach halten wir uns rechts und gelangen an der Kremstaler Bettenstube vorbei zur Station „Kunst und Kultur an der Eisenstraße“. Am Zufahrtsweg zum Georgenberg angekommen folgen wir diesem links bergan, vorbei an einer Rastbank steiler ansteigend. Hier gibt es links einen Abstecher zur 595m hoch gelegenen Georgenbergkirche hinauf. Wie anhand von Ausgrabungen bestätigt wurde, haben sich auf diesem Hügel schon eine keltische Kultstätte und eine römische Tempelanlage befunden. Die heutige Kirche entstand auf den Resten der Fundamente einer frühchristlichen Kirche aus dem 5. Jahrhundert.

Nach einer Erfrischung im benachbarten Gasthaus und einem Blick auf die markante Kremsmauer wandern wir wieder zum Sattel hinab und folgen nun dem Weg zum „Heiligen Bründl“, dann geht es vorbei an einem Kinderspielplatz zur Pfarrkirche. Von dort gelangen wir entlang der Straße wenig später wieder zurück zum Sensenschmiedemuseum. Abschließend beenden wir unsere Sengstschmiedroas im Gh „Zum Schwarzen Grafen“, das im denkmalgeschützten ehemaligen Bauernhof der Sensenherren untergebracht ist.

Zugänglichkeit:
Leichte, ebene Wanderung, die nur am Georgenberg knapp 150 m ansteigt. Die ganzjährig begehbare Route kann auch mit Kinderwagen befahren werden.

Besonderheiten:
OÖ. Sensenschmiedemuseum: geöffnet vom 1. Mai bis 26. Oktober, täglich außer Montag. Besuch nur mit Führung möglich, Beginnzeiten bitte anfragen. Für vorangemeldete Gruppen ganzjährig möglich.

Information:
Tourismusverband Micheldorf
Tel. 07582/63474

Einkehrmöglichkeiten:
Eisenstraßenwirt Gh „Zum Schwarzen Grafen", Tel. 07582/61160, Ruhetag Montag
Gh Georgenberg, Tel. 07582/64030, Ruhetag Dienstag
Eisenstraßenwirt Reitergut „Weißenhof", auch Übernachtung möglich, Tel. 07582/62609, Ruhetag Montag

Tour 22

Vom Zauberer Jackl auf der Burg Altpernstein zum Hirschwaldstein

Kurze, mäßig steile Rundwanderung von der Burg Altpernstein (780m) auf den Hausberg der Micheldorfer, den Hirschwaldstein (1095m). Wegen der Besichtigungsmöglichkeit der mächtigen, vollständig erhaltenen Burganlage besonders für Ausflüge mit Kindern zu empfehlen.

Ausgangspunkt:
Parkplatz vor Burg Altpernstein oder als Variante ab Micheldorf

Zufahrt:
A1 Abfahrt Voralpenkreuz - A9 bis Inzersdorf - B138 bis Micheldorf-Nord - links abbiegen und in Serpentinen auf dem Güterweg Altpernstein zum Parkplatz der Burg. Variante: Wer von Micheldorf aufsteigen möchte, läßt sein Auto auf einem der Micheldorfer Parkplätze stehen und wandert durch den Kalten Graben auf einem schattigen Weg, vorbei am Bachbauern-Haus und an einer alten Pestlinde, zur Burg Altpernstein.

Gehzeit:
1,5 h von der Burg, Anstieg 280 Höhenmeter
Variante: 3,5 bis 4,5 Stunden von Micheldorf, Anstieg 644 Höhenmeter

Weithin sichtbar ragt die Burg Altpernstein auf einer Seehöhe von 780m vom steilen Felsen und hat über Jahrhunderte dem Verfall getrotzt. Damit ist dieser Burg das Schicksal der umgebenden Burgen von Losenstein, Leonstein, Scharnstein oder Schellenstein erspart geblieben, von denen nur mehr Ruinen oder Mauerreste vorhanden sind. 1179 wird die Burg erstmals urkundlich erwähnt und hat mehrmals die Besitzer gewechselt, wobei sich die Jörger oder Graf Herberstorff unter den Eigentümern finden. Seit 1630 gehört die Burg dem Stift Kremsmünster. Gegenwärtig wird sie als Impulszentrum und Seminarhaus der Katholischen Landjugend genutzt.

Wir gehen über eine aus Bruchsteinen erbaute Brücke zum Burgtor. Oberhalb des Tores sieht man noch die beiden Öffnungen der Aufzugsvorrichtung für die Zugbrücke, die es hier einmal gegeben hat. Der gepflasterte Burghof soll der angeblich kleinste aller oberösterreichischen Burgen sein, dafür besitzt er mit dem sogenannten „Jörgerbrunnen", der 1605/1607 aus Spitaler Marmor errichtet wurde, den schönsten Renaissancebrunnen weit und breit.

Sehenswert sind der im ersten Stock der Burg gelegene Rittersaal und die Burgkapelle mit Stuckverzierungen, die das Wappen des Grafen Herberstorff zeigen. Die im dritten Stockwerk gelegene Waffenkammer kann nicht mehr besichtigt werden, die Räume werden für den Burgbetrieb benötigt. Die Waffensammlung und Harnische befinden sich heute in den Schauräumen des Stiftes Kremsmünster. Wer jedoch einem Schwert- und Harnischmacher bei der Arbeit zusehen möchte, dem sei an dieser Stelle ein Besuch bei Schmiedemeister Johann Schmidberger in Molln empfohlen, der die hohe Kunst der Harnischmacherei noch beherrscht.

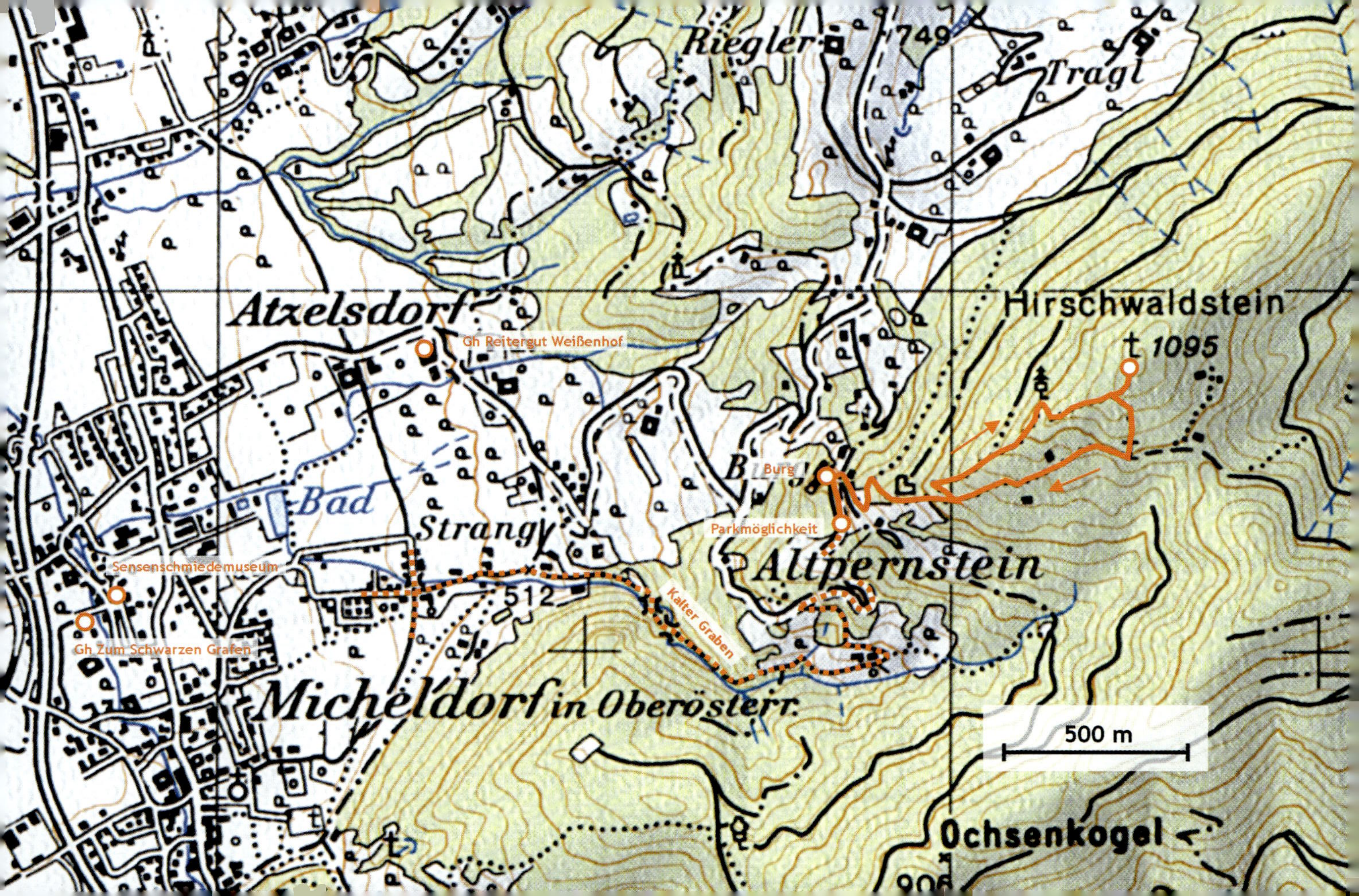

Riegler
749
Tragl
Atzelsdorf
Gh Reitergut Weißenhof
Hirschwaldstein
1095
Burg
Parkmöglichkeit
Bad
Strangl
Altpernstein
Sensenschmiedemuseum
512
Kalter Graben
Gh Zum Schwarzen Grafen
Micheldorf in Oberösterr.
500 m
Ochsenkogel

Ein Blick in das Verlies der Burg läßt uns schließlich die Härten und Grausamkeiten des mittelalterlichen Strafvollzugs erahnen und erinnert uns an die Geschichte vom Zauberer Jackl, die man sich in Micheldorf noch heute erzählt. Realistisch wird es sich wohl so zugetragen haben: In der dunklen Zeit der Hexenprozesse im 16. und 17. Jahrhundert wurde ein gewisser Langemann, Vater von fünf Kindern, Gerber von Beruf und im 76. Lebensjahr stehend, nach einer Anzeige wegen Zauberei gefangengenommen, auf Pernstein eingekerkert und gefoltert. Die Folter brachte schließlich Untaten und seine Bekanntschaft mit dem Teufel zutage. Dieses „Bekenntnis“ konnte den armen Mann, der sich mit der Heilkunst beschäftigte, auch nicht mehr retten, sodaß er durch das Schwert umkam. Eine Puppe, die aus einem der Fenster im Burghof schaut, erinnert an diese Geschichte.

Wir verlassen Burg Altpernstein, folgen vorerst dem Schild „Hambaum-Leonstein“ und treffen nach wenigen Metern auf das Schild „Über Hirschwaldstein nach Leonstein“, dem wir nun links folgen. Entlang der rotweißroten Markierung steigen wir an mehreren Ruhebänken vorbei zu einem runden Wehrturm hinauf und genießen den Blick zur Kremsmauer hinüber. Bei der nächsten Weggabelung halten wir uns links, über Waldboden geleitet uns die Markierung an zwei markanten Felsen vorbei zu einem Aussichtsplatz, wo wir eine Verschnaufpause einlegen. Nun geht's den bewaldeten Kamm entlang, vorbei an einer Wegeinmündung, der wir am Rückweg folgen werden. Nur mehr wenige Meter sind es, bis wir zum Gipfelkreuz des 1095m hohen Hirschwaldsteines kommen. Die Aussicht ist im Gipfelbereich durch die Bewaldung zwar wenig lohnend. Dafür entschädigen uns aber der gemütliche Rastplatz und die prächtige Aussicht auf Großen und Kleinen Priel, Kremsmauer und Sengsengebirge am Rückweg. Bevor wir die Burg erreichen und es uns in der

ehemaligen Torwächterstube, wo eine kleine Gaststätte untergebracht ist, gemütlich machen, genießen wir noch einmal den Blick auf das friedliche Kremstal hinab.

Zugänglichkeit:
Ganzjährig begehbar.

Empfehlungen:
Burg Altpernstein kann täglich von 9 - 20 Uhr besichtigt werden. Führungen gibt es ab Mai jeden Sonntag um 14.30 Uhr. Für Gruppen auch außerhalb die-

ser Zeit nach Voranmeldung unter Tel. 07582/63535
Schwertschmiede und Harnischmacherei Johann Schmidberger in Molln, geöffnet ganzjährig während der Arbeitszeiten (Montag bis Freitag jeweils bis 17 Uhr), Gruppenführungen jederzeit nach Voranmeldung,
Tel. 07584/3073

Information:
Tourismusverband Micheldorf,
Tel. 07582/63474

Einkehrmöglichkeiten:
Im Burgstüberl kann man Getränke, Eis und kleine Imbisse erhalten. Von der Gästeterrasse der Burg Altpernstein hat man einen herrlichen Tiefblick ins Kremstal hinab. Geöffnet hat das Burgstüberl von 2. Mai bis 31. Oktober: Dienstag bis Sonntag von 11 - 18 Uhr

Eisenstraßenwirt Gh Reitergut Weißenhof, unterhalb der Burg in Atzelsdorf 3, Tel. 07582/62609, Ruhetag: Montag

Tour 23

Vom Stift Schlierbach auf den Grillenparz

Die lohnende kurze Wanderung auf den nur 842m hohen Grillenparz bietet sich nicht nur wegen der würzigen Waldluft, sondern besonders wegen der großartigen Aussicht hinunter ins Kremstal, hinüber zur Kremsmauer und auf die Berge der Voralpen an.

Ausgangspunkt:
Zisterzienserstift Schlierbach

Zufahrt:
A1 Abfahrt Voralpenkreuz - A9 bis Inzersdorf - auf B138 bis kurz vor Kirchdorf, links abzweigen und Beschilderung nach Schlierbach folgen.

Gehzeit:
2 h, Anstieg 365 Höhenmeter

Der Ort Schlierbach liegt auf einer kleinen Anhöhe über dem Kremstal. Schon von weitem sehen wir die dominante Kulisse des Stiftsgebäudes, das mit seinen Fenstern und drei Geschossen beinahe wie ein Schloß wirkt. Bekannt ist das von der berühmten oberitalienischen Künstlerfamilie Carlone geplante und ausgeführte Stift wegen seiner üppigen barocken Ausstattung, der stuckverzierten Bibliothek und der berühmten Schlierbacher Madonna, die vermutlich im zweiten Viertel des 14. Jahrhunderts angefertigt wurde. Auch kulinarisch tut sich was hinter den Stiftsmauern, denn dort reift eine wahre Delikatesse heran – der Schlierbacher Klosterkäse. In Österreichs erster Schaukäserei können wir den Schlierbacher Käsemeistern in die Töpfe und Wannen blicken. Beim Rundgang erfahren wir, daß der Käse von außen nach innen reift und daß durch das Zusetzen von Rotkulturbakterien und sorgfältiger Lagerung die charakteristischen Schlierbacher Käsesorten entstehen. Solcherart auf den Geschmack gekommen, verkosten wir im klostereigenen Käsegeschäft den milden, feinwürzigen St. Severin, den St. Petrus, eine Kombination aus Edelschimmel und Rotkultur, sowie das klassische Schlierbacher Produkt, den Schloßkäse.

Nach der Stiftsbesichtigung und dem köstlichen Käsegenuß tun wir gut daran, dem am Stiftseingang angebrachten Wanderschild „Grillenparz-Ratscher-Burg Altpernstein“ zu folgen. Entlang der Stiftskäserei wandern wir durch einen alten Durchgang zum Kreuzweg. So gelangen wir zu einer kleinen Kapelle und genießen den Blick auf das Stift mit seinen beiden Türmen. Von hier wandern wir rechts über die Wiese zum Waldrand. Ansteigend und kurz über die Wiese kommen wir bei einem hochstämmigen Birnbaum zu einem asphaltierten Güterweg, dem wir rechts folgen. Kurz danach gelangen wir zu einer Straßengabelung, bei der wir dem Schild „Grillenparz“ folgen. In der nächsten Kurve verlassen wir den Güterweg und zweigen vor einem bäuerlichen Anwesen rechts Richtung Waldrand ab. Wir passieren einen Schranken, und leicht ansteigend marschieren wir 5 Gehminuten auf der Forststraße. Danach zweigen wir, der Markierung folgend, links auf einen Waldweg ab, queren kurz darauf ein weiteres Mal eine Forststraße und gelangen so an den Rand einer Waldlichtung. Steiler werdend kommen wir zu einem Bauernhof und einer

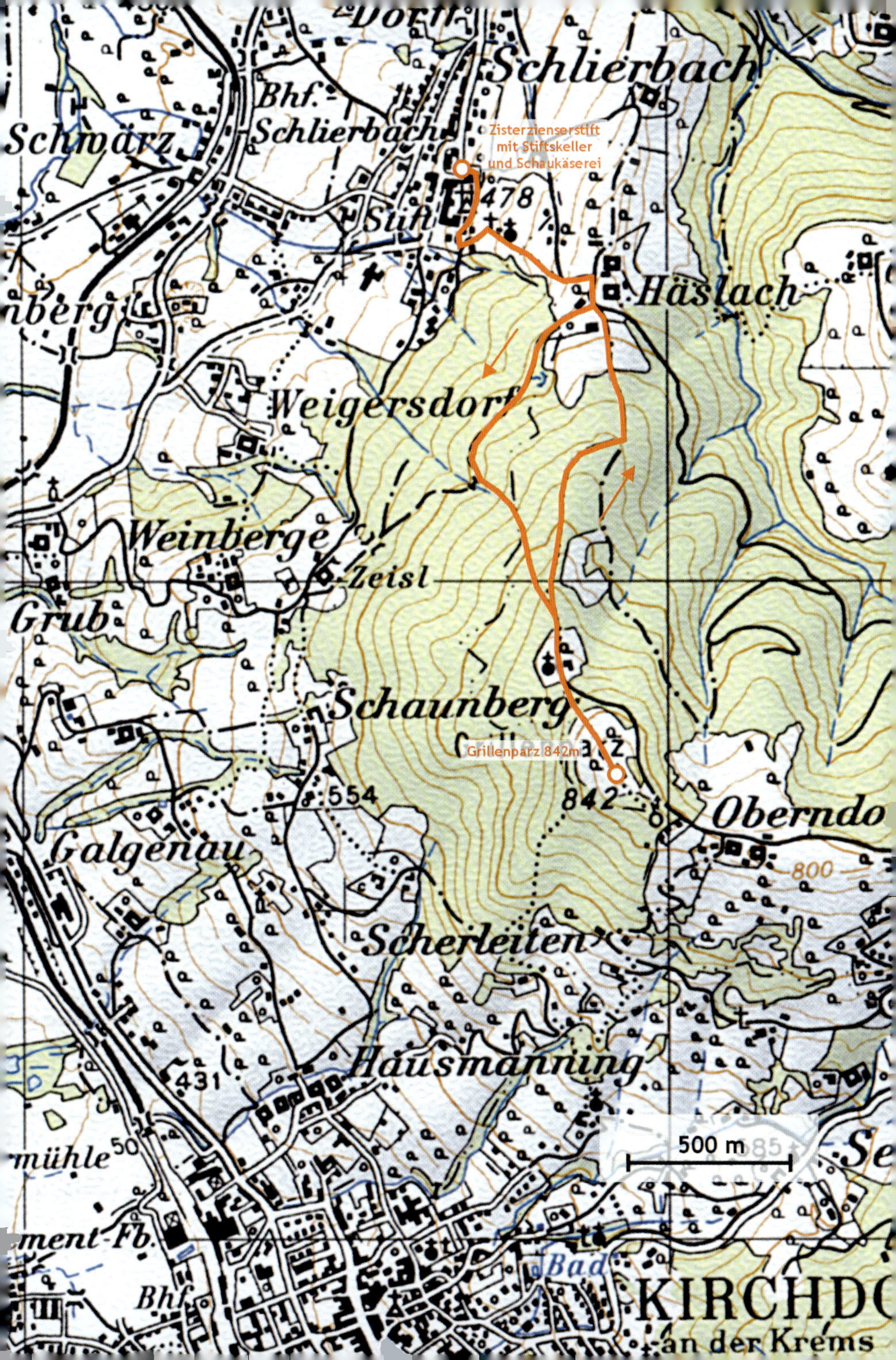
Schlierbach
Bhf. Schlierbach
Schwärz
Zisterzienserstift mit Stiftskeller und Schaukäserei
478
Stift
Haslach
Weigersdorf
Weinberge
Zeisl
Grub
Schaunberg
Grillenparz 842m
842
554
Oberndo
800
Galgenau
Scherleiten
Hausmanning
431
500 m
mühle
ment-Fb.
Bhf.
Bad
KIRCHDO
an der Krems

kleinen Kapelle. Danach verlassen wir die Forststraße, und der Weg führt uns durch ein kurzes Waldstück zu einer mit Wiesenblumen durchsetzten, dunkelgrünen Wiese. Auf einem ausgetretenen Wiesenpfad erreichen wir nun leicht bergauf den mugelförmigen Gipfel, auf dem eine dem Wetter trotzende einsame Lärche steht. Eindrucksvoll ist von hier der Panoramablick auf Kremsmauer, Kremstal und hinüber auf die Berggipfel des Steyrtals, wie Dürres Eck, Landsberg und Buchberg.

Nach einer ausgiebigen und sonnigen Rast auf der einzigen Holzbank verlassen wir den Grillenparz am gleichen Weg, den wir gekommen sind. Vorbei an Bauernhof und Kapelle gelangen wir am Rand der Waldlichtung auf eine Weggabelung. Hier verlassen wir aber den uns bekannten Weg und folgen der Markierung geradeaus. Zügig gelangen wir durch den Wald bergab und treffen wieder auf den Güterweg, auf dem wir gekommen sind. Dieser bringt uns nun abwärts zum Stift Schlierbach.

Zugänglichkeit:
Die leichte Wanderung bereitet auch mit Kleinkindern keine Schwierigkeiten. Bei geringer Schneelage auch im Winter empfehlenswert.

Besonderheiten:
Führungen durch das Stift, die Schaukäserei und Glasmalerei sind von Ostern bis Ende Oktober von Montag bis Samstag um 10 und 14 Uhr, sowie an Sonn- und Feiertagen um 10 und 14.30 Uhr möglich.
Gruppen können ganzjährig gegen Voranmeldung das Stiftsensemble besuchen.
Der Klosterladen ist von Montag bis Samstag von 9 bis 12 Uhr und von 13 bis 16.30 Uhr, an Sonn- und Feiertagen von 10.30 bis 12 Uhr und von 14 bis 16.30 Uhr geöffnet (von November bis Ostern nur von Montag bis Samstag von 9 bis 12 Uhr).

Information:
Tourismusverbändegemeinschaft Kremstal, Tel. 07582/83028

Einkehrmöglichkeiten:
Gh Zum Dorf, Schlierbach 187, Tel. 07582/81305, Ruhetage: Mittwoch ganztägig, Samstag und Sonntag jeweils am Nachmittag
Stiftskeller, Schlierbach Nr. 2, Tel. 07582/81289, Ruhetag: Donnerstag
Gh Schröcker, Schlierbach 14, Tel. 07582/81238, Ruhetag: Montag

Tour 24

Höhenwanderung über Mittagstein und Pfannstein zur Gradnalm

Eine beeindruckende Höhenwanderung mit großartiger Aussicht übers Kremstal, ins Tote Gebirge sowie hinab ins Alm- und Steinbachtal. Verbunden werden sollte die Tour mit einem Besuch des denkmalgeschützen Freilichtmuseums „Kalkofen" in Steinbach am Ziehberg.

Ausgangspunkt:
Gh Krapfenmühle, Steinbach/Ziehberg

Zufahrt:
A1 Abfahrt Voralpenkreuz - A9 nach Ried/Traunkreis, abzweigen auf Landstraße nach Pettenbach, nach weiteren 5 Kilometern Richtung Scharnstein links abzweigen nach Steinbach am Ziehberg. Das Gh Krapfenmühle liegt am anderen Ortsausgang gegenüber dem Kalkofen. Von Micheldorf kommend vor Kirchdorf links auf Ziehbergstraße abzweigen und über den Ziehbergsattel nach Steinbach.

Gehzeit:
6 - 7 h, als Tagestour planen!
Kürzere Variante: 2–3 h

Bevor wir unsere Wanderung beginnen, statten wir einem seltenen Industriedenkmal, dem „Kalkofen von Steinbach am Ziehberg", nahe dem Gasthaus Krapfenmühle, einen Besuch ab. Der 1926 errichtete Kalkofen ist ein Zeuge jener Zeit, als von Bauern im Nebenerwerb Kalk gebrannt wurde. In der Ausstellung erfährt man, daß Branntkalk neben dem Hausbau auch für die Stahlerzeugung, Zuckergewinnung oder die Zahnpastaherstellung benötigt wird.

Von der harten Arbeit der Kalkbrenner, vom ohrenbetäubenden Lärm im Steinbruch, der gleißenden Hitze und dem ätzenden Staub vorm Ofenschacht erzählen die Bild- und Texttafeln. Zu Recht wird der Schachtofen, der von vielen ehrenamtlichen Helfern des Kulturvereins „Kalkofen Steinbach am Ziehberg" in letzter Sekunde gerettet wurde, als bedeutendes oberösterreichisches Baudenkmal eingestuft.

Nun wollen wir aber einen Teil der nördlichen Kalkalpen kennenlernen. Wir wandern vom Kalkofen in den Ort und suchen den Wegweiser vis a vis der Pfarrkirche, nahe der Telefonzelle, der uns die Gehrichtung weist. Wir marschieren dem Güterweg Ottenau entlang und kommen nach knapp 500 m bei einer Straßengabelung zum Schild „Höhenweg" und folgen kurz darauf dem Schild „Mittagstein" nach rechts. Der Güterweg führt uns am letzten Bauernhof vorbei zu einem Schild, das uns links auf einen Waldweg weist. Vorbei am Hirschgatter kommen wir zum anstrengendsten Teil unserer Wanderung. Wir folgen der rotweißroten Markierung, und steil führt uns der Weg entlang einer Rinne zum Sattel hinauf. Vorbei an der Wolfwiesenhütte bewältigen wir die letzten Höhenmeter im Bergwald und erreichen schließlich das Gipfelkreuz des 1260m hohen Mittagsteins. Eine prachtvolle Kulisse mit den hoch aufragenden Berggiganten Großer und Kleiner Priel, Schermberg, Warscheneck, Falkenmauer, Kremsmauer, Traunstein und Kasberg läßt uns

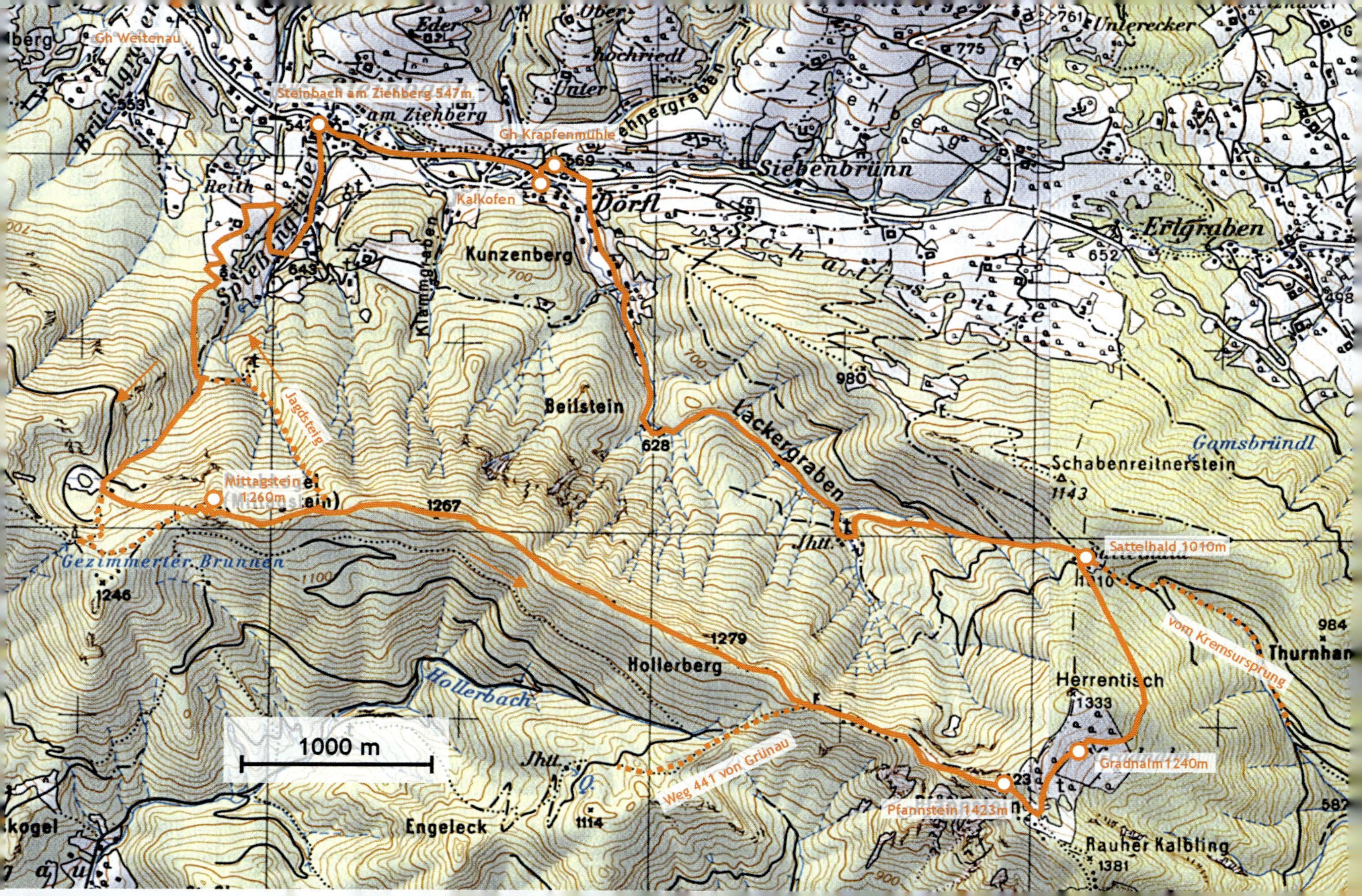

Gh Weitenau
Steinbach am Ziehberg 547m
Gh Krapfenmühle
Kalkofen
Jagdsteig
Mittagstein 1260m
Sattelhald 1010m
vom Kremsursprung
Gradnalm 1240m
Pfannstein 1423m
Weg 441 von Grünau
1000 m
Siebenbrunn
Dörfl
Erlgraben
Kunzenberg
Beilstein
Lackergraben
Schabenreitnerstein
Gamsbründl
Gezimmerter Brunnen
Hollerberg
Hollerbach
Herrentisch
Thurnham
Rauher Kalbling
Engeleck
Unterecker
Reith
am Ziehberg
Kammgraben
Unter
Ober
Eder
Hochriedl
Kogel

den Aufstieg rasch vergessen. Geheimnisvoll sind das Krems-, Steyr- und Almtal sowie das gesamte Alpenvorland in dichten Nebel gehüllt. Lediglich der kleine Ort Steinbach leuchtet zwischen kleineren Nebelfetzen herauf. Nach einer erholsamen Rast und reichlichem Panoramagenuß freuen wir uns schon auf den nun folgenden schönsten Teil unserer Wanderung. In leichtem Auf und Ab wandern wir in 2 Stunden hinüber zum Pfannstein (1423m) und zur Gradnalm. Dabei haben wir stets die Nordabfälle des Toten Gebirges und die schroffe Falkenmauer vor Augen. Bevor wir den Pfannstein erreichen, mündet der Weg Nr. 441 von Grünau herauf ein, und steil ansteigend führt uns der Kammsteig zum Gipfel hinauf. Auch hier eröffnet sich das vielfältige Bergpanorama und zusätzlich sehen wir jetzt noch die südlichen Berggipfel des Sengsen- und Hintergebirges. Nach einer kurzen Verschnaufpause verlassen wir in südlicher Richtung den Pfannstein, und in einem Linksbogen führt uns der Weg zur Gradnalm hinab.

Während der Bewirtschaftungszeit kann man dort einkehren und wird mit hofeigenen Produkten versorgt. Die Gradnalm gehörte einst zum Besitz der Schwarzen Grafen, wie die wohlhabenden Eigentümer der Sensenwerke vom Volksmund genannt wurden. Deren eiserne Erzeugnisse wie Sensen und Sicheln sind noch heute in der sogenannten Gradnwerkstatt in Micheldorf (OÖ. Sensenschmiedemuseum) zu besichtigen. Am sogenannten „Herrentisch“, oberhalb der Hütte, saßen einst die Schwarzen Grafen und genossen den Blick ins Steyr- und Kremstal.

Leicht bergab wandernd gelangen wir zur sogenannten „Sattelhald“, wo die Wege vom Kremsursprung und vom Grassnerkreuz herführen. Wir folgen keinem dieser Wege, sondern schlagen den linken Weg zum Lackergraben ein und erreichen auf einer Forststraße unseren Ausgangspunkt, den Gh Krapfenmühle.

Variante: Beim Aufstieg Abstecher zum „Gezimmerten Brunnen“, um den sich eine Wilderersage rankt. Vom Mittagstein erreichen wir nach etwa 30 min den Wegweiser mit der Aufschrift „Steinbach/Ort“. Wer wegen der Kinder die Tour verkürzen möchte, kann auf diesem Jagdsteig zurück nach Steinbach gelangen.

Zugänglichkeit:
Ganzjährig möglich, diese Tagestour empfiehlt sich insbesondere, wenn der Herbst die Lärchen- und Mischwälder

in Farbenpracht taucht und wenn das Krems- und Almtal im dichten Nebel versinken. Bergausrüstung, Trittsicherheit und Kondition sind erforderlich, ausreichend Getränke und Proviant mitnehmen.

Besonderheiten:
Führungen im Kalkofen sind für Gruppen möglich und am Gemeindeamt anzumelden (Tel. 07582/7255), auf Anfrage sind auch Kalklösch-Vorführungen möglich.

Information:
Gemeindeamt Steinbach/Ziehberg,
Tel. 07582/7255

Einkehrmöglichkeiten:
Qualitativ hochwertige bodenständige Küche im Gh Krapfenmühle,
Tel. 07582/7203 und im Gh Weitenau,
Tel. 07582/7202.
Gradnalm: bewirtschaftet an Wochenenden vom 1. Mai bis 31. Oktober, von Anfang Juni bis Anfang Sept. täglich, Auskunft 07615/2588 (Hr. Faschinger).

Tour 25

Vom Barockstift Kremsmünster zu den Schacherteichen

Leichte und erholsame Rundwanderung mit dem Barockstift Kremsmünster als Ausgangspunkt. Das Benediktinerstift wurde 777 als eine der frühesten Klostergründungen auf österreichischem Boden vom Bayernherzog Tassilo III. gestiftet - der Legende nach an einem Ort, an dem sein Sohn Gunther bei einem Jagdunfall den Tod fand. Adalbert Stifter war Schüler in Kremsmünster und wurde hier in einer Landschaft, deren Reiz noch heute bezaubert, geprägt.

Ausgangspunkt:
Parkplätze vor dem Stift Kremsmünster

Zufahrt:
A1 Abfahrt Sattledt – B122 nach Kremsmünster, oder von Steyr auf B122 über Bad Hall und Rohr nach Kremsmünster.

Gehzeit:
2,5 bis 3 h, Stiftsführung +1 h

Wir beginnen mit unserer Wanderung vor dem Stiftseingang, wo die Straße nach Sipbachzell abzweigt. Hier finden wir die Ausgangstafel für unseren Wanderweg „Schacherteiche Nr. 43". Wir erklimmen einige Stufen und gehen dann auf einem schmalen Weg aufwärts, bis wir zu einem kleinen asphaltierten Weg gelangen, welchem wir nun links folgen (weiß-rote Markierung). Von hier hat man einen herrlichen Blick auf die größte Stiftsanlage Oberösterreichs, die 777 von Bayernherzog Tassilo gegründete Benediktinerabtei. Vom Bundesdenkmalamt ist das mächtige Bauwerk bereits zur Aufnahme in das UNESCO-Welterbe vorgeschlagen worden. Der Weg führt uns nun an einigen Gärten und an einem Sendemast vorbei zur Neuhofstraße, der wir links folgen. Nach ca. 100 Metern zweigen wir rechts in einen idyllischen Wiesen- und Waldweg ein. Dieser führt durch einen Tunnel aus jungen Birken, Schlehdorn, Brombeeren und Himbeeren wieder zum Waldrand, wo wir uns unter einer Eiche auf einer Rastbank niederlassen, um die Ruhe zu genießen. Beim Gang über die Wiese schrecken wir eine Fasanhenne mit ihren Küken auf, die schnell das Weite suchen. Auf einem schmalen Wiesenpfad am Waldrand erreichen wir die Talsenke und folgen nun einem kleinen Bach nach rechts. An einigen Birnen- und Apfelbaumen vorbei gelangen wir auf eine Schotterstraße, der wir rechts zum Bauernhof und dann auf einem Spurweg links hinunter folgen, bis wir auf das Gelände einer Baum- und Sträucherschule kommen. Wir setzen unseren Weg zu den Schacherteichen links fort und erreichen wenig später den Schacherwald. Der weiß-roten Markierung folgend erreichen wir den ersten der vier Schacherteiche, die bereits 1555 von den Benediktinern des Stiftes Kremsmünster „zur Entwässerung einer sumpfigen Gegend" angelegt wurden. Wir sehen einige Fischreiher, Stockenten, Wildenten und Schwäne, die sich auf dem Wasser tummeln. Nach dem ersten Teich führt uns der Auweg zum zweiten, noch größeren Biotop. Es begegnen uns noch viele unterschiedliche Libellen, und bevor wir die Sipbachzeller Straße überqueren, machen wir eine kurze Rast auf den Ruhebänken. Die Kinder nützen

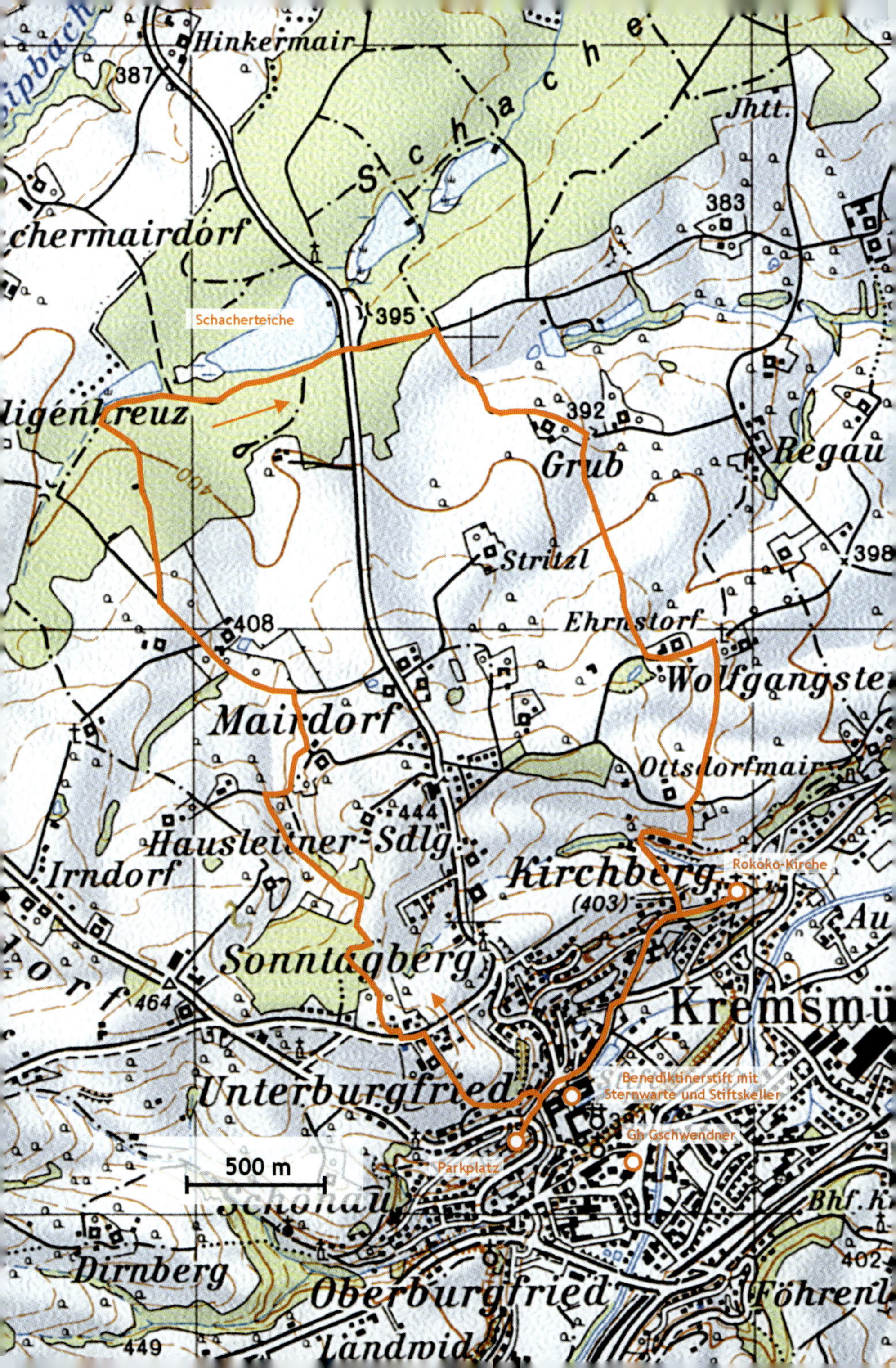

Schacherteiche
Rokoko-Kirche
Benediktinerstift mit Sternwarte und Stiftskeller
Gh Gschwendner
Parkplatz
500 m
Hinkermair
Schachermairdorf
Schacherbach
Heiligenkreuz
Grub
Regau
Stritzl
Ehrnstorf
Wolfgangstein
Mairdorf
Ottsdorfmair
Hausleitner-Sdlg.
Irndorf
Kirchberg
(403)
Sonntagberg
Kremsmünster
Unterburgfried
Schönau
Dirnberg
Oberburgfried
Föhrenl
Bhf. K
Au
Jhtt.
387
383
395
392
398
408
444
464
402
449

diese Zeit, um die Schwäne und Enten mit mitgebrachten Brotstückchen zu füttern.

Wir überqueren die Bezirksstraße und zweigen nach ca. 400 Metern rechts auf einen Güterweg ab. Nach einem Bauernhaus wandern wir rechts in einen Wiesen- und Feldweg. Nach ca. 1 km gelangen wir auf einen Güterweg, dem wir nun links folgen. Nur kurze Zeit später verlassen wir diesen Weg wieder und folgen dem Spurweg rechts. Schon sehen wir den Kirchturm von Kirchberg und folgen dann der Markierung links in eine Talsenke hinunter. Wir überqueren einen Steg und wandern kurz aufwärts in die liebliche Ortschaft Kirchberg. Die 900 Jahre alte Rokoko-Kirche wurde 1997 renoviert und hat eine sehr wertvolle Orgel aus dem Jahr 1682. Zuletzt folgen wir noch ca. 700 Meter der Asphaltstraße zurück zum Ausgangspunkt unserer Tour. Nun statten wir nach einer Stärkung im Stiftskeller im Rahmen einer ausgezeichneten Führung dem Kaisersaal, den Fischbehältern und der Klosterkirche einen Besuch ab.

Zugänglichkeit:
Ganzjährig begehbar, nach einer Regenperiode festeres Schuhwerk verwenden.

Empfehlungen:
Nach einer Stiftsführung oder einem Besuch im Naturhistorischen Museum, der Sternwarte, dem ältesten Hochhaus Europas, bietet sich eine Wanderung zu den verträumten und idyllischen Schacherteichen besonders an.
Stiftsführungen: Anmeldungen unter
Tel. 07583/5275-216 oder
Fax 07583/5275-290

Information:
Tourismusbüro Kremsmünster,
Tel. 07583/7212

Einkehrmöglichkeiten:
Stiftskeller Kremsmünster,
Tel. 07583/7555
Gh Gschwendner, Rathausplatz 2,
Tel. 07583/5329, Ruhetag: Montag

Tour 26

Von Gaflenz zur Sebaldikirche am Heiligenstein (782m)

Die leichte Wanderung auf den Heiligenstein bietet nicht nur einen herrlichen Rundblick auf Gaflenz und die Gipfel des Almkogels, der Bodenwies, der Gesäuseberge und der Haller Mauern, sondern führt auch zu einer traditionellen Wallfahrtsstätte, zur einzigen Sebalduskirche Österreichs.

Ausgangspunkt:
Gemeindeamt oder Bahnhof im Ort Gaflenz

Zufahrt:
A1 Abfahrt Enns – B115 über Steyr und im Ennstal bis zur Abzweigung der B121 in den Ort Weyer Markt – hier weiter Richtung Waidhofen nach Gaflenz
Oder von Wien kommend A1 Abfahrt Amstetten und über Waidhofen nach Gaflenz.

Gehzeit:
2 bis 3 h, Anstieg 304 Höhenmeter

Über dem Gaflenztal erhebt sich auf einem bewaldeten Bergrücken der Heiligenstein, eine merkwürdig ausgebildete Felsformation, die in der Mitte eine tief klaffende Kerbe hat. Ähnlich wie bei anderen Kultsteinen, etwa am Blasenstein, bietet sich diese zum Durchkriechen an. Umschlossen wird der Felsblock von einem verhältnismäßig ebenen Platz, geeignet, eine größere Menschenmenge aufzunehmen. Ein Naturdenkmal, wie geschaffen für eine frühe Kultstätte. Dafür spricht auch, daß 1413, anläßlich des Weiheaktes einer erstmals erbauten Kirche, der Felsen schon mit „Heiligenstein“ bezeichnet wurde. Der Legende nach soll sich im 11. Jhdt. eine Einsiedlerklause des hl. Sebald am Heiligenstein befunden haben. Der angeblich dänische Königssohn versagte sich in der Hochzeitsnacht die ihm zugedachte französische Königstochter und zog es vor, eine heilige Ehe zu führen. Er lebte nachher 15 Jahre allein und arm in einem Wald und wirkte Wunder. Zuletzt lebte und lehrte Sebald in Nürnberg, wo er als Stadtpatron verehrt wird. 300 Jahre nach seinem Tod fand im Jahr 1425 die Heiligsprechung statt, worauf die Sebaldverehrung am Heiligenstein einen besonderen Aufschwung nahm. Sechshundert Jahre hindurch wallfahrten vor allem die Bewohner des Enns- und Ybbstales auf den Heiligenstein, wobei das „Mann-Beten“ heiratswilliger Frauen bis heute ein Wallfahrtsmotiv geblieben ist.

Unsere Wanderung starten wir beim Gemeindeamt im Markt Gaflenz, der südöstlichsten Gemeinde Oberösterreichs. An den hier angebrachten Informationstafeln ersehen wir unsere Wanderroute, die uns zunächst durch den Ort führt. Vis á vis der Raiffeisenbank zweigen wir links in den Heiligensteinweg ein, überqueren einige hundert Meter danach die Eisenbahntrasse und wandern rechts bis zum Bahnhofsgebäude vor. Nun zweigen wir links ab, gelangen am Holzlagerplatz vorbei und wandern rechts in westliche Richtung zum Heiligenstein. Auf dem ebenen, kaum befahrenen Güterweg genießen wir die Ruhe und Schönheit der Kulturlandschaft dieses wenig bekannten Tales. Noch vor 400 Jahren hätte man hier das dumpfe Dröhnen von sechs wassergetriebenen

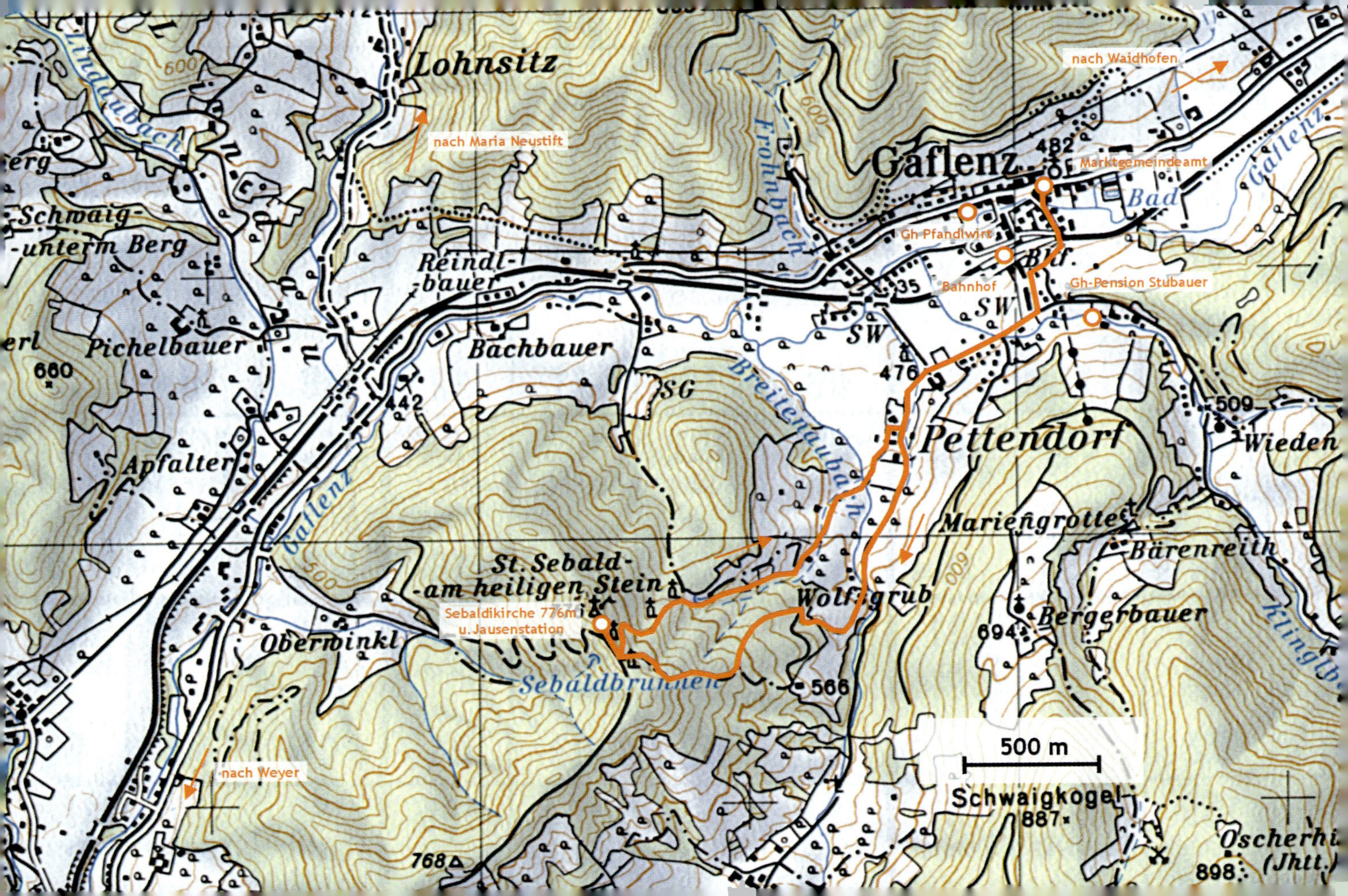
Lohnsitz
nach Maria Neustift
nach Waidhofen
Gaflenz
482
Marktgemeindeamt
Bad
Gallenz
Frohnbach
Gh Pfandlwirt
Bahnhof
Gh-Pension Stubauer
Schwaig-
-unterm Berg
Reindl-
-bauer
Pichelbauer
660
Bachbauer
SW
476
442
Breitenaubach
Pettendorf
509
Wieden
Apfalter
Gallenz
Mariengrotte
Bärenreith
St. Sebald-
-am heiligen Stein
Wolfsgrub
Sebaldikirche 776m
u. Jausenstation
Oberwinkl
694
Bergerbauer
Sebaldbrunnen
566
500 m
nach Weyer
Schwaigkogel
887
768
898
Lindaubach
600
500

Wälschhämmern, mit denen Stahl von den Innerberger Radwerken zu Stangen und Barren ausgeschmiedet wurde, gehört. Daneben gab es noch acht Zainhämmer und neun Schrottschmieden am Gaflenzbach.

Vorbei am „Alten Pfarrhof“ und einer Reitanlage führt uns der Weg zu einer kleinen Siedlung, an deren Beginn der Bauernhof Stöfflbauer liegt. Hier wird von rechts unser Rückweg einzweigen. Wir marschieren geradeaus weiter, überqueren nach ca. 600 m den Breitenaubach und wandern sanft ansteigend über die Pfarreralm zum Waldrand. Der hier markierte Weg führt uns allmählich mehr ansteigend durch herrlichen Mischwald zur spätgotischen Sebalduskirche empor.

Hinter einer barocken Kreuzigungsgruppe erhebt sich, ähnlich einer Burg, die Sebalduskirche. Durch das Nordportal betreten wir die dreischiffige Kirche, die stilistisch im wesentlichen eine barocke Ausprägung gefunden hat. Im Zentrum des Hauptaltars sehen wir die lebensgroße Statue des hl. Sebald. Die Sebalduslegende ist mit sieben aus dem 18. Jahrhundert stammenden Ölgemälden dargestellt.

Sehenswert ist auch die Sebaldikapelle, in der sich die Felsnische mit der liegenden Figur des hl. Sebald befindet. Geschützt wird die Grotte von einem kunstvoll geschmiedeten Gitter aus dem Jahr 1692. Nachdem wir uns im ehemaligen Mesnerhaus mit einer bodenständigen Jause gelabt haben, wandern wir nun entlang der Kreuzwegstationen durch den Wald und gelangen auf einen Wiesenweg hinab, der uns beim Bauernhof Stöfflbauer auf den uns schon bekannten Weg und somit zurück nach Gaflenz bringt.

Zugänglichkeit:
Die Wanderung ist wegen der zumeist nebelfreien Lage des Gaflenztales ganzjährig zu empfehlen. Der Fußmarsch ist auch von kleineren Kindern mühelos zu bewältigen.

Information:
Marktgemeindeamt Gaflenz,
Tel. 07353/205

Einkehrmöglichkeiten:
Die Jausenstation am Heiligenstein ist vom 1. Mai bis Oktober an Sams-, Sonn- und Feiertagen geöffnet, an Samstagen erst ab 11 Uhr.
Gh Pfandlwirt, Gaflenz Nr. 6,
Tel. 07353/213
Gh-Pension Stubauer vlg. Lehner, Markt 16, Tel. 07353/228
Gh Kases, Oberland 15, Tel. 07353/243

Tour 27

Von der Niglalm zur Schleifenbachklause am Borsee

Abwechlungsreiche Wanderung, bei der besonders die Blumenliebhaber auf ihre Kosten kommen. Der Borsee entstand durch den Rückstau der Schleifenbachklause, die einst für die Holztrift benötigt wurde.

Ausgangspunkt:
Berggasthof Niglalm (840m) bei Kleinreifling in der Gemeinde Weyer Land

Zufahrt:
A1 Abfahrt Enns – B115 über Steyr durchs Ennstal bis nach Kleinreifling – die Enns überqueren, von da sind es noch 6 km auf einem Güterweg hinauf auf die Niglalm.
Wer mit der Bahn anreist, steigt am Bahnhof Kleinreifling (420m) aus und wandert in knapp 2 h zur Niglalm.

Gehzeiten:
Niglalm – Borsee – Niglalm ca. 4 h
Bahnhof Kleinreifling – Prenkleralm – Niglalm – Schleifenbachklause – Bahnhof Schönau ca. 5 h

Zugang vom Bahnhof: Die leichte Wanderung führt uns zunächst auf dem Güterweg durch den Hammergraben und anschließend auf dem Wanderweg 495 an der Prenkleralm vorbei zum ganzjährig bewirtschafteten Berggasthof Niglalm.

Vom Ausgangspukt, wo im Winter mehrere Skilifte und Loipen für Schivergnügen sorgen, steigen wir am hinteren Ende des Parkplatzes auf einem Ziehweg über die Almwiesen hinauf. Entlang des Weges finden wir viele seltene Orchideenarten wie Geflecktes und Breitblättriges Knabenkraut, Waldvöglein oder Stingelwurz. Unsere heimischen Orchideen sind empfindliche Ökobarometer, weil sie sehr sensibel auf die Veränderung ihrer Lebensräume und Lebensbedingungen reagieren. Die Ursache dafür liegt in der hochspezialisierten Fortpflanzungsbiologie der Orchideen. Die Keimlinge können sich nämlich nur dann weiterentwickeln, wenn sie im Boden ganz bestimmte Pilze vorfinden, die dem Keimling und später der Jungpflanze als Nährstoffversorger dienen.

Bald erreichen wir eine Forststraße, der wir ein kurzes Stück rechts folgen, um dann links auf den Wanderweg 498 Richtung Borsee einzubiegen. Im Wald marschieren wir erst noch leicht bergan, dann nur noch bergab. Wir erreichen die Jagdhütte Kogleralm und wandern weiter über die Wildwiese zum Nordufer des Borsee. Dem Ufer entlang kommen wir dann zur Klause. Weil das Wasser des Schleifenbaches nicht ausreichte, um die Baumstämme talabwärts zur Enns zu schwemmen, baute man im 16. Jahrhundert eine künstliche Sperre, die sogenannte Schleifenbachklause, der Rückstau bildet den Borsee. 1996 wurde diese Klause im Zusammenwirken von Nationalpark Kalkalpen, Gemeinde Weyer Land, Verein Eisenstraße, Erzdiözese Salzburg und der Wildbachverbauung vollständig reaktiviert, nachdem zuvor im Jahr 1992 ein Hochwasser die Klause fast vollständig zerstört hat und der See zu verlanden drohte. Bis zur Klause transportierte man das geschlägerte Holz mit Pferde- und Ochsenfuhrwerken, und knapp unterhalb der Klause wurde das Holz im Bachbett gelagert. Die

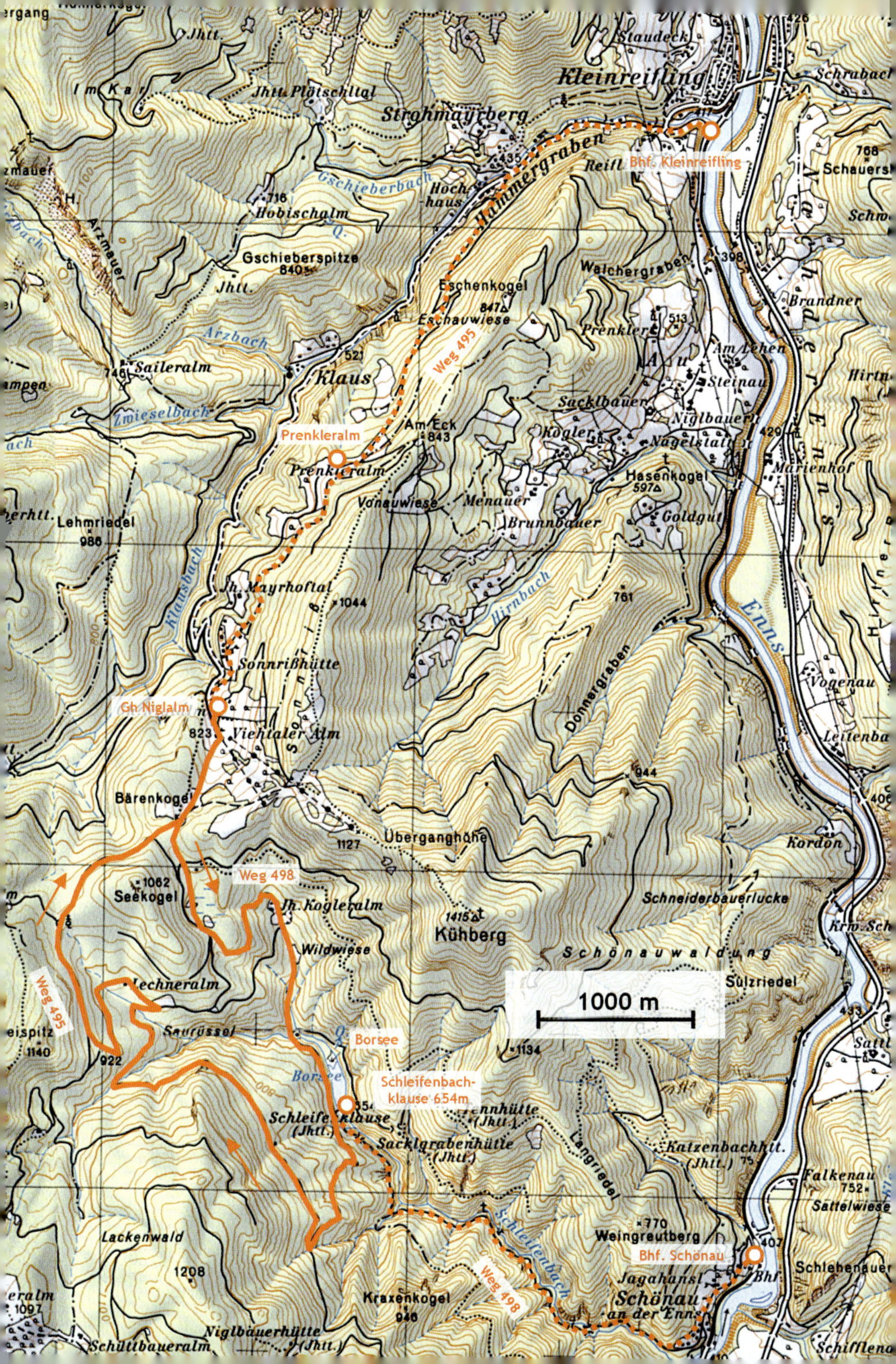

Kleinreifling
Bhf. Kleinreifling
Weg 495
Prenkleralm
Gh Niglalm
Weg 498
Borsee
Schleifenbach-
klause 654m
Bhf. Schönau
1000 m
Enns
Klaus
Kühberg
Schönau an der Enns

Klause wurde dann von den „Triftern", wie diese Berufsgruppe genannt wurde, „geschlagen", und das Wasser wurde schwallartig wieder an den Bach abgegeben. Die Baumstämme polterten dann mit dem Wasser zu Tale. Stellten sich Bäume in einer Klamm quer und verursachten diese mit dem nachfolgenden Holz einen gefährlichen Stau, so mußten die Trifter mit ihren „Grieshaken" oft unter Lebensgefahr die Verklausung lösen. Bei der Triftarbeit kam es nicht nur zu schweren Unfällen, sondern es ging auch viel Holz durch Zersplitterung und Abrieb verloren. Das Holz wurde dann bei sogenannten Rechen gesammelt und auf den meist danebenliegenden „Ganterplätzen" zu Flößen für den Weitertransport auf der Enns zusammengebaut.

Der Borsee hat sich auch zu einem Naturjuwel entwickelt, denn im bloß 2 bis 3m tiefen Wasser konnte sich eine reichhaltige Flora und Fauna ansiedeln. Am südlichen Ende findet man das Schwimmende Laichkraut, eine seltene Wasserpflanze, und am Nordufer findet man eine ausgedehnte Niedermoorfläche.

Nach ausreichender Besichtigung können wir entweder am gleichen Weg zurückmarschieren, oder wir wandern auf einer kaum befahrenen und ruhigen Forststraße zurück. Diesfalls müssen wir am Südufer die Forststraße hinaufwandern und halten uns bei der nächsten Weggabelung rechts, wandern dann flach weiter, um bei der darauffolgenden Straßenkreuzung links hinauf zum Wanderweg 495 zu gelangen, wo wir rechts, auf der nun wieder beschilderten Route, zum Ausgangspunkt zurückgelangen.

Wer mit der Bahn angereist ist, kann vom Borsee auf der Forststraße durch das wildromantische Tal des Schleifenbaches nach Schönau, einer kleinen ehemaligen Holzfällersiedlung, hinuntersteigen und gelangt so zum Bahnhof Schönau.

Wer noch mehr über die einstige Nutzung des Wassers erfahren möchte, hat die Möglichkeit, die Katzensteinermühle am Gaflenzbach in Weyer zu besuchen, eine voll funktionstüchtige Getreidemühle aus dem Jahr 1820. Die Mahlvorführung durch Herrn Katzensteiner ist nicht nur für Kinder ein besonderes Erlebnis.

Zugänglichkeit:
Leichte Tour für das ganze Jahr, die sich besonders für Famlienausflüge eignet. Für Blumenfreunde empfiehlt sich die-

se Wanderung wegen der Blütezeit der Orchideengewächse besonders in der Zeit von Mitte Mai bis Ende Juli. Im Winter auch als leichte Skitour möglich.

Empfehlungen:
Die Katzensteinermühle kann von 1. Mai bis 31. Oktober jeden Sonntag von 13 - 17 Uhr besichtigt werden. Jederzeit nach Voranmeldung für Gruppen. Info unter Tel. 07355/6300

Information: Tourismusbüro Nationalparkregion Ennstal, Tel. 07254/8414

Einkehrmöglichkeiten:
Eisenstraßenwirt Berggasthof Niglalm, Familie Hopfner, Kleinreifling 99, Tel. 07357/358, kein Ruhetag, Übernachtungsmöglichkeit.
Gh Kaltenbrunner, Kleinreifling 161, Tel. 07357/212, Ruhetage: Montag und Dienstag

Tour 28

Von Weyer auf den Kreuzberg und zum Zwergerlwald

Rundwanderung auf einem liebevoll angelegten Wegenetz durch das Naturschutzgebiet Kreuzberg zum 611m hohen Gipfel, der als Besonderheit gleich mit drei Kreuzen geschmückt ist. Insgesamt laden hier 15 Kilometer sanft ansteigende Wanderwege zu Familien- und Seniorenwanderungen geradezu ein.

Ausgangspunkt:
Parkplatz beim Bahnhof am östlichen Ende des Marktplatzes Weyer.

Zufahrt:
ab Steyr auf der B115 ins Ennstal– ca. 1 km nach Küpfern links abzweigen auf B121 bis Weyer-Markt – kurz nach dem Marktplatz links zum Bahnhof (Schild zum Parkplatz Kreuzberg).

Gehzeit:
2 bis 2,5 h, Anstieg 224 Höhenmeter

Vom Parkplatz wandern wir am rechten Ufer des Gaflenzbaches am Marktplatz Weyer vorbei, bis wir nach wenigen Minuten zu einer Weggabelung kommen. Wir folgen ab nun einem Hinweisschild mit der Aufschrift Kreuzberg-Ritter-Weg und halten uns rechts. Nach wenigen Metern überqueren wir die Gleisanlagen und gelangen zu einem Zufahrtsweg, dem wir nach links folgen. Schon bald eröffnet sich ein erster Ausblick auf Weyer, wo uns der mächtige barocke „Innerberger Stadel“, der zur OÖ. Landesausstellung 1998 „Land der Hämmer“ generalsaniert wurde, besonders auffällt. In diesem lagerte man früher den aus dem Alpenvorland herangeschafften Proviant, mit dem die Hammerarbeiter der Innerberger Hauptgewerkschaft versorgt wurden. Weyer, das „goldene Marktl“, wie es im 15. und 16. Jahrhundert genannt wurde, war Heimat berühmter Hammerherrengeschlechter, der Egerer, Prevenhueber und Kerzenmandl, und seit 1625 Sitz der Hammerwerksstelle der Innerberger Hauptgewerkschaft.

Nach diesem Rundblick schreiten wir weiter bergan. Ein Gedenkstein am Wegrand erinnert uns an die fleißigen Männer, die schon 1907 diese großartige und verzweigte Weganlage geschaffen haben. An einer ersten Ruhebank vorbei wandern wir durch ein Waldstück zu einem kleineren Bauernhaus hinauf. Von hier können wir die Aussicht hinüber auf den Kleinen und Großen Almkogel genießen. Immer wieder sehen wir auch das Symbol für den Kreuzberg, ein gelbes Schildchen mit drei schwarzen Kreuzen. Dieser Markierung können wir bis zum Gipfel folgen. Am Waldrand angelangt kommen wir nun zum schönsten Teil unserer Wanderung. Der Weg führt uns im Schatten der Bäume in Serpentinen leicht steigend hinauf, bis wir auf eine Weggabelung stoßen. Hier könnten wir unsere Wanderung abkürzen und dem sogenannten Mitterweg rechts zurück zum Ausgangspunkt folgen. Wir wählen aber den linken Weg, wandern auf dem immer romantischer werdenden Steig hinauf und erreichen schließlich ein Baumtor mit der Aufschrift „Willkommen am Kreuzberg“. Von nun an geht es fast eben hinüber auf den Gipfel des 611m hohen Kreuzberges.

Imposant ist hier die von Josef Gabriel

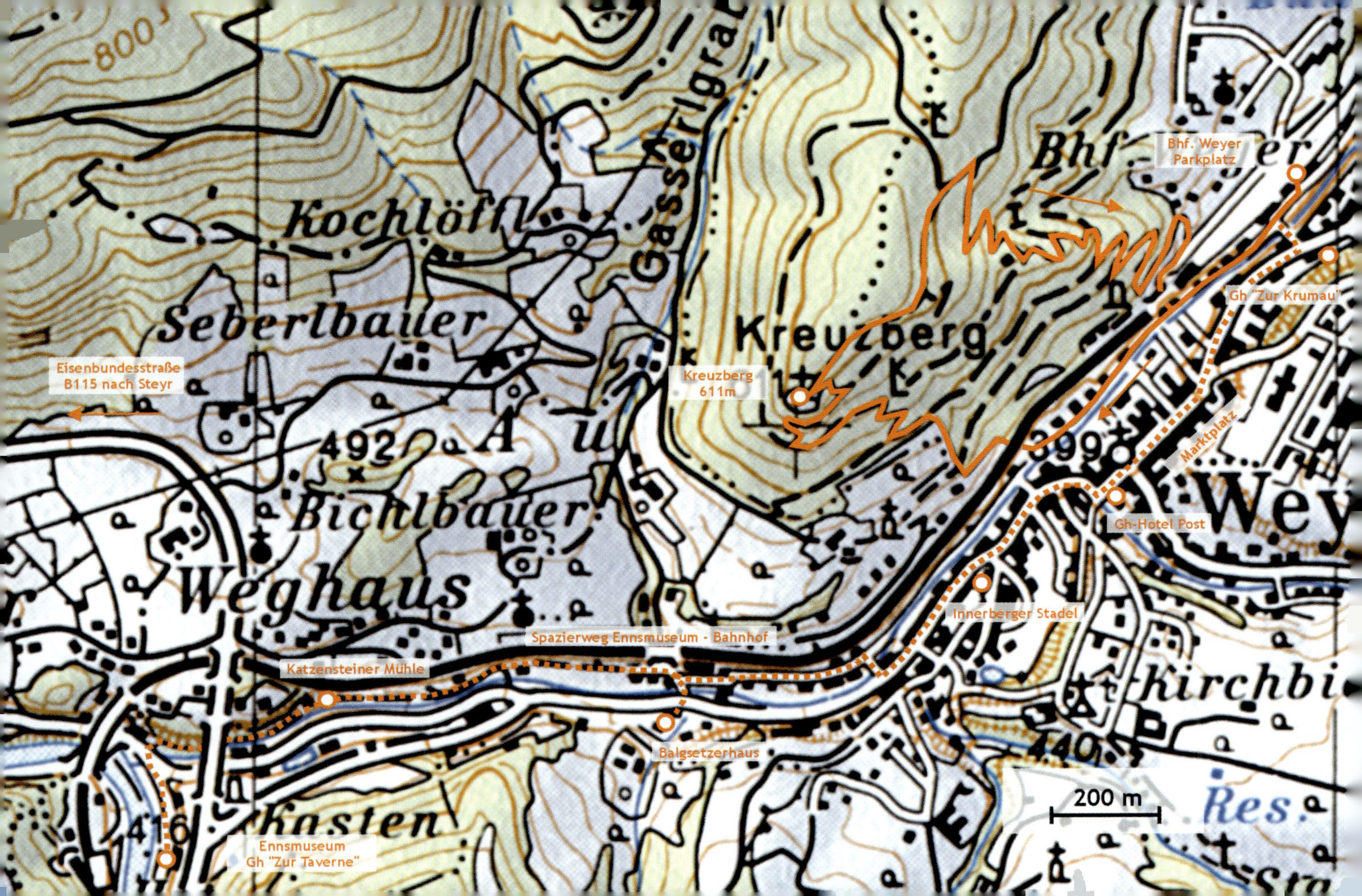

Kochlöffl
Seberlbauer
Eisenbundesstraße
B115 nach Steyr
492
Au
Bichlbauer
Weghaus
Gasserlgrab
Kreuzberg
Kreuzberg
611m
Bhf. Weyer
Parkplatz
Gh "Zur Krumau"
Marktplatz
Gh-Hotel Post
Innerberger Stadel
Spazierweg Ennsmuseum - Bahnhof
Katzensteiner Mühle
Balgsetzerhaus
Kasten
Ennsmuseum
Gh "Zur Taverne"
Kirchbi
440
200 m
Res.
800

Frey 1868 geschaffene lebensgroße barocke Kreuzigungsgruppe, die kurze Zeit auch die Aufmerksamkeit der Kinder auf sich lenken konnte. Mehrere Rastbänke laden zum Sonnenbaden, Rasten und Bestaunen der umliegenden Bergwelt ein: Neben dem Almkogel grüßen uns noch der Ennsberg, die Breitenauerberge, und vom Gesäuse sehen wir den Großen Buchstein.

Der Rückmarsch erfolgt bis zum Baumtor auf demselben Weg. Wir spazieren danach geradeaus bis zu einer Forststraße, um diese aber gleich wieder zu verlassen. Ein Schild weist uns rechts nach Weyer, und in Kehren geht's hier hinunter. Bevor wir zur Schutz- und Infohütte, in der sich einige Schautafeln befinden, gelangen, sehen wir links auf dem gegenüberliegenden Bergkamm die Sebalduskirche vom Heiligenstein in der Nachmittagssonne herüberleuchten.

Der letzte Teil des Weges wird für die Kinder besonders lebendig, weil hier fast von jedem Baum ein oder mehrere aus Wurzeln geschnitzte Zwergerl und Koboldköpfe von den Bäumen lachen! Auch wir Erwachsenen fühlen uns von nun an von den zahlreichen Augenpaaren bis zum Ende unserer Wanderung begleitet. Zuletzt wandern wir am Friedrich-Schmeidel-Denkmal und an den Geleisen vorbei und zweigen nach der Bahnunterführung auf die Straße ab, die uns zum Startpunkt zurückführt.

Nach einer gemütlichen Rast im Gastgarten des Eisenstraßenwirtes „Zur Krumau" oder in einem der Cafes am schönen Weyrer Marktplatz empfiehlt sich noch ein Besuch der Katzensteiner Mühle, des Ennsmuseums oder des Balgsetzerhauses, wo auch bäuerliches Kunsthandwerk aus der Nationalparkregion Kalkalpen verkauft wird.

Zugänglichkeit:
Der Weg ist ganzjährig begehbar.

Empfehlungen:
Ennsmuseum: geöffnet vom 1. Mai bis 31. Oktober, täglich 10 - 12 Uhr und 14 - 17 Uhr (Montag geschlossen)

Information:
Tourismusverband Weyer,
Tel. 07355/8766
Die Infobroschüre „Naturschutzgebiet Kreuzberg“ ist am Gemeindeamt Weyer erhältlich, Tel. 07355/6255.

Einkehrmöglichkeiten:
Eisenstraßenwirt Hotel Post, Oberer Markt 2, Tel. 07355/7871, Ruhetag: Montag
Eisenstraßenwirt Gh „Zur Krumau“, Waidhofner Str. 56, Tel. 07355/6270, Ruhetag: Dienstag
Gh „Zur Taverne“, beim Ennsmuseum, Tel. 07355/6300, Ruhetag: Montag

Tour 29

Von Maria Neustift zur Schwarzen Kuchl

Ganzjährig zu empfehlende Rundwanderung durch eine reich gegliederte Kulturlandschaft mit herrlichen Ausblicken ins Mostviertel, ins Hintergebirge und zu den Gesäusebergen.

Ausgangspunkt:
Maria Neustift, Eisenstraßenwirt Stockenreiter im Ortszentrum

Zufahrt:
Entweder von Steyr über St. Ulrich und Kleinraming nach Maria Neustift oder von Steyr die B115 südwärts bis knapp vor Großraming fahren und dann links abzweigen nach Maria Neustift.

Gehzeit:
Für die 11 Kilometer lange Wanderung sollten 3 Stunden eingeplant werden.

Ausgangspunkt unserer Wanderung ist die Roisentaverne, wie der Gh Stockenreiter auch noch genannt wird. Die Wirtin selbst sorgt hier für Bodenständiges aus Großmutters Küche. Ein Geheimtip und jedem zu empfehlen ist das im Holzbackofen gebackene „Schaupp-Weckerl", das es nur hier in Maria Neustift gibt, sowie ein Tafelspitz vom Ennstaler Mastochsen, welche angesichts der rustikalen Gaststube noch besser schmecken.

Nach dem Essen verlassen wir den Ort nach Nordosten und folgen der rot-weißen Markierung des Wanderweges. An einer Kapelle vorbei kommen wir zum ersten Bauernhaus, wo der Wanderweg nach links auf einen Wirtschaftsweg abzweigt. Nach einem Bergabstück kommen wir zu einem Steg über ein Bächlein, das hier die Landesgrenze zwischen Ober- und Niederösterreich bildet. Nun führt uns der Weg bergauf zur Gansbergkapelle. Ein Blick über die Wiesen, Hecken und Hügel, von denen es hier eine Menge gibt, läßt einem das Herz höher schlagen. Nirgendwo zuvor habe ich eine derart intakte Heckenlandschaft in einer solchen Geschlossenheit gesehen. Dazwischen finden sich Flurgehölze, Einzelbäume und alte Linden. Eine reich gegliederte Kulturlandschaft, die sich über Jahrhunderte entwickelt hat!

Wir wandern aber weiter, spazieren an einigen Bauernhöfen vorbei und kommen zur Schwarzen Kuchl, die noch bis vor wenigen Jahren in Betrieb war. Es ist kaum vorstellbar, daß die Familie, die sich neben dem alten Gebäude ein Haus errichtet hat, bis vor kurzem noch in der Schwarzen Kuchl das Essen zubereitete. Die alte Frau erklärt uns, daß es im Winter üblich war, das Federvieh unterm Herd einzusperren und zu versorgen. Die Kinder sind von der rußigen Kuchl und den erzählten Geschichten derart angetan, daß sie beinah aufs Essen und Trinken vergessen hätten. Nachdem wir aber die Krapfen verspeist haben, setzen wir unsere Wanderung fort und gehen bei der Güterwegkreuzung rechts. Bei der nächsten Weggabelung, wo sich ein Bildstock befindet, halten wir uns wieder rechts. Hier wechselt auch die Markierung, von nun an ist sie gelb-weiß. Bald erreichen wir die Waidhofner Landesstraße, wo wir auf den rechts einmündenden Güterweg abbiegen. Vorbei geht's an den Häusern Kreuzgrub, Warschenstein und Krendlberg, und wir kommen schließlich zum Bauernhof Großkrift.

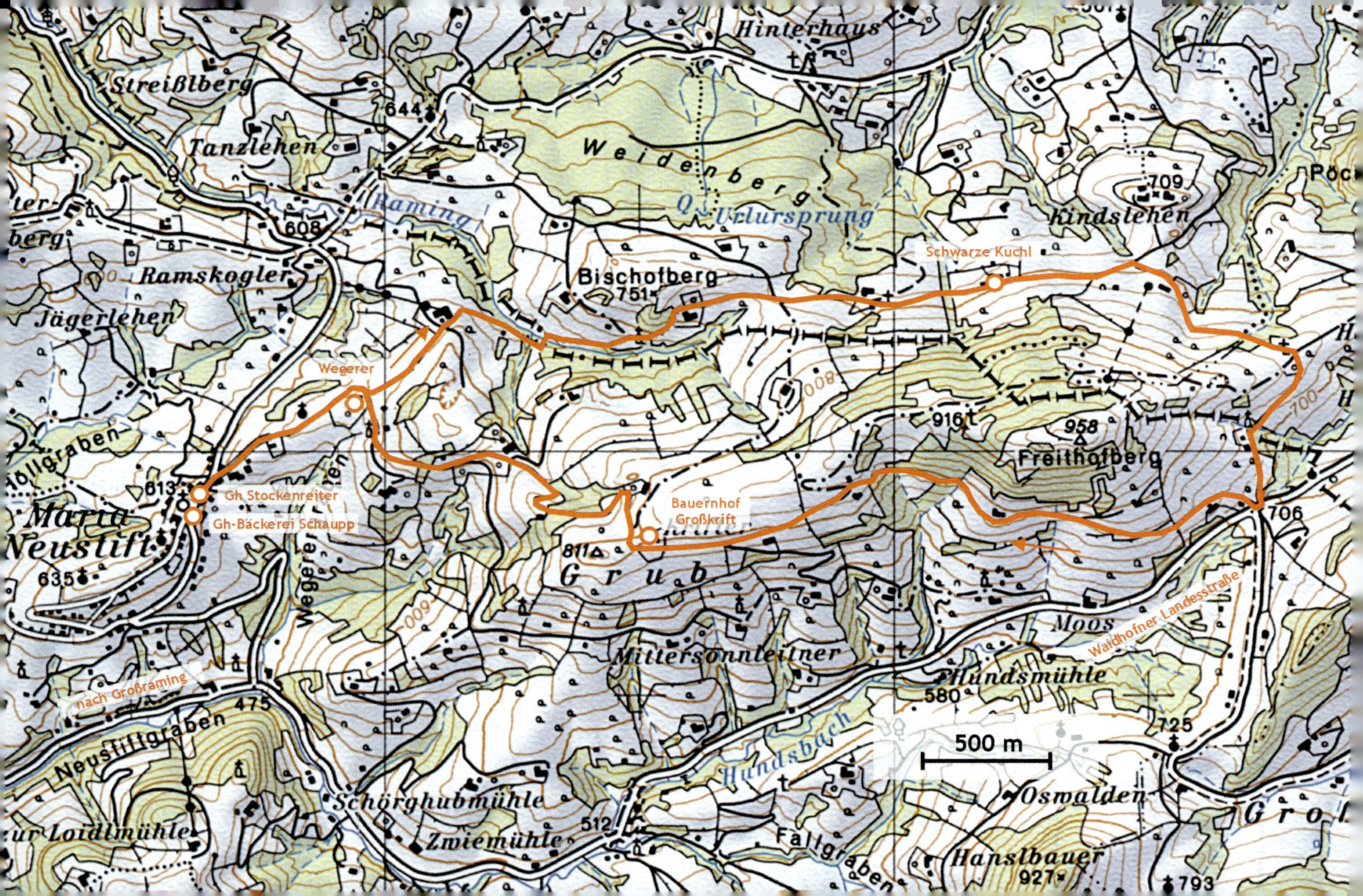
Schwarze Kuchl
Wegerer
Gh Stockenreiter
Gh-Bäckerei Schaupp
Bauernhof Großkrift
Waidhofner Landesstraße
nach Großraming
500 m
Streißlberg
Tanzlehen
Weidenberg
Urlursprung
Hinterhaus
Kindslehen
709
Raming
608
644
Ramskogler
Jägerlehen
Bischofberg
751
Höllgraben
613
Maria Neustift
635
Wegerer
811
Grub
916
958
Freithofberg
706
Moos
Mittersonnleitner
Hundsmühle
580
725
Hundsbach
Osmalden
Neustiftgraben
475
Schörghubmühle
Zwiemühle
512
Fallgraben
Hanslbauer
927
793
Loidlmühle

Von nun an fällt der Weg stetig, und der Wallfahrtsort Maria Neustift, malerisch in die Landschaft eingebettet, liegt uns zu Füßen.

Der 1124 urkundlich erstmals erwähnte Ort hatte einst eine große Bedeutung als Wallfahrtsort zur „Maria am Heyl zu Neustift" oder „Maria Schnee". Laut einer Legende sollte die Kirche nämlich am Freithofberg errichtet werden. Raben aber trugen die Sägespäne im Schnabel davon und flogen damit nach Neustift, wo man die Späne - mitten im Sommer - von Schnee bedeckt wiederfand.

Noch einmal lenken wir unsere Blicke auf das herrliche Gebirgspanorama mit dem waldreichen Hintergebirge im Vordergrund und dem langgezogenen Sengsengebirge dahinter. Auch einige Kalkgipfel des Toten Gebirges und die Gesäuseberge grüßen herüber.

Kurz bevor wir wieder zum Bauernhof Wegerer kommen, wo sich unser Rundweg schließt, erfreuen wir uns noch an der Badezeremonie der Schwalben, die nach langem Anflug sich drängelnd auf eine kleine Wasserlacke niederfallen lassen und ihre Landung jedesmal eifrig bezwitschern. Bevor wir unseren schönen Wandertag im Gastgarten beim Stockenreiter ausklingen lassen, besuchen wir noch die Wallfahrtskirche, und unsere Aufmerksamkeit gehört der fast lebensgroßen Gnadenstatue Maria mit dem Kinde, die schon um 1450 geschaffen worden sein soll.

Besinnlich und dankbar verabschieden wir uns schließlich von dieser herrlichen Gegend rund um Maria Neustift.

Zugänglichkeit:
Ganzjährig zu begehen, besonders empfehlenswert im Frühjahr und Herbst. Eignet sich hervorragend für Wanderungen mit Kindern. Wanderschuhe nicht vergessen. Die Schwarze Kuchl kann täglich ab 12 Uhr besichtigt werden.

Information:
Gemeindeamt Maria Neustift,
Tel. 07250/255

Einkehrmöglichkeit:
Eisenstraßenwirt Gh Stockenreiter („Roisentaverne“), Tel. 07250/261, Ruhetag: Donnerstag

Gh-Bäckerei Schaupp, Maria Neustift Nr. 36, Tel. 07250/305, Ruhetage: Samstag nachmittags, Montag

Tour 30

Aussichtswarte Lindaumauer

Kurze Wanderung auf einen der schönsten Aussichtsberge des Ennstales, mit prächtigem Blick in die niederösterreichische Eisenwurzen und auf die Basilika Sonntagberg.

Ausgangspunkt:
Jausenstation Hochramskogler, Gemeinde Maria Neustift.

Zufahrt:
Von Steyr auf der B115 bis kurz vor Großraming – links Straße Richtung Maria Neustift – 8 km durch den Neustiftgraben bis zur Straßenkreuzung Maria Neustift-Waidhofen – Richtung Waidhofen ca. 5 km bis auf die Kreuzgruberhöhe – rechts abzweigen, nach 1 km beginnt Güterweg Hochramskogl (steil ansteigend) – vorbei am Bauernhof Bredtboding zum Biobauernhof und Jausenstation Hochramskogler (Parkmöglichkeit)

Gehzeit:
Hochramskogler – Felsenhöhle – Lindaumauer – Hochramskogler: 1,5 h. Markierung: rot-weiß-rot, Anstieg 235 Höhenmeter.

Vom Hochramskogler folgt man der aufwärts führenden Schotterstraße ca. 300 m. Danach zweigt der Weg links ab und führt uns, steiler werdend, über eine Wiese. Blumenliebhaber kommen da voll auf ihre Rechnung. Die Wiesen werden hier noch später geheut, weshalb die Blumen Zeit haben, den Samen auszureifen und vom Wind oder den Insekten verteilen zu lassen. Somit entsteht jedes Jahr eine bunte Blumenwiese mit zahlreichen Heil- und Wildkräutern, die ein wichtiger Lebensraum für viele seltene Tier- und Pflanzenarten ist.

Wenn es nicht zu trocken ist, begleitet uns, so wie heute, ein kleines Rinnsal durch die Weide, das sehr schnell die Aufmerksamkeit der Kinder auf sich lenkt. Nach mehreren vergeblichen Stauversuchen und aus Mangel an Baumaterial wird der Vorsatz wieder fallengelassen, und dem Gipfelsturm steht nichts mehr im Wege. Ein Blick hinab in den Neustiftgraben und hinüber zum malerisch in der Landschaft gelegenen Wallfahrtsort Maria Neustift zeigt uns, daß wir uns in einem landschaftlich besonders beeindruckenden Gebiet befinden. Kaum wo in Oberösterreich sieht man noch so eine dichte Heckenlandschaft, die die saftigen Wiesen in viele kleinere Flächen unterteilt. Hier haben die Bauern das Landschaftsbild in seiner Lebendigkeit und seinem natürlichen Reiz erhalten. Die Hecken und Flurgehölze bieten vielen seltenen Vögeln und Nützlingen Unterschlupf und Nahrung. Sie tragen aber auch besonders zur Verminderung der Wasser- und Winderosion bei.

Nach einem kurzen, aber steilen Wegstück durch den Wald gelangt man nun zu einem Sattel, wo auch ein Wanderweg von der Platten herauf in unseren Weg einmündet. Wir wandern auf dem nun schmaler werdenden Steig um die steile Südflanke herum zum Gipfel. Zuvor sollte man aber der knapp oberhalb des Weges gelegenen Felshöhle einen Besuch abstatten. Ein Eindringen in die sagenumwobene Höhle ist nur mit einer Taschenlampe möglich. Die Höhle gibt vor allem den Fledermäusen und Spinnen einen Unterschlupf und Überwinterungsplatz.

Freithofberg
958
916
Vorder-
Waidhofner Landesstraße
706
Elmkogel
898
nach Maria Neustift
und Großraming
Moos
Hundsmühle
580
Riener
Stb.
700
nach Gaflenz, Weyer
646
725
Oswalden
Großgschna
Hanslbauer
927
793
Predboding
Jausenstation
Hochramskogler
850m
Lindauer Berg
1084m
Lindauer Berg
900
Lindaumauer
1103m
Halsberg
Felsenhöhle
1042
Hals
882
659
Bärenau
500 m
800
ammbauer
(verf.)
762
Ferstlreith

Wieder auf dem Weg gelangt man nach knapp einstündigem Anstieg zum Gipfelkreuz der 1103m hohen Lindaumauer. Von hier aus hat man eine faszinierende Aussicht ins hügelige Mostviertel, zu den Karstbergen des Toten Gebirges, zum Hohen Nock, ins Gesäuse und zu den Ybbstaler Alpen.

Nun wandern wir auf dem schon bekannten Weg zum Ausgangspunkt zurück und freuen uns auf eine zünftige Bauernjause beim Hochramskogler. Selbstgebackenes Brot, ausreichend Topfen, Käse und ein vorzüglicher Speck werden uns wohl bald wieder hierher führen. Und während für die Kinder die Wiesen um den Bauernhof schon längst zum Spielplatz geworden sind, Hund und Katzen nach mehreren Verfolgungsjagden das Weite gesucht haben, erzählt uns der Hochramskogler allerhand spannende Geschichten, die sich oben am Lindauberg zugetragen haben sollen.

All jenen, denen bäuerliche Kultur ein besonderes Anliegen ist, sei der Palmsonntag in Maria Neustift besonders ans Herz gelegt. Bei der Palmprozession findet man hier noch besonders schöne und große Palmsträuße aus Weidenzweigen, Segen- und Sederbaum. Auf den längeren Weidenzweigen oder Haselruten werden Äpfel aufgefädelt, und an deren Spitze finden sich bunte Seidenbänder, die bei der Prozession fröhlich flattern. Fallweise ist noch der Brauch erhalten, daß man mit den geweihten Palmbuschen dreimal ums Haus geht (das sog. „Haus einhagern"), damit in diesem Jahr kein Tier zu Schaden komme. Die geweihten Palmbuschen werden entweder in kleine Büscherl zerlegt, die als Segenszeichen ihren Platz hinter dem Herrgottswinkel, im Stall und im Marterl finden oder im Obstgarten und in den Wiesen ausgesteckt.

Zugänglichkeit:
Fast ganzjährig möglich, für die Gipfelbesteigung ist festes Schuhwerk ratsam. Mit Kindern besondere Vorsicht im Gipfelbereich der Lindaumauer. Für die Höhle eine Taschenlampe mitnehmen!

Information:
Gemeindeamt Maria Neustift,
Tel. 07250/255

Einkehrmöglichkeiten:
Jausenstation Hochramskogler,
Fam. Zöttl, Tel. 07353/493

Eisenstraßenwirt Gh Stockenreiter,
Ortszentrum Maria Neustift,
Tel. 07250/261, Ruhetag: Donnerstag

Tour 31

Der Knappenweg im Pechgraben

Leichte Wanderung im ruhigen und abgeschiedenen Pechgraben in der Nationalparkgemeinde Großraming, mit vielen Informationen über den ehemaligen Kohleabbau und die Arbeits- und Lebensverhältnisse der Bergarbeiter. Am Rundweg liegt auch das geologisch bedeutende Buchdenkmal.

Ausgangspunkt:
Gh Schraml im Pechgraben (ehemaliges Steigerhaus)

Zufahrt:
A1 Abfahrt Enns – B115 über Steyr bis kurz vor Losenstein – nach der Ortstafel (Tankstelle) links nach Laussa abbiegen – nach 9 km erreicht man über Laussa und Schifftaler Höhe den Pechgraben und das Gh Schraml.
Von Weyer kommend zweigt man bei Großraming von der B115 rechts Richtung Maria Neustift ab und folgt nach einigen hundert Metern der Straße links hinein in den Pechgraben bis zum Gh Schraml.

Gehzeit:
2 h; längere Variante ca. 4 h

Schon am Ausgangspunkt unserer Wanderung erfahren wir auf den Thementafeln, daß der Aufschwung der Eisenindustrie in der Eisenwurzen zur Folge hatte, daß die Beschaffung der Holzkohle immer schwieriger wurde. Als Ersatz schien die mineralische Kohle, ob Braun- oder Steinkohle, geeignet. Seit wann es ein Steinkohlenbergwerk im Pechgraben gegeben hat, läßt sich nicht mehr genau feststellen. Erste Unterlagen darüber finden sich im Jahr 1832, in denen der Annen- und der Joseph-Stollen im Pechgraben erwähnt sind. Die Kohle wurde zunächst vorwiegend auf Schiffen auf der Enns nach Steyr oder zu den Hammerwerken in den Wendbach, heute in der Gemeinde Ternberg gelegen, verfrachtet.

Nach dieser Einleitung gehen wir zunächst auf der Straße 200 m Richtung Großraming und marschieren dann links über den Pechgrabenbach. Die hier angebrachte Schautafel setzt sich mit der einst hier befindlichen Kohlenwaschanlage auseinander. Danach geht`s an früheren Unterkünften der Bergleute vorbei, und wir kommen zum sogenannten „Rainer-Stollen“, wo im vorigen Jahrhundert die Alpenkohle (Glanzbraunkohle) gefördert worden ist.

Der nun folgende Anstieg durch den schattigen Wald läßt auch die Kinder schweigsamer werden, was sich aber bei der Ankunft beim „Klausriedl-Stollen“ schnell ändert. Dieser Stollen war früher im Besitz der Innerberger Hauptgewerkschaft, ein mächtiger Zusammenschluß von Hammermeistern, Radmeistern und den Eisenverlegern aus Steyr. Man hat diesen Bergbau später wegen Unergiebigkeit dem Verbruche preisgegeben. Aus der neu errichteten Stollenzimmerung erahnen wir, wieviel hochwertiges Holz bei einer insgesamten Stollenlänge von 2500 m notwendig war und dadurch zur Erhöhung des Kohlenpreises beitrug. Nicht zuletzt heißt es, als 1881 das Bergwerk aufgelassen werden mußte, daß über eine Million Gulden in die Stollen hineingebaut worden waren! Für die Kinder ist diese Erdöffnung eine geheimnisumwitterte Sache, und schnell wächst das Verlangen nach einer gründlichen Erfor-

Fuchsien-
ausstellungen
Großkrenn
Ahornleitengraben
495
Streicher
Waldbauer
Moosboden
nach Laussa
Steinauer
445
875
Höhenberg
längere Variante
Buch-Denkmal 463m
463
Gh Schraml
Gratschbauer
kurze Variante
Kohlgraben
nach Großraming
Streicher
Großhagerb
Nagler
Rabenreitkogel
713
500 m

schung dessen, was sich hinter dem Stollenverschlag verbirgt.

Wir setzen unsere Spurensuche durch den Wald fort und gelangen über eine Weide zu einer neuerlichen Station, die an den „Barbara-Stollen" erinnert. Fast in allen Bergbaugebieten befand sich ein Stollen, der den Namen der Schutzpatronin der Bergleute, der hl. Barbara, trug.

Kurz bergauf durch den Wald gelangen wir an mehreren kleinen Pingen (trichter- oder schüsselförmige Vertiefungen), die vom Einsturz des Barbara-Stollens stammen, vorbei. Über einen Schotterweg erreichen wir eine Weggabelung mit weiteren Schautafeln, die sich mit den Bergarbeitern und den Abnehmern der Kohle beschäftigen. Danach wandern wir links leicht bergan, bis wir zu einem Güterweg kommen, der uns wieder in den Pechgraben hinunterführt. Nach zwei Kehren gelangen wir zur Stelle, wo wir uns für die längere Wegvariante (dann insgesamt 5 km statt 2,5 km) entscheiden können. Da unser Jüngster vehement die versprochene Knappenjause einfordert und auch uns der Gusto auf das Knappenpfandl und das Knappenbier beim Gh Schraml überkommt, entscheiden wir uns für die kürzere Variante und wandern dem Buchdenkmal und dem Ausgangspunkt entgegen. Zuvor werden wir noch auf eine Vertiefung im Gelände aufmerksam gemacht (Flötzverlauf), die durch den Bruch der Stollenzimmerung des „Franz-Stollens" entstanden ist.

Bevor wir beim Gh Schraml ankommen, statten wir noch dem Buchdenkmal einen Besuch ab. Es ist eines der bedeutendsten geologischen Naturdenkmale Österreichs. Inmitten von Kalk- und Sandsteinformationen liegen etwa 20 verschieden große Granitblöcke, ein Stück Mühlviertel hier am Nordrand der Alpen!

Längere Variante: Von der kurzen Route abzweigend führt die längere durch ein interessantes Feuchtgebiet in jenen Teil

des Pechgrabens, wo nach 1945 noch einmal versucht wurde, Kohle abzubauen. Am Weg findet sich auch der Blumenlehrpfad mit vielen heimischen Orchideen und eine Fuchsienzucht, wo alljährlich ab Mitte Juni Fuchsienausstellungen bewundert werden können.

Zugänglichkeit:
Außer bei Schnee ganzjährig begehbarer Themenweg, bei Schlechtwetter festes Schuhwerk verwenden, nicht für Kinderwägen geeignet.

Information:
Nationalpark Info Tourismusbüro Großraming, Tel. und Fax 07254/8414

Einkehrmöglichkeiten:
Gh Schraml, Pechgraben 32, Tel. 07254/8272
Forellenhof Holzinger, Pechgraben (Richtung Laussa), Tel. 07255/7330

Tour 32

Auf die Gschwendtalm und den Gamsstein

Bergwanderung zu einer wunderschön gelegenen, urtümlichen und bewirtschafteten Alm im Hintergebirge mit herrlichem Ausblick in den Nationalpark Kalkalpen. Diese besonders bei Schulausflügen und Familien beliebte Wanderung kann auch als geführte Nationalpark Tour in Anspruch genommen werden.

Ausgangspunkt:
Gschwendthöhe vor der Ortschaft Brunnbach, Nationalparkgemeinde Großraming

Zufahrt:
A1 Abfahrt Enns – B115 über Steyr nach Großraming – über Ennsbrücke, dann links und gleich wieder rechts durch den Lumplgraben ca. 8 km Richtung Brunnbach – auf der Gschwendthöhe Parkmöglichkeit bei der Kapelle oder 100 m weiter auf einem kleinen Parkplatz.

Gehzeit:
Parkplatz (634m) – Gschwendtalm (954m) – Gamsstein (1275m) und retour 2,5 – 3 h, Anstieg 640 Höhenmeter

Auf dem alten Almweg führt uns der markierte Weg zunächst etwas steiler durch den Bergwald übers Sandeck hinauf. Immer wieder geben die schattenspendenden alten Bäume den Blick frei auf das östliche Hintergebirge und die unter uns liegende frühere Holzknechtsiedlung Brunnbach. Unser Blick fällt aber auch auf eine geologische Besonderheit, die sogenannten Weyerer Bögen. Es handelt sich um einen kleineren Gebirgszug, der – selbst für Geologen und Experten unerklärlich – sich in Ost-West-Richtung ausdehnt, während alle anderen Gebirgszüge der Region in Nord-Süd-Richtung verlaufen.

Bevor wir die saftigen Almwiesen der Gschwendtalm erreichen, haben die Kinder schon zwei Feuersalamander entdeckt und wollen diese urtümlich aussehenden Tierchen, die sie sofort an Drachen erinnern, mit nach Hause nehmen. Mit einem Hinweis auf deren Lebensbedingungen und deren Schutzwürdigkeit lassen sie sich aber zum Glück leicht vom geplanten Vorhaben abbringen.

Vom Waldrand ist es nur mehr ein kurzes Stück über die herrliche Weide, auf der von Anfang Mai bis Ende September 40 Jungrinder und einige Milchkühe aufgetrieben werden, zur Gschwendtalmhütte. Schon einige hundert Jahre befindet sich an dieser Stelle ein Almgebäude, und beim Eintritt in die Almhütte spürt man sofort den Hauch der Geschichte. Noch vor 250 Jahren war hier das Vieh vor Wölfen und Bären nicht sicher, und die Bauern mußten das „Verlaß- und Schmalzgeld" an die Herrschaft entrichten. Das ist vorbei, doch manches ist trotzdem geblieben: So wie damals wird auch heute noch das Milchgeschirr blank gerieben, Topfen gemacht und werden die Böden geschrubbt.

Früher waren es die jungen Mädchen, die Schwoagerinnen, die den Sommer über die Verantwortung für das Vieh auf der Alm übernommen haben. Ausgestattet mit ein paar Habseligkeiten verbrachten sie eine im Gegensatz zum Talleben harte, aber freiere, weil weniger beaufsichtigte, Zeit bis zum Herbst auf der Alm.

nach Großraming
Kniebeiß
Langerhäusl
801
Zickertstein
916
Gschwendtbauer
Parkplatz Gschwendthöhe 634m
Marbachler
Jhtt.
Dreizipf
rotenberg
757
Teufelszaun
1275
Gamsstein 1275m
Gamsstein
Gschwendthäusl
Jhtt.
1278
Pleißahäusl
954
Gschwendtalm
Gschwendtalm 954m
1110
Hagauergraben
Brunnbachschlag
600
1000
Sandeck
Almbauer
Brunnbach
Hintergebirgs-Radweg
522
Brunnbachschule
Nationalpark Infohütte
500 m
Schönbichl

Gestärkt mit selbstgemachtem Topfen, Speck und Brot aus der Biolandwirtschaft des Bauern gehen wir weiter auf den Gipfel des Brunnbacher Gamssteines (1275m), den wir nach weiteren 45 Gehminuten erreichen. Eine grandiose Aussicht über den Nationalpark Kalkalpen und auf die Haller Mauern sowie auf die Ennstalberge belohnt uns für den Aufstieg. Weitwanderer hätten die Möglichkeit, von hier aus zur Ennserhütte und zum Almkogel zu wandern, um von dort nach Weyer oder Großraming abzusteigen.

Auf demselben Weg, den wir gekommen sind, steigen wir wieder zur Gschwendtalm ab und wandern, nachdem wir unseren Durst gelöscht haben, am Almweg zum Ausgangspunkt zurück. Wer nicht am gleichen Weg absteigen möchte, hat die Möglichkeit, ab der Gschwendtalm auf einer Forststraße unterhalb des Dreizipf zum Parkplatz Gschwendthöhe zurückzukehren.

Zugänglichkeit:
Festes Schuhwerk ist erforderlich. Die Alm ist von Mitte Mai bis Anfang Oktober bewirtschaftet. Für Gruppen empfiehlt sich eine vorherige Anmeldung bei Herrn Helmut Ahrer, Brunnbach 15, 4463 Großraming, Tel. 07254/7168.

Besonderheiten:
Mit der Wanderung läßt sich ein Besuch in der Heimatstube Großraming, die sich am Kirchenplatz befindet, verbinden. Die Ausstellung zeigt die bäuerliche Lebensweise und zahlreiche Arbeitsgeräte vergangener Tage. Geöffnet am Montag und Donnerstag von Mai bis Oktober von 9.00 – 12.00 Uhr, nach Voranmeldung jederzeit möglich.

Information:
Nationalpark Info Tourismusbüro Großraming Tel. und Fax 07254/8414. Hier können auch geführte Wanderungen mit Nationalpark Betreuern bestellt werden.

Einkehrmöglichkeiten:
Eisenstraßenwirt Gh Kirchenwirt, 4463 Großraming, Kirchenplatz 4, Tel. 07254/8256, Ruhetag: von Juni bis September kein Ruhetag, ansonsten Samstag

Eisenstraßenwirt Gh Ennstalerhof, 4463 Großraming, Aschasiedlung 1 (direkt an der B115), Tel. 07254/87615, Ruhetag: Montag.

Tour 33

Von Brunnbach auf die Anlaufalm

Leichte Wanderung auf eine seit 300 Jahren bekannte Alm westlich des Hirschkogelsattels. Von Juni bis September weiden rund 100 Stück Vieh auf einer Seehöhe von 900 - 1100 Meter im Nationalpark Kalkalpen. Das Almgebäude ist während der Weidezeit bewirtschaftet, besonders empfehlenswert sind die hier selbst hergestellten Milchprodukte. Viele andere Almen aus früherer Zeit sind heute nicht mehr als solche erkennbar, nur mehr der Name auf der Wanderkarte erinnert oftmals daran, daß hier im Hintergebirge während der Sommermonate einst reges Leben herrschte.

Ausgangspunkt:
Parkplatz beim Forstschranken in der Ortschaft Brunnbach, Nationalparkgemeinde Großraming

Zufahrt:
A1 Abfahrt Enns – B115 über Steyr nach Großraming – über Ennsbrücke, dann links und gleich wieder rechts durch den Lumplgraben bis Ortschaft Brunnbach (ca. 10 km). Beim ersten Parkplatz (Brunnbachschule) weiter geradeaus, vorbei am Gh Stonitsch gelangt man zum Forstschranken.

Gehzeit:
Forstschranken (510m) – Anlaufalm (982m) 1,5 h
Anlaufalm – Ortbauernalm – Kreuzweg – Forstschranken weitere 3 h

Die Ortschaft Brunnbach war stets geprägt von der Arbeit der Holzknechte, Köhler und Bauern und hatte insbesondere zu Zeiten des Ersten Weltkrieges eine besondere Bedeutung. Damals mußte nämlich eine Million Festmeter Holz, das vom Borkenkäfer befallen war, rasch aufgearbeitet werden, und Holzknechte aus der ganzen Monarchie waren hier zusammengezogen worden um aufzuräumen. Für die Kinder, denen man den Weg in die nahezu drei Gehstunden entfernte Schule nach Großraming nicht zumuten konnte, bestand bis 1887 eine Winkelschule, wo die Forstarbeiter zur Selbsthilfe griffen und selbst notdürftigen Unterricht erteilten. Dann wurde die Volksschule Brunnbach errichtet, die bis 1959 in Betrieb war. Heute können in der Brunnbachschule Tagungen und Seminare abgehalten werden, und die Schule dient als Stützpunkt für Schullandwochen im Nationalpark Kalkalpen.

Von unserem Ausgangspunkt, einer Holzarbeitersiedlung, wandern wir auf der Forststraße geradeaus und folgen der rot-weiß-roten Markierung „Anlaufalm“. Wir verlassen die Forststraße rechts auf einem versteckten Steig, kürzen die Straßenkehre ab und wandern dann auf einer Forststraße in Kehren den Berg hinauf. Nachdem die Straße wieder flacher wird, kommen wir an einer Wiese und einem Jagdhaus vorbei und zweigen ca. 50 m nach der Forststraßenkreuzung rechts in den Wald ab. Der Steig führt uns zu den „Drei Bildern“. Noch vor der querenden Forststraße halten wir uns rechts, ein steiler Ziehweg führt uns durch den Wald bergan. Nach einem Weidegatter endet der Wald, vor uns breitet sich die Anlaufalm (982m) aus. Romantisch liegt das Almgebäude, das

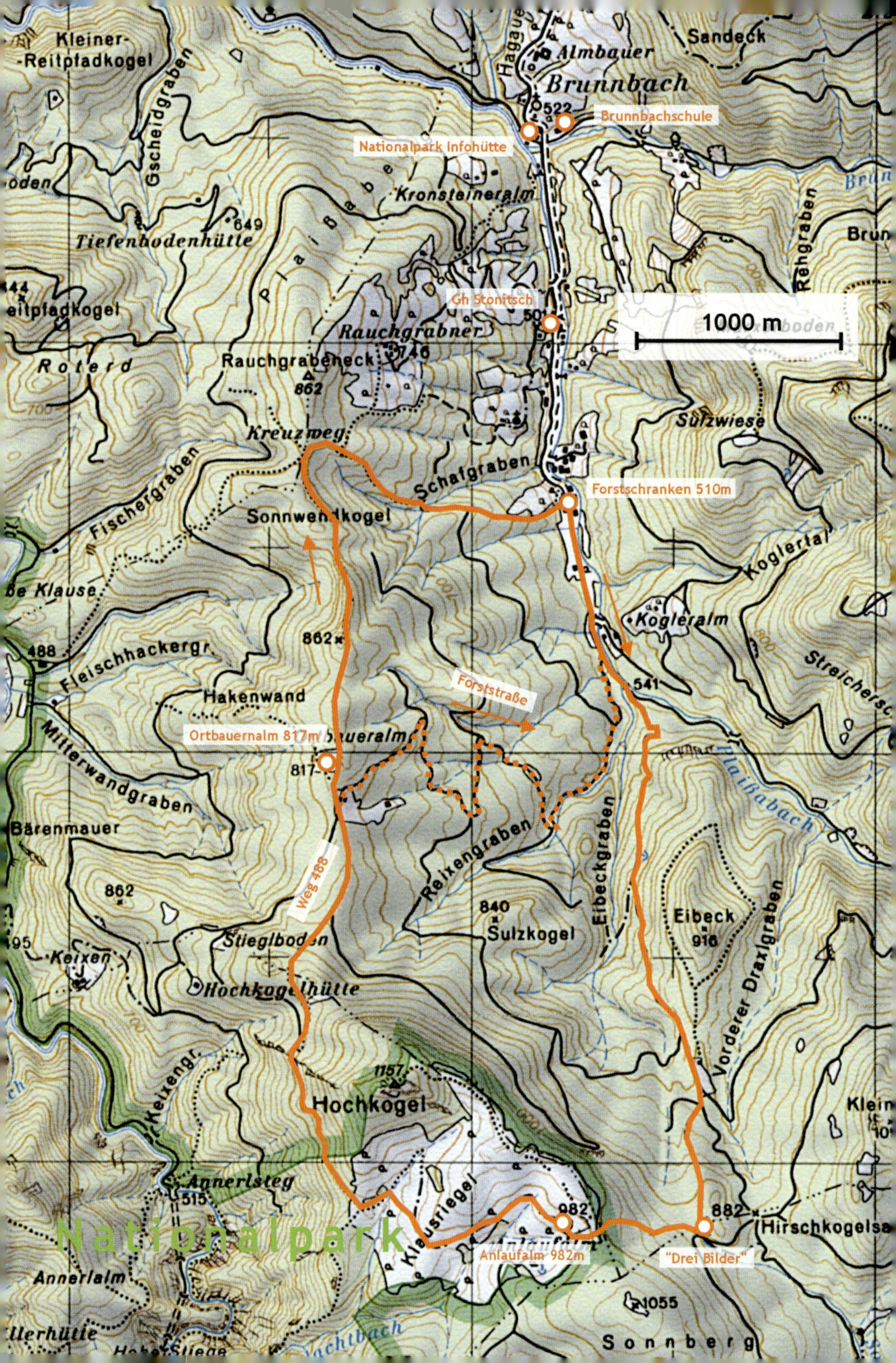
Brunnbachschule
Nationalpark Infohütte
Gh Stonitsch
1000 m
Forstschranken 510m
Forststraße
Ortbauernalm 817m
Weg 488
Anlaufalm 982m
"Drei Bilder"
Nationalpark
Kleiner-Reitpfadkogel
Sandeck
Almbauer
Brunnbach
Hagauer
Gscheidgraben
Kronsteineralm
Tiefenbodenhütte
649
Rauchgrabner
Rauchgrabeneck
862
Roterd
Kreuzweg
Schafgraben
Sulzwiese
Rehgraben
Fischergraben
Sonnwendkogel
Koglertal
Kogleralm
Klause
488
Fleischhackergr.
862
Hakenwand
541
Streichersc
Mitterwandgraben
817
Plaißabach
Bärenmauer
Reixengraben
Eibeckgraben
862
840
Sulzkogel
Eibeck
916
Keixen
Stieglboden
Hochkogelhütte
Vorderer Draxlgraben
Keixengr.
1157
Hochkogel
Annerlsteg
515
Klausriegel
982
882
Hirschkogelsa
Annerlalm
1055
Sonnberg

1936 erneuert wurde, inmitten der Weideflächen.

Auf der Terrasse sitzend lassen wir den Blick schweifen, gegenüber erblicken wir den Größtenberg (1724m) und das Warscheneck (2388m). Während wir die Topfenjause und ein Glas Milch genießen, erzählt uns die Hüttenwirtin, daß auch ein Matratzenlager zur Übernachtung zur Verfügung stünde.

Mit frischen Kräften geht es weiter, ein Spurweg führt an den Rand der ausgedehnten Weide. Dort weist ein Wegweiser hinunter in die Hochschlacht, ein sehr lohnendes Wanderziel, das jedoch Geübten vorbehalten sein sollte, weil in diesem Bereich Trittsicherheit erforderlich ist. Wegen der Kinder entscheiden wir uns für die Wanderung über den Kreuzweg (Nr. 488) und verlassen über einen Weidezaun die Anlaufalm. Auf einem idyllischen Steig queren wir den Hang und steigen bergab bis zu einer Forststraße, der wir nun folgen. Nachdem wir den von links heraufführenden Weg (Annerlsteg) erreicht haben, folgen wir nach nur zehn Metern rechts dem Steig nach Brunnbach. Wir laben uns an Himbeeren, die uns immer wieder am Weg begegnen, und gelangen nach dem Waldweg wieder auf eine Forststraße, die uns links zur Ortbauernalm führt. Wir queren die nächste Forststraße und wandern am Gehweg, Markierung Nr. 488, in welligem Auf und Ab über den Pleißabergrücken bis zum Kreuzweg. Durch den Schafgraben hinab ist bald wieder der Ausgangspunkt unserer Tour erreicht. Alternativ könnte man von der Ortbauernalm auch die Forststraße in den Brunnbach hinunterwandern.

Zugänglichkeit:
Außer bei Schneelage ganzjährig begehbar. Festes Schuhwerk verwenden und Marschverpflegung nicht vergessen. Nach langen Regenperioden kann der Weg durch den Wald teilweise aufgeweicht sein. Besonders empfehlenswert während der Weidewirtschaft und im Herbst. Bewirtschaftet ist die Anlaufalm von Anfang Juni bis Ende September.

Empfehlungen:
Einzigartiges Kutschen- und Schlittenmuseum Gruber im Lumplgraben, Tel. 07254/8283

Information:
Nationalpark Info Tourismusbüro Großraming, Tel. und Fax 07254/8414

Einkehrmöglichkeiten:
Anlaufalmhütte, Tel. 07254/7554 oder 0663/9674142

Eisenstraßenwirt Gh Kirchenwirt, Großraming, Kirchenplatz 4, Tel. 07254/8256, Ruhetag: von Juni bis September kein Ruhetag, ansonsten Samstag.

Eisenstraßenwirt Gh Ennstalerhof, Großraming, Aschasiedlung 1 (direkt an der B115), Tel. 07254/87615, Ruhetag: Montag.

Tour 34

Aussichtsberg Almkogel am Rande des Nationalpark Kalkalpen

Eine Wanderung auf den 1513m hohen Almkogel empfiehlt sich wegen des phänomenalen Rundblicks auf die Haller Mauern, das Tote Gebirge, die Gesäuseberge, das Hochschwabmassiv, die niederösterreichische Eisenwurzen und besonders auf den Nationalpark Kalkalpen. Nirgendwo besser kann man sich einen Eindruck von der international geschützten Landschaft des Hinter- und Sengsengebirges mit den sanften Almen, langgezogenen Höhenrücken, vielen Berggipfeln, wilden Schluchten, tiefen Gräben und unterschiedlichen Wäldern machen.

Ausgangspunkt:
Parkplatz am Beginn der Forststraße nach Haus Bamacher (759m) in Oberplaißa, Nationalparkgemeinde Großraming

Zufahrt:
A1 Abfahrt Enns – B115 über Steyr nach Großraming – über Ennsbrücke, dann links, vorbei am Bahnhof und ca. 6 km der Beschilderung „Almkogel“ oder „Ennserhütte“ bis zum Ende des Güterweges beim Bamacher folgen

Gehzeit:
Bamacher (759m) – Ennser Hütte (1293m) – Almkogel (1513m) 2,5 h, Almkogel – Burgspitz (1429m) 45 min, Burgspitz – Ennser Hütte – Bamacher 1,5 h.
Vom Bahnhof Großraming bis zum Bamacher ist mit ca. 1 Stunde Gehzeit je Strecke zu rechnen.

Das Sengsen- und das Hintergebirge prägen eine einzigartige und eine der am schützenswertesten Landschaften Europas. Bäche und Gräben durchziehen und gliedern den Nationalpark, sie schaffen eine unvergleichliche Bergkulisse. Bedingt durch unterschiedlichen Untergrund, wechselnde Höhenlage und Sonneneinstrahlung sorgen mehr als 30 verschiedene Waldgesellschaften für eine der abwechslungsreichsten Landschaften. Trotz Bewirtschaftung hat sich in manchen Gipfelregionen urwaldartige Wildnis erhalten. In mehr als 1000 Quellen tritt klares Trinkwasser hervor und sammelt sich in einem weitverzweigten, 180 km langen unverbauten Bachsystem. 800 Großschmetterlings-, 4500 Käfer- und 120 Vogelarten finden hier neben Hirsch, Gemse, Reh und den dämmerungsaktiven Dachsen, Mardern und Füchsen noch eine natürliche Heimat. Jüngere Forschungsberichte belegen die höchste Greifvogelpopulation Österreichs, weshalb der Steinadler im Logo des Nationalpark Kalkalpen eine besondere Anerkennung gefunden hat. Gute Beobachter können seinen oder vielleicht auch den Flug des seltsamen Schwarzstorches, des Uhu oder des schillernden Eisvogels beobachten.

Auf einer Nationalparkfläche von vorerst 165 km^2 darf die natürliche Entwicklung vom Menschen unbeeinflußt ablaufen. Interessierte können sich in der Nationalpark Infostelle in Großraming über den Nationalpark ausführlich informieren.

Wir verlassen unseren Ausgangspunkt, den Bamacher, und folgen der Beschilde-

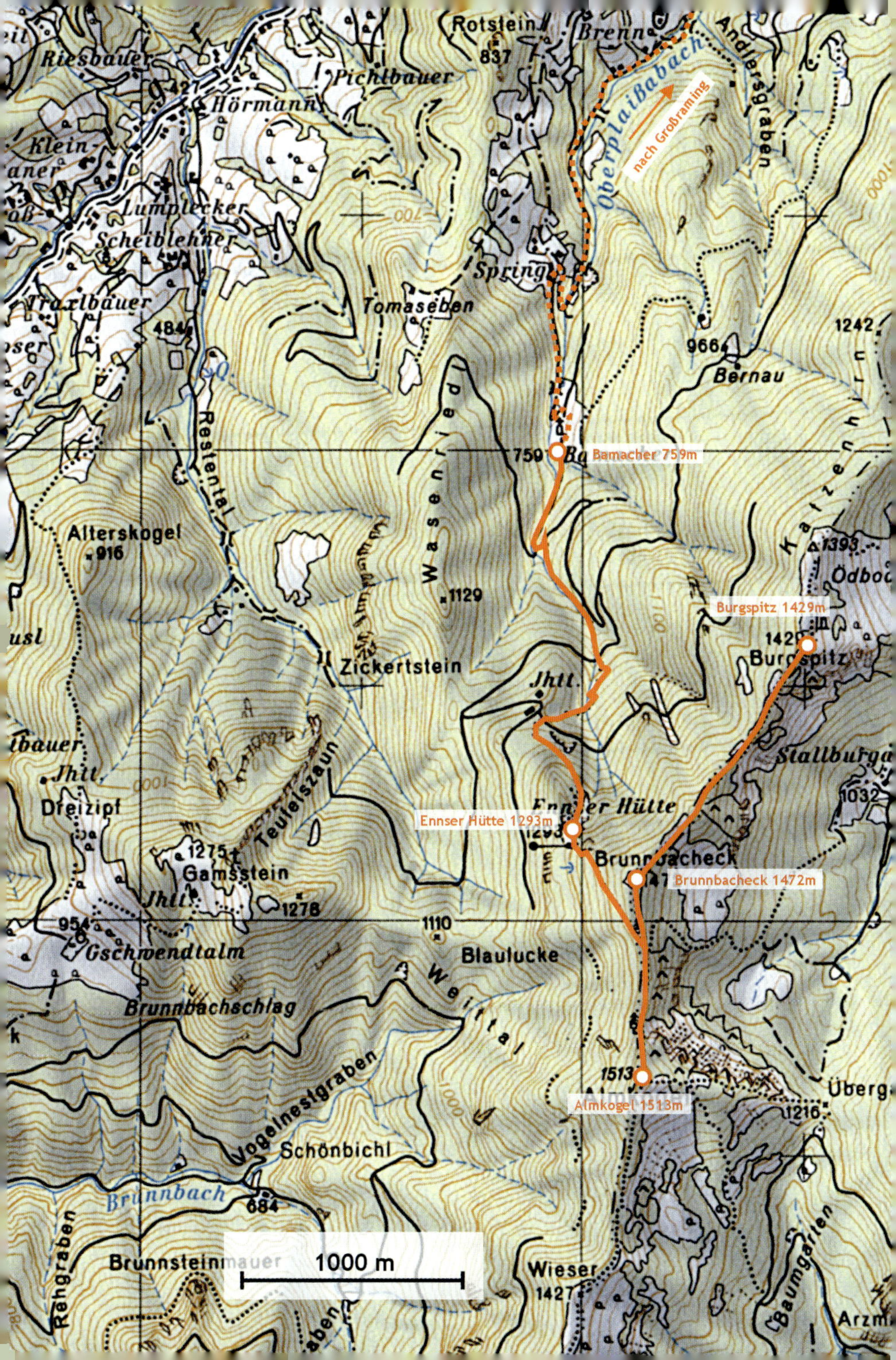

Rotstein
837
Brenn
Oberplaißabach
nach Großraming
Andlersgraben
Riesbauer
Hörmann
Pichlbauer
Klein-
Lumplecker
Scheiblehner
Traxlbauer
484
Springl
Tomaseben
966
Bernau
1242
Restental
Wasenried
759
Bamacher 759m
Alterskogel
916
1129
Katzenhirn
1393
Ödboden
Burgspitz 1429m
1429
Burgspitz
Zickertstein
Jhtt.
Stallburga
Teufelszaun
Jhtt.
Dreizipf
Ennser Hütte
Ennser Hütte 1293m
1032
1275
Gamsstein
1278
Brunnbacheck
Brunnbacheck 1472m
Jhtt.
954
Gschwendtalm
1110
Blaulucke
Weißtal
Brunnbachschlag
1513
Almkogel 1513m
Übergang
1216
Vogelnestgraben
Schönbichl
Brunnbach
684
Rehgraben
Brunnsteinmauer
1000 m
Wieser
1427
Baumgarten
Arzm

rung „Ennser Hütte, Almkogel". Wir queren eine Forststraße und marschieren entlang einer rotweißen Markierung durch Mischwald ansteigend entlang eines Quellgrabens empor. Ein weiteres Mal die Forststraße querend gelangen wir zur Jagdhütte. Von hier führt ein Steig auch hinüber zur Gschwendtalm und auf den Gamsstein. Wir folgen aber dem Weg durch den Bergwald hinauf zur 1293m hoch gelegenen Ennser Hütte. Bei einer Verschnaufpause genießen wir erstmals die Aussicht über die „grüne Lunge" Nationalpark Kalkalpen hinüber auf die Nordabfälle des Sengsengebirges, die schroffen Gipfel der Haller Mauern und den Traunstein.

Auf einem Steig wandern wir nun zum Kamm zwischen Brunnbacheck und Almkogel empor. Hier findet man auch eine botanische Rarität, das unscheinbar rot blühende Heilglöckchen. Vom Kamm haben wir einen herrlichen Blick ins Ennstal, auf den Markt Weyer, die niederösterreichische Eisenwurzen und übers Laussatal auf die Gesäuseberge. Wir halten uns nun rechts, und entlang des Kamms erreichen wir wenig später das Gipfelkreuz des Almkogels, der sich als wahre Aussichtskanzel erweist. Neben dem sagenhaften Gipfelrelief mit Priel, Spitzmauer, Warscheneck, Pyhrgas, Hochtor und Ötscher - um nur einige zu nennen - sehen wir auch viele landschaftliche Kostbarkeiten im Nationalpark. Das Latschendickicht am Größtenberg, die Kampfwaldwildnis am Trämpl-Almstein-Höhenzug, die bodenständigen Buchenwälder, die dunklen Fichtenkulturen, steile Gipfelwiesen mit Trockenrasenvegetation und Almen zeigen eine unübertreffliche Vielfalt der Natur.

Nachdem wir uns ins Gipfelbuch eingetragen haben, lassen wir es uns nicht nehmen und wandern nordostwärts den Kamm entlang noch übers Brunnbacheck hinüber auf den Burgspitz (1429m). Die Basilika Sonntagberg und die Sebalduskirche am Heiligenstein grüßen von der Ferne. Zurück auf dem Kamm verlassen wir unsere Aussichtskanzel am Rand des Nationalpark Kalkalpen und steigen über die Ennser Hütte wieder zu Tal.

Zugänglichkeit:
Mit Bergschuhen und Wanderausrüstung ganzjährig begehbar, im Winter ist wegen Spurvereisung Vorsicht geboten. Da die Ennser Hütte wochentags nicht bewirtschaftet ist, empfiehlt sich die Mitnahme von ausreichend Getränken und Proviant.

Empfehlungen:
Einzigartiges Kutschen- und Schlittenmuseum Gruber im Lumplgraben, Tel. 07254/8283

Information:
Nationalpark Info Tourismusbüro Großraming, Tel. und Fax 07254/8414

Einkehrmöglichkeiten:
Ennser Hütte, bewirtschaftet von 1. Mai bis 31. Oktober jeweils an den Wochenenden, Gruppen nach Vereinbarung, Tel. 0664/4313182

Radlerstüberl, beim Bahnhof Großraming, Tel. 07254/7522

Eisenstraßenwirt Gh Kirchenwirt, Großraming, Kirchenplatz 4, Tel. 07254/8256, Ruhetag: von Juni bis September kein Ruhetag, ansonsten Samstag

Eisenstraßenwirt Gh Ennstalerhof, 4463 Großraming, Aschasiedlung 1 (direkt an der B115), Tel. 07254/87615, Ruhetag: Montag

Tour 35

Am Nagelschmiedweg durchs ruhige Stiedelsbachtal

Der Losensteiner Nagelschmiedweg ist eine Reise in die handwerkliche und industrielle Vergangenheit. Er führt von der „Perle des Ennstals“, wie der Ort Losenstein gern genannt wird, in das landschaftlich eindrucksvolle Stiedelsbachtal bis zum Kesselfall. Das Wasser als Energiespender für Hausmühlen, Hämmer und Kleinkraftwerke ist der ständige kraftvolle Begleiter am Nagelschmiedweg.

Ausgangspunkt:
Tourismusbüro im Ortszentrum Losenstein

Zufahrt:
A1 Ausfahrt Enns - B115 über Steyr nach Losenstein.
Anreise per Bahn über Steyr oder Kleinreifling nach Losenstein. Bahnhof Losenstein - Tourismusbüro 15 min.

Gehzeit:
ohne Führung 1,5–2 h, geführte Wanderungen je nach Vereinbarung 2–3 h

Losenstein erlangte als Zentrum des Nagelschmiedgewerbes eine besondere Bedeutung. Um 1500 gab es rund 200 Meister, 600 Gesellen und 300 Lehrlinge, die wöchentlich bis zu 4,5 Millionen Nägel schmiedeten. Sehr volksnah waren die Bezeichnungen der handgeschmiedeten Nägel: Mausköpfe, Scherken, Spitzköpfe, Kuhzähnt... Die Losensteiner Nagelsammlung ist weltweit die größte ihrer Art!

Die Mindestleistung eines Schmiedes betrug tausend Stück pro Tag, besonders fleißige Schmiede brachten es sogar auf 1500 Nägel. Die meisten Nagelschmiede fristeten ein karges und entbehrungsreiches Leben. Der Arbeitstag begann um 4 Uhr morgens und dauerte bis 19 Uhr abends. Um 7 Uhr früh bekamen die Nagelschmiede eine Specksuppe und eine saure Suppe, zu Mittag meist Wuchteln und nur alle 14 Tage Fleisch. Das Abendessen bestand aus Kraut, Milch und Brennkoch. Nur wenigen gelang es, aufgrund des Nagelhandels zu Wohlstand zu gelangen. Gehandelt wurde unter anderem nach Wien, Budapest und Belgrad - also donauabwärts - und über das Handelshaus der Deutschen nach Venedig. Viele der Nagelschmiede gingen mit ihren Produkten an Sams- und Sonntagen in die nächsten größeren Orte wie Weyer oder St. Gallen und verkauften dort ihre Nägel.

Unser Weg führt uns vom Tourismusbüro, in dem sich eine interessante Ausstellung über „Nagelschmiedzunft, Freizeitgestaltung der Nagelschmiede und Brauchtum“, im sogenannten „Nagelschmiedzimmer“, befindet, zum ehemaligen Zeugsempfängerhaus. Hier wurden die Zaine, das Rohmaterial für die Nagelfertigung, in Empfang genommen und an die Nagelschmiede weitergegeben. Auf Flößen und Schiffen wurde es auf der Enns von den Hammerwerken angeliefert.

Durch den Ort gelangen wir zur Schloßtaverne. Hier hatten die Losensteiner Nagelschmiede ihr Zunftlokal, wo im September der Jahrtag abgehalten, alle Zunftangelegenheiten geregelt und große Feste gefeiert wurden.

Danach folgen wir 500 m der Eisen-

Gspörr
Talstein
Fatimakapelle
Sauzahnba
775
Jungscharalm
Hutterberg
724
Ramlerhöhe
Gschwandtnerb
Schrof
Kirchenberg
Dandlgraben
Erlebnis
Hallenbad
Bad
500
Hub
396
Kesselfall
Stiedelsbach
55
Losenstein
(348)
Tourismusbüro
1. Station
Gh Eisentor
Gh Marxrieser
Gh Petermühle
Brandstätter Hammer
Nagelschmiedwerkstatt
Stiedelsbach
Sulzner
Miesri
Bhf. Losenstein
Bhf
Schloßtaverne
Gh Blasl
Krw
Linkes-
Ennsufer
361
Unter dem Schieferstein
Hack
500 m
Flick
Schönstein

bundesstraße und zweigen schließlich kurz nach der Brücke am Parkplatz rechts hinunter auf die alte Eisenstraße ab, die hier noch jene Romantik aus längst vergangener Zeit ausstrahlt. Unter der Straßenbrücke hindurch entlang des Stiedelsbaches erreichen wir den originalgetreu renovierten Brandstätter Hammer. So als wäre die Zeit stehengeblieben, fertigt ein Schmied an Esse und Stock Nagel auf Nagel und erklärt uns die einzelnen Arbeitsschritte. Der glühende Zainstab wird angespitzt, ausgehämmert, abgeschabelt und der Nagelkopf mit wuchtigen Hammerschlägen ausgeschmiedet. Schließlich dürfen wir uns selbst ins Werk setzen und stellen fest, daß es viel Übung bedarf, um einen halbwegs brauchbaren Nagel anzufertigen.

Im Obergeschoß des Gebäudes berichtet das Nagelschmiedmuseum vom Mythos des Schmieds, über den Weg des Nagels vom Erz bis zum fertigen Produkt und das Absterben des Nagelschmiedhandwerks durch das Aufkommen der Drahtstiftfabriken am Ende des 19. Jahrhunderts.

Vorbei an der original eingerichteten Sulzner Messerschmiede, einer Fluderanlage und am kleinen Turbinenhaus schlängelt sich nun der Steig romantisch durch den engen Kesselfall hinauf zum verträumten Speichersee. Über den Güterweg Aichmühlgraben geht es mit herrlicher Aussicht auf den Stoanernen Jaga und die Hohe Dirn zurück. Das erste Haus am Rückweg, das „Gütl am Fliechtenstein“, ist 1387 erstmals beurkundet. Es verfügt ebenfalls über eine Nagelschmiedgerechtigkeit und weist eine sehr traditionelle bäuerliche Bauform auf.

Am Rückweg zweigen wir nach dem Gh Petermühle rechts ab und statten der imposanten Burgruine einen Besuch ab. Die 1150 von den steirischen Otakaren errichtete und seit dem Ende des 15. Jahrhunderts unbewohnte Burg erreicht man in wenigen Minuten vom Gh Marxrieser aus. Vom Gasthof noch ein Stück auf der Straße Richtung Hallenbad erreichen wir die Stufen, die uns links direkt in den Ort Losenstein hinabbringen.

Zugänglichkeit:
Die Wanderung ist ganzjährig besonders für Familien und Gruppen empfehlenswert. Bei den Führungen wird speziell auf Kinder Rücksicht genommen. Im Brandstätter Hammer können sich Besucher und Kinder unter der fachlichen Anleitung eines Nagelschmieds selbst einen Nagel schmie-

den. Nur im Bereich des Kesselfalls kurz stärker ansteigend (Treppe).

Empfehlungen:
Besuch von Nagelschmiedzimmer und Nagelschmiede Brandstatt ist von Mai bis Oktober jeden zweiten Sonntag von 10 - 18 Uhr möglich (wegen genauer Termine bitte vorher beim Tourismusbüro erkundigen), Führungen dann ab 10 Uhr und 14 Uhr (Treffpunkt Café Arkade neben Kirche). Für Gruppen jederzeit auf Voranmeldung möglich. Die Burgruine kann jederzeit unentgeltlich besucht werden.

Information:
Tourismusverband Losenstein,
Tel. 07255/6000-16
An Wochenenden: Café Arkade (Hr. Rainer Schwaiger), Tel. 07255/4602

Einkehrmöglichkeiten:
Eisenstraßenwirt Gh Eisentor, Ortszentrum, Tel. 07255/6281, Ruhetag: Freitag
Gh Blasl, Nähe Bahnhof, 250 m vom Ortszentrum, Tel. 07255/6215, Ruhetage: Montag und Dienstag, von Juni bis September kein Ruhetag

Tour 36

Kammwanderung zum Stoanernen Jaga und auf den Schieferstein

Diese Tour präsentiert sich als kurze, aber besonders beeindruckende Panoramawanderung. Empfehlenswert im Frühjahr, wenn die zahlreich zu findenden Krokusse blühen, oder im Herbst nach der Laubverfärbung und wenn sich das tieferliegende Ennstal geheimnisvoll in Nebel hüllt.

Ausgangspunkt:
Jausenstation Prenn, Arzberg 8, Gemeinde Reichraming

Zufahrt:
Von Steyr oder Weyer auf der B115 nach Reichraming – im Kreuzungsbereich, wo die Straße in den Ort Reichraming abzweigt, folgen wir gegenüberliegend dem Güterweg Arzberg und orientieren uns an der Beschilderung „Jausenstation Prenn, Familie Buchriegler, Urlaub am Bauernhof" – nach 3,5 km erreichen wir in Kehren den Bauernhof (723m).

Gehzeit:
2 bis 2,5 h, Anstieg 483 Höhenmeter

Zum Aufwärmen wandern wir 1 km auf der staubfreien Straße bergauf bis zum letzten Bauernhof Habichler und folgen dort der Schotterstraße ca. 100 m nach rechts. Am Weidezaun angelangt weisen uns ein Schild und eine rot-weiß-rote Markierung zum Schieferstein. Nach dem Weideübergang folgen wir der Markierung und steigen nun steiler einer Hecke entlang über eine saftige Wiese empor. Schon eröffnet sich ein weiter Ausblick auf das Sengsengebirge, die Haller Mauern und auf den Größtenberg im Nationalpark Kalkalpen.

Nachdem wir einen weiteren Weideübergang überstiegen haben, überqueren wir eine Forststraße und folgen der Markierung in den Wald hinein. Auf dem Waldboden geht's nun steil zum Bergkamm hinauf, wo von links der von Losenstein heraufführende Weg in unseren einmündet. Wir genießen die Wanderung über den Gipfelgrat, der uns auch eine herrliche Aussicht hinunter auf Reichraming, Losenstein, hinaus in das hügelige Alpenvorland und hinüber zur Windparkanlage Laussa beschert. Bei guter Fernsicht sieht man bis ins Mühl- und Waldviertel.

Leicht bergan zieht sich der Kammweg zum Stoanernen Jaga hinüber. Weil der Grat manchmal nach beiden Seiten steil abfällt, ist Schwindelfreiheit geboten, und mit Kindern ist Vorsicht angebracht. Kleinkinder sollten sicherheitshalber ans Seil genommen werden!

Mächtig türmt sich der Fels des Stoanernen Jaga vor uns auf, den wir nun auf einem ausgesetzten, aber zum Teil mit Haken gesicherten Steig erreichen. Vom Gipfel (1185m) genießt man einen grandiosen Panoramablick auf das Waldmeer des Hintergebirges, die steilen Gesäuseberge, das langgezogene Sengsengebirge und auf die mächtigen Kalkfelsen des Toten Gebirges. Nach Osten sehen wir ins Mostviertel, und etwas südlicher davon entdecken wir die Ybbstaler Alpen.

Nach einem Sonnenbad und ausgiebiger Gipfelrast setzen wir unseren Weg hinüber zum Schieferstein (1206m) fort, den wir in wenigen Minuten erreicht haben. Auch hier tut sich gegen Süden

Pfennigstein
759
Steinerner Jäger 1185m
Jäger
1185
Schieferstein 1206m
1206
900
867
Habichler
723
Jausenstation Prenn 723m
Riegltal
566
Bauer im Reit
Forster
Ringhu
60
Abzweigung zur Jst. Prenn
Gh Ortbauerngut
351
Bhf. Reichraming
356
359
Reichraming
500 m

eine mächtige Wand auf, und wiederum ist mit Kindern besondere Vorsicht geboten. Nach einer Eintragung im Gipfelbuch wandern wir am gleichen Weg zurück und bewundern noch einmal den Bergwald und die herrliche Landschaft des Ennstales. Unser Blick fällt auf die grüne Enns, die heute durch die Ennsstauseen friedlich wirkt, früher aber ein gefährlicher Gebirgsfluß mit vielen Engstellen war, der vielen Flößern das Leben gekostet hat. Als es nämlich noch keine Eisenstraße gegeben hat, mußte alles Roheisen vom steirischen Erzberg, auch Eisenzeug aller Art, Holzkohle und Scheiter, auf den Floßen nach Steyr und zur Donau gebracht werden. Das letzte schwere Floßunglück geschah am 3. August 1944, als ein Floß bei Ternberg an einem Felsen zerschellte und dabei drei Flößer und ein Kriegsgefangener ertranken.

Zum Ausgangspunkt zurückgekommen lassen wir uns eine deftige Bauernjause mit Bratl, Speck und Schafkäse bei der netten Familie Buchriegler nicht entgehen. Von erlesener Qualität ist auch der hausgemachte Holunder- und Schlehdornschnaps. Kulturfreunden ist noch der Besuch des Forstmuseums Reichraming empfohlen. Hier sehen wir viele alte Arbeitswerkzeuge und erfahren Interessantes von der harten Arbeit der Holzknechte im Hintergebirge.

Zugänglichkeit:
Ganzjährig begehbar, im Grat- und Gipfelbereich des Stoanernen Jaga ist Trittsicherheit und Schwindelfreiheit erforderlich, festes Schuhwerk verwenden. Kinder nach Möglichkeit sichern.

Besonderheiten:
Forstmuseum Reichraming: geöffnet Mai bis Oktober, jeden 2. und 4. Sonntag im Monat von 13 - 18 Uhr. Bei Gruppenvoranmeldung ist eine Führung jederzeit möglich.

Information:
Nationalpark Info Tourismusbüro Großraming, Tel. und Fax 07254/8414

Einkehrmöglichkeiten:
Jausenstation Prenn, ganzjährig, Gruppen sollten sich anmelden, Tel. 07255/8218

Eisenstraßenwirt Gh Ortbauerngut, Ortszentrum Reichraming am Ennstalradweg, Tel. 07255/8103, Ruhetag: Mo. Eisenstraßenwirt Gh-Pension Damhofer, Rohrbachgraben (Abzw. von B115 ist nördlich Reichraming beschildert), heimische Fischspezialitäten, großer Kinderspielplatz, Tel. 07255/8138, Ruhetag: Donnerstag

Tour 37

Auf dem Kneippweg zur Schattleitenmühle

Dieser abwechlungsreiche, aber trotzdem leicht begehbare Rundwanderweg führt zu einem Naturschutzgebiet im mittleren Ennstal. Besonders für Kinder bietet er einige Überraschungen, die für Kurzweil sorgen.

Ausgangspunkt:
Gasthof und Biobauernhof Kleinschönleiten in der Ortschaft Brunngraben, Gemeinde Laussa

Zufahrt:
ab Steyr B115 bis kurz vor Losenstein – nach der Ortstafel (Tankstelle) links nach Laussa abbiegen – nach knapp 3 km biegt man links in den Brunngraben und folgt dem Hinweis „Kneipp Friedensweg" - von da noch 1,7 km bergauf bis zum Gh Kleinschönleiten (Parkmöglichkeit)

Gehzeit:
Rundwanderung 2,5 h, bei Abstecher Wallerkapelle zusätzlich 0,5 h

Vom Gh Kleinschönleiten führt der blau-weiß markierte Kneippweg zu einer landschaftlich besonders beeindruckenden Wacholderheide. Die steilen Wiesen werden nur einmal im Jahr gemäht und nicht gedüngt. Wegen der vielen Blumen und Kräuter bergen diese Trockenrasen einen Reichtum an Schmetterlingen und seltenen Insekten.

In Serpentinen folgen wir dem Weg hinauf auf den Schönleitnerberg. Wo es der Wald zuläßt haben, wir einen herrlichen Ausblick auf den Schieferstein, die Gesäuseberge und die drei mächtigen Windräder der Windparkanlage Laussa.

Nach dieser anfänglichen Steigung geht's gemächlich hinüber zu den Rebensteinermauern, die durch die jungsteinzeitlichen Funde Bedeutung erlangt haben. In einer schwer zugänglichen kleinen Höhle und auf einem Plateau fand man Schlögel, Flachbeile, Schaber und Spitzen aus Hornstein, Klopfsteine und Bärenzähne. Bei den Kalkfelsen angelangt, mündet der Weg in eine Schotterstraße, die uns zum Bauernhof Rebensteiner führt. Von dort wandern wir die Straße entlang der Rebensteinermauer hinunter ins Mühlbachtal.

Bei den ersten Häusern angelangt, empfiehlt sich der Besuch der Wallerkapelle, die man entlang eines von einem Knecht vor 120 Jahren errichteten Kreuzweges erreicht. Nach 200 Stufen gelangt man zur 1854 erbauten Wallerkapelle, die auf dem untersten Sporn eines schmalen und 1984 zum Naturdenkmal erklärten Dolomitwalles steht.

Der Kneippweg selbst führt weiter zur idyllisch gelegenen Schattleitenmühle im oberen Mühlbachtal. Nach ca. 10minütiger Gehzeit entdecken wir eine wieder instandgesetzte, voll funktionsfähige Hausmühle. Tisch, Bankerl und Wasserbrunnen laden zu einer kleinen Rast. Herr Alfred Bramberger, der diese von einst 30 Mühlen im Mühlbachtal gerettet hat, zeigt gerne vor, wie das Mehl entsteht und worauf es beim Mahlen ankommt. Für Kinder und Durstige hält der Müller auch kleine Erfrischungen bereit. Größere Gruppen sollten sich jedenfalls zuvor anmelden.
Nach der Besichtigung marschieren wir auf

ehem. Taverne
Schattleiten Mühle
Wallerkapelle
Rebensteiner Mauer
Hetzerhöhe 620m
Gh Kleinschönleiten 510m
Sensenwerk Sonnleithner
nach Laussa
Abzweigung "Kneipp-Friedensweg"
nach Losenstein
500 m
Mühlbachgraben
Eibenberg
Jochberg
688
699
416
582
588
500
Unterlaussa
Oberdambach
Grabner
Kögler
Falk
Brunngraben
Laussabac
Steinalt
Lueg

einer kaum befahrenen Straße weiter und kommen nach 15 Minuten talabwärts zu einer alten Taverne, die schon den Flößern und Fuhrleuten, die einst im Ennstal Eisen, Getreide und vielerlei Werkzeug transportierten, als Einkehr diente. Dort verlassen wir die Mühlbachstraße und wandern auf einem geschotterten Güterweg in Richtung Jochberg hinauf.

Bevor wir zum Sattel der Hetzerhöhe kommen, steigen wir durch ein Waldstück hinauf, das aber immer wieder den Blick hinüber auf Oberdambach freigibt. Dort teilen Hecken und Flurgehölze die Grasflächen in kleinere Wiesen. Auf der Hetzerhöhe angelangt, genießen wir ein weiteres Mal den herrlichen Ausblick und wandern auf einem Wiesenweg zügig durch die bunte Blumenwiese hinab, erfreuen uns noch einmal an der Wacholderheide und kehren zum Ausgangspunkt Gh Kleinschönleiten zurück.

Als Abschluß dieser Wanderung setzen wir uns in den ruhigen und sonnigen Gastgarten, wo wir uns bei guter Hausmannskost und Produkten vom Biobauernhof stärken. Während wir „Großen" mit einem kleinen Stamperl Wacholderschnaps auf den gelungenen Ausflug anstoßen, sind die „Kleinen" längst zum neben dem Gastgarten gelegenen Kinderspielplatz gelaufen.

Zugänglichkeit:
Ganzjährig begehbar, für die leichte Wanderung sind Turn- oder leichte Wanderschuhe ausreichend. Besonders empfehlenswert im Spätherbst, wo reife Beeren von den vielen Straucharten und die Farbenpracht der alten Buchenbestände einen besonderen Reiz ausüben. Drei Wassertröge mit bestem Trinkwasser stehen entlang des Weges zur Erfrischung bereit.

Empfehlungen:
In der Schattleitenmühle kann eine Besichtigung mit Mühlenvorführung gemacht werden. Voranmeldung bei Herrn Alfred Bramberger erbeten, Tel. 07252/46655.

Information:
Tourismusbüro Laussa,
Tel. 07255/7255-76

Einkehrmöglichkeiten:
Gh-Pension Kleinschönleiten, Ortschaft Brunngraben, Tel. und Fax 07255/7296, kein Ruhetag

Eisenstraßenwirt Sonnleitner, im Ortszentrum Laussa nahe der Kirche, Tel. 07255/7230,
Ruhetage: Montag, Dienstag

Tour 38

Kammwanderung über den Jochstein

Landschaftlich beeindruckende Familientour mit herrlichem Ausblick auf das Sengsengebirge, den Schober- und den Schieferstein und das Gesäuse. Besonders zu empfehlen als Frühlings- und Herbsttour. Aber auch als Wintertour wird dieser Rundwanderweg immer beliebter.

Ausgangspunkt:
Gasthof und Biobauernhof Kleinschönleiten in der Ortschaft Brunngraben, Gemeinde Laussa

Zufahrt:
ab Steyr B115 bis kurz vor Losenstein – nach der Ortstafel (Tankstelle) links nach Laussa abbiegen – nach knapp 3 km biegt man links in den Brunngra ben und folgt dem Hinweis „Kneipp-Friedensweg" – von da noch 1,7 km bergauf bis zum Gh Kleinschönleiten (Parkmöglichkeit)

Gehzeit:
2 h, Variante: diese Wanderung kann mit Tour 37 (Kneippweg) verbunden werden, dann insgesamt 4 h

Zunächst gehen wir vom Gh Kleinschönleiten auf einem Wiesenweg und auf einem bäuerlichen Zufahrtsweg hinab in den Brunngraben und kommen auf jenen Güterweg, auf dem wir angereist sind. Diesem folgen wir links hinunter, bis wir zum Hinweis „Güterweg Talhäusl" kommen (395m). Hier zweigen wir rechts ab und wandern bis zur Rechtskurve hinauf, von wo wir den Blick ins Laussatal genießen können. Wir verlassen die Straße und suchen neben der Kapelle den Einstieg in den Kammweg, der aber leicht zu finden ist. Durch den Mischwald - vorwiegend Rotbuche, Berg- und Feldahorn - steigen wir nun den Bergrücken hinauf. Romantisch schlängelt sich der schmale Steig durch den dichten Wald. Nach einem Aussichtsbankerl wird's etwas flacher, und über ein kleines Wiesenstück kommen wir zu einem Weidedurchlaß. Nun führt uns der Weg am Wald entlang über die Wiesen. Und öfter als sonstwo begegnen wir hier farbenprächtigen Schmetterlingen, die sofort die Neugier der Kinder erwecken. Die Wiesen, in denen man noch das Rote Waldvögelein, das Knabenkraut, den Heide-Günsel, den Wiesen-Salbei und viele andere Blumen findet, scheinen es den Schmetterlingen angetan zu haben. Vom Pfauenauge bis zum Nagelfleck tummeln sie sich am Wegrand. Und vor dem weiteren Anstieg hinauf zum Jagdstein (634m) lassen wir uns unterhalb eines Gedenkkreuzes zur Rast in der Wiese nieder und können uns an der Blumenvielfalt kaum sattsehen. Nach dem kurzen Sonnenbad steigen wir weiter hinauf zur Gipfelwiese des Jagdsteins, von wo wir einen prächtigen Ausblick hinüber auf den Schoberstein und auf das Sengsengebirge im Nationalpark Kalkalpen haben.

Wildromantisch führt uns der Weg mal leicht bergab und bergauf und gibt immer wieder die Aussicht auf die umliegende Hügellandschaft frei. Die Kinder müssen hier zum Gehen nicht angespornt werden. Vielmehr hat der Steig sie, wie ein Kinderspielplatz, in den Bann gezogen und rennend legen sie mehr Weg zurück als wir. Noch einmal geht's kurz etwas steiler hinauf zum Jochberg (688m), von wo wir

Hetzerhöhe 620m
Jochberg 688m
Gh Kleinschönleiten 510m
Jagdstein 634m
Sensenwerk Sonnleithner
nach Laussa
Gw. "Talhäusl"
Abzweigung "Kneipp-Friedensweg"
Kammweg
Kapelle
nach Losenstein
500 m
Grabner
Unterlaussa
Taverne
Mühlbachgraben
Eibenberg
Oberdambach
Kogler
Brunngraben
Falk
Lueggraben
Laussabac
Steinalb
699
688
582
588
416
500

aber wegen des Jungwaldes keine rechte Aussicht haben. Der Abstieg zur Hetzerhöhe entlohnt uns aber mit einem erstklassigen Blick aufs Sonnberggebiet, den Schieferstein und auf einige Gesäuseberge. Von der Hetzerhöhe könnte man nun links hinunter ins Mühlbachtal nach Garsten und zur Schattleitenmühle wandern. Wir halten uns aber rechts und wandern hinunter zum Gh Kleinschönleiten, das wir von hier in 10 Gehminuten erreichen. Unsere Aufmerksamkeit richten wir auf diesem Stück des Weges auf eine landschaftliche Besonderheit, die „Wacholderwiese", die im Laussatal wiederholt auftritt. Sonst sind Wacholderheiden nur mehr schwer zu finden. Auch die Blumenvielfalt fällt hier wieder auf. Dies hängt wohl damit zusammen, daß die kargen Wiesen nur einmal im Jahr und ziemlich spät gemäht werden. So können die verschiedenen Orchideen-, Enzian- und Lilienarten hier gut gedeihen.

Wer noch eine Zusatzrunde gehen möchte, kann von hier aus am Kneippweg zur Rebensteinermauer und zur Schattleitenmühle wandern. Wer aber mit einer zünftigen Hausmannskost die Wanderung ausklingen lassen möchte, dem sei eine Einkehr im Gh Kleinschönleiten empfohlen.

Zugänglichkeit:
Diese leichte Wanderung ist ganzjährig begehbar und durchgängig blau-weiß markiert. Viel Auslaufmöglichkeit für die Kinder, festes Schuhwerk ist erforderlich.

Besonderheiten:
Der Ausflug läßt sich mit einem

Besuch des Windpark Laussa am Plattenberg verbinden (sehr gute Aussichtslage). Dieser ist ganzjährig frei zugänglich.

Information:
Tourismusbüro Laussa,
Tel. 07255/7255-76

Einkehrmöglichkeiten:
Gh-Pension Kleinschönleiten, Ortschaft Brunngraben, Tel. und Fax 07255/7296, kein Ruhetag

Eisenstraßenwirt Sonnleitner, im Ortszentrum Laussa nahe der Kirche, Tel. 07255/7230, Ruhetage: Montag, Dienstag

Tour 39

Im Tal der Feitelmacher

Entlang dieser erlebnisreichen Wanderung durch das wildromantische Trattenbachtal erhält man einen Einblick in die historische Entwicklung des Trattenbacher Messergewerbes und erfährt Spektakuläres und Einzigartiges aus dem Alltag und der Geschichte der Feitelmacher.

Ausgangspunkt:
Bahnhof Trattenbach, Gemeinde Ternberg

Zufahrt:
A1 Abfahrt Enns – B115 über Steyr bis Ternberg – über die Ennsbrücke ca. 3 km nach Trattenbach – Parkmöglichkeit beim Bahnhof
Von Kirchdorf/Bad Hall kommend auf der B140 Steyrtalbundesstraße bis Steinbach an der Steyr – Ternberg – Trattenbach. Mit der Bahn oder dem Fahrrad: Der Bahnhof liegt direkt am Ennstalradweg.

Gehzeit:
Mit einer Führung durch das Tal der Feitelmacher ca. 4 h.
Gehzeit mit Besichtigung der Objekte (aber ohne Führung) ca. 3 – 3,5 h

Bereits im Mittelalter wurden in Trattenbach Messer erzeugt. Um 1520 wurden die ersten Klappmesser aus einem besonders harten Stahl, dem sogenannten „Scharsach", hergestellt. Diese Taschenfeitel waren wie die Schermesser von äußerst hoher Qualität, sorgfältig geschmiedet, gehärtet, gedrechselt und mit Rillen oder Kerben verziert.

Ein Feitel war so handlich in der Fertigung, daß er unter Heranziehung aller Familienmitglieder innerhalb einer Zunft hergestellt werden konnte. Die Klappmesser waren trotz ihres hohen Gebrauchswertes preiswert - ein Messer fürs Volk. 1682 trennten sich die Trattenbacher von den Steinbacher Messerern und gründeten eine eigene Zunft, zu der um die Jahrhundertwende noch 17 Meister gehörten, die jährlich noch 8 Millionen Feiteln erzeugten. Aber ausländische Konkurrenz und Industrialisierung wurden auch in Trattenbach spürbar. Der ersten Krise begegneten die Trattenbacher noch mit der Herstellung verschiedener Feitelmodelle, wie Winzer-, Rosen-, Frauen- und Kindermesser. Die Absatzgebiete waren vor allem Ungarn, Galizien, Rumänien, Rußland und die Türkei. Es wird auch berichtet, daß Stanley bei seiner letzten Afrikaexpedition die ersten Taschenfeitel gemeinsam mit Mollner Maultrommeln als Geschenk und Tauschartikel für Eingeborenenstämme nach Afrika brachte. 1931 arbeiteten nur mehr 11 Betriebe, nach dem 2. Weltkrieg waren es noch 6, und heute existiert als letzte die Feitelmanufaktur Löschenkohl in Trattenbach.

Nachdem wir uns im Info-Center am unteren Talausgang für eine Führung angemeldet haben, begleitet uns eine mit viel Erfahrungswissen ausgestattete Trattenbacherin. Wir marschieren an der Wallnermühle, die schon 1583 erstmals urkundlich Erwähnung fand, vorbei zur Feitelmanufaktur Löschenkohl. Beim Anblick der von surrenden Transmissionsriemen angetriebenen Schleifsteine nimmt uns sofort ein nostalgisches Gefühl gefangen. Unwillkürlich wird man hier an eine vergangene Epoche österreichischer Industriegeschichte und das vererbte Gespür für den Werkstoff Eisen erinnert. Im Museum in der Wegscheid erfahren wir vom „Ruhm

Bhf. Trattenbach
Info-Center
Feitelmanufaktur Löschenkohl
Museum In der Wegscheid
Drechslerei und "Drahhütt'n"
Fa. Hack
Rameis-Hammer
Gh Klausriegler
Zufahrtsstraße
Schreibachfall
500 m
Trattenbach
Herndleck-Schutzhaus
Herndleck
1026
Rehböden
Wallnermühle
334
372
Beisteinmauer
632
Klausbach
Antersbach
Kienberg
758
Kreuzmauer
853
652
500

und Untergang“ der Feitelproduktion, vom ehemaligen Bad, einst sommerlicher Treffpunkt für kälteresistente Meisterschwimmer und Badeschönheiten, Messererbällen und ausgelassenem Faschingstreiben im Tal.

In der „Drechslerei am Erlach“ erleben wir dann ratternde Transmissionen, grollende Scheuertrommeln und fliegende Scharten beim Drehen der Griffe für die Feiteln. Derweilen dürfen sich die Kinder in der Besucherwerkstatt selbst ihren eigenen Taschenfeitel „anmachen“ und färben.

Für nasse Freude bei den Kleinen sorgt nun die Wasserspiellandschaft. Sofort werden die Wehren, Fluderanlagen und Pumpen erkundet, nachgebaut und damit experimentiert!

Bei der Messererzeugung Hack nützen wir den günstigen Fabriksverkauf und decken uns mit einem Sortiment Jausenmessern ein. Steiler wird nun der Weg zum Rameishammer. Wie vor 120 Jahren dreht sich hier ein oberschlächtiges Wasserrad und bringt den schweren Doppelschwanzhammer in der Schauschmiede in Bewegung. Mit der Wucht seiner Masse fällt der „Bär“, der Hammerkopf, auf die Klinge herab, wieder und wieder, bis diese die charakteristische Form und Dichte hat. Wir verabschieden uns hier von der Führerin, die uns mit Schilderungen ihrer persönlichen Erinnerungen den Ausflug ins Tal der Feitelmacher zum unvergeßlichen Erlebnis gemacht hat.

Auf dem kaum befahrenen Güterweg wandern wir weiter bergwärts, vorbei an ehemaligen Werkstätten bis zu jener Abzweigung, wo sich das Schild „Schreibachfall, Grünburger Hütte, Schoberstein“ befindet. Wir folgen diesem und gelangen in Serpentinen hinauf zu einem Bauernhof. Von hier wandern wir rechts auf einer Forststraße bis zum romantischen Schreibachfall, der nach Regenfällen gewaltig anwachsen kann. Nun folgen wir der Beschilderung in leichtem Auf und Ab hinüber zum Alpengasthof Klausriegler. Bei Trockenheit empfiehlt sich der Abstieg über die Weide und durch den Wald, dem Schild „Bahnhof Trattenbach“ folgend. Ansonsten erreicht man Trattenbach auch auf der Zufahrtsstraße zum Gh Klausriegler und kann dabei die schöne Aussicht auf das hier oben weite Tal genießen.

Zugänglichkeit:
Wanderweg ganzjährig begehbar. Die Schaubetriebe im Tal der Feitelmacher sind von Mai bis Oktober täglich außer

Montag von 9.30 - 17 Uhr geöffnet. Führungen um 10 Uhr und 14 Uhr (ab 10 Personen) sowie nach Vereinbarung.

Information:
Tourismusverband Ternberg, Kirchenplatz 12, 4452 Ternberg, Tel. 07256/6005
Info-Center Trattenbach,
Tel. 07256/7376

Einkehrmöglichkeiten:
Von Bauern gibt's Speck, Käse und Most in der „Drahhütt'n" neben Drechslerei und Wasserspielplatz.

Gh Klausriegler, Trattenbach,
Tel. 07256/8907, Ruhetag: Donnerstag

Eisenstraßenwirt Gh-Restaurant „Zum Flößer", nahe Ortszentrum Ternberg an der B115, Tel. 07256/8861, Ruhetag: Montag

Eisenstraßenwirt Gh Rieglwirt, Höllstraße Richtung Garsten, herrlicher Gastgarten, Tel. 07252/53273, Ruhetag: Montag und Dienstag

Tour 40

Von Trattenbach auf den Aussichtsberg Schoberstein

Rundwanderung auf einen der beliebtesten Aussichtsberge des Ennstals, den Schoberstein (1285m), mit prächtiger Sicht auf Ötscher, Haller Mauern, Gesäuse, Sengsengebirge, Hintergebirge, Großen und Kleinen Priel bis hinüber zum Traunstein. Bei geringer Schneelage wird die Schobersteinhütte auch im Winter gerne besucht.

Ausgangspunkt:
Parkplatz beim Gh Klausriegler in Trattenbach
Variante: Bahnhof Trattenbach

Zufahrt:
A1 Abfahrt Enns – B115 über Steyr bis Ternberg – über die Ennsbrücke ca. 3 km nach Trattenbach – das enge Tal bergauf bis zur Straßengabelung, dort links auf Güterweg Kienberg abbiegen – von da noch ca. 3 km zum Alpengasthof Klausriegler (Beschilderung). Von Kirchdorf/Bad Hall kommend auf der B140 Steyrtalbundesstraße bis Steinbach an der Steyr – Ternberg – Trattenbach – Gh Klausriegler

Gehzeit:
Gh Klausriegler - Schoberstein 1,5 h; Schoberstein - Schreibachfall - Gh Klausriegler 1,5 h, Anstieg 633 Höhenmeter.
Ab Bahnhof Trattenbach 4 – 4,5 h (mit Besichtigungen „Im Tal der Feitelmacher“ + 2 h).

Bevor wir zur Wanderung aufbrechen, statten wir Trattenbach, dem Tal der Feitelmacher, einen Besuch ab. Hier wurden bereits im späten Mittelalter Messer erzeugt. Im 16. Jahrhundert entpuppten sich die Feitel als wahre Verkaufsschlager, und bald war das ganze Trattenbachtal mit der Produktion dieser einfachen, aber höchst funktionellen Klappmesser beschäftigt. Um die Jahrhundertwende waren es noch 17 Meister, die jährlich bis zu 8 Mio. Feiteln erzeugten. Beim Besuch in der letzten noch erhaltenen Feitelmanufaktur des Johann Löschenkohl erfahren wir, daß noch in den 60er Jahren bis zu 200.000 Feiteln jährlich nach Algerien und Marokko zur Bananenernte geliefert worden sind.

Danach sehen wir im „Museum in der Wegscheid“ kostbare Exponate, alte Fotografien, historische Dokumente und altertümliche Maschinen. Weiter oben in der Drechslerei erzählt man uns, daß das Drechseln der Feitelgriffe eine Arbeit für Frauen, Kinder, alte oder behinderte Menschen und eine Nebenbeschäftigung der Bauern im Winter war. Beeindruckend ist hier das Surren der Transmissionen, mit denen sämtliche Maschinen angetrieben werden. Staunend sehen die Kinder, wie innerhalb weniger Minuten aus einem Buchenscheit ein wunderschöner Feitelgriff entsteht.

Nach soviel Handwerk freuen wir uns nun auf unsere Bergtour, die wir vom Parkplatz des Gh Klausriegler starten. Der Markierung 481 folgend wandern wir links steil bergauf über eine Wiese und kommen in einen schattigen Wald. Auf steinigem Weg wandern wir unter der Materialseilbahn durch und kommen nach einigen Kehren über eine Weidefläche. Ein weiteres Mal wandern wir in den Wald, passie-

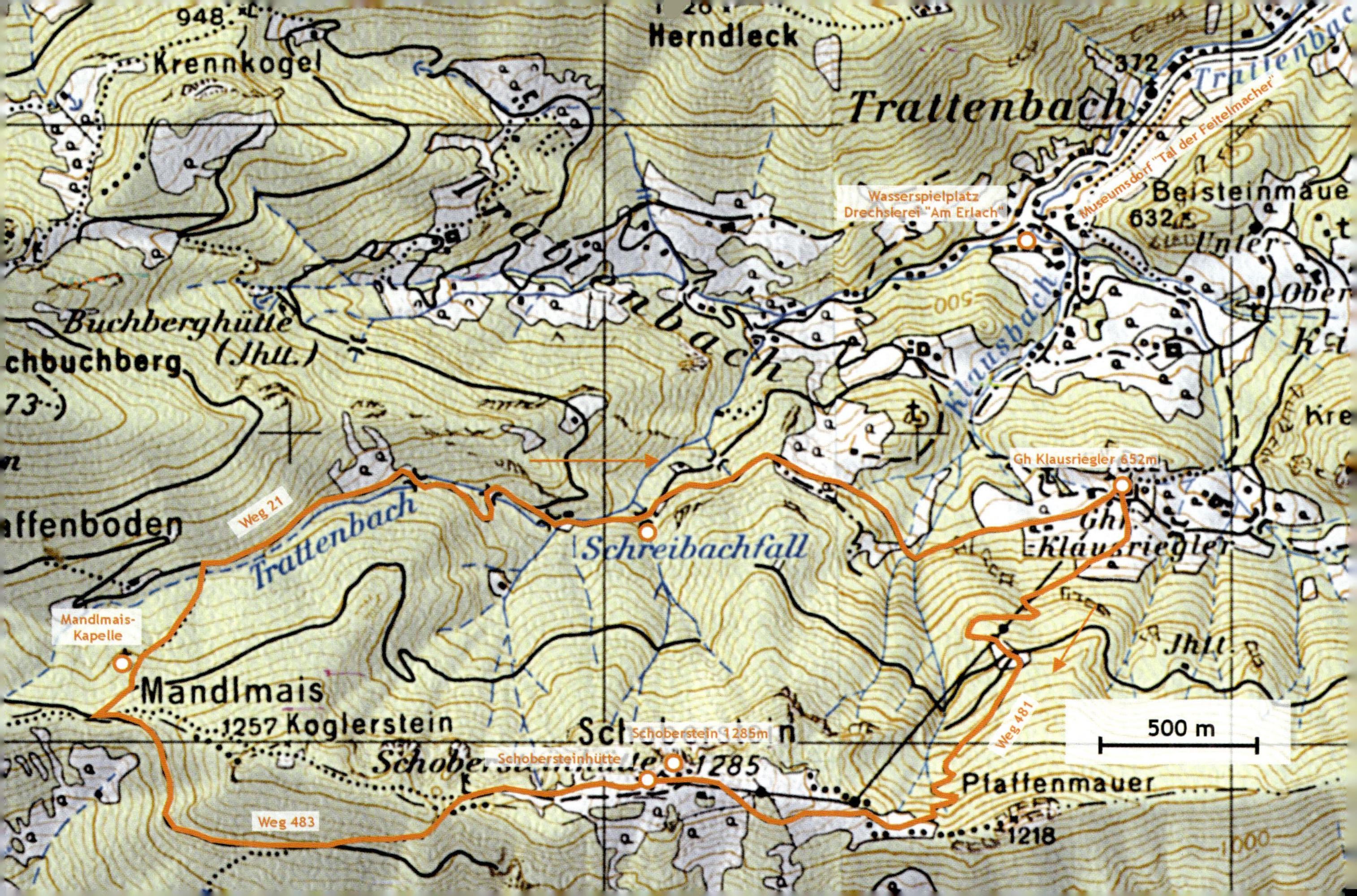
Herndleck
Krennkogel
Trattenbach
Wasserspielplatz
Drechslerei "Am Erlach"
Museumsdorf "Tal der Feitelmacher"
Beisteinmauer
Buchberghütte (Jhtt.)
Klausbach
Gh Klausriegler 652m
Weg 21
Trattenbach
Schreibachfall
Mandlmais-Kapelle
Mandlmais
1257 Koglerstein
Schoberstein 1285m
Schobersteinhütte
1285
Weg 481
500 m
Pfaffenmauer
1218
Weg 483

ren ein Weidegatter und queren eine Forststraße, bevor wir zum Sattel hinaufkommen. Noch einmal ein Weidegatter, dann erreichen wir das Almgelände und genießen das herrliche Bergpanorama vom Ötscher bis zum Großen Priel. Auf schmalem, aber nur mehr wenig ansteigendem Weg wandern wir nun zur Schobersteinhütte. Von dort haben wir in wenigen Minuten auch das Gipfelkreuz des Schobersteins in 1285m Höhe erreicht. Prächtig ist von dieser Aussichtskanzel der Blick auf die beeindruckende Bergkulisse und der Tiefblick in die umliegenden Talschaften Breitenau, Ennstal und Steyrtal.

Während der Rast auf einem der vielen Bankerl vor der Hütte laben wir uns ausgiebig und erfreuen uns ein letztes Mal am Bergpanorama. Zunächst leicht abwärts, dann in welligem Auf und Ab gehen wir nun Richtung Mandlmais und Grünburger Hütte. Wir folgen bei einer Weggabelung dem Normalweg mit der Markierung 482 und gelangen durch einen Mischwald bergab auf eine Forststraße, der wir nach rechts folgen. Immer wieder bleibt unser Blick auf dem Gebirgszug des Toten Gebirges, der Kremsmauer und dem Traunstein hängen. Links unten im Talboden entdecken wir dann auch die Nationalparkgemeinde Molln, bevor wir auf der Forststraße leicht ansteigend zur Abzweigung „Mandlmais-Schreibachfall-Gasthof Klausriegler" gelangen. Wir folgen nun diesem Steig durch dichten Wald abwärts, kommen an der Mandlmaiskapelle vorbei und erreichen schließlich auf einem Waldweg die Forststraße, die uns steil hinunter zum Schreibachfall führt. Dies ist ein kleiner, aber romantischer Wasserfall, der über den steilen Fels herabstürzt. Ein Stück unterhalb zweigen wir, dem Schild „Klausriegler" folgend, nach rechts auf eine zunächst leicht ansteigende Forststraße ab. Vorbei an einem Hirschgatter gelangen wir zuletzt zwischen Wiesen und an Obstbäumen vorbei wieder zum Alpengasthof Klausriegler, dem wir schon wegen des schönen Gastgartens, der Spielmöglichkeiten für die Kinder und der g'schmackigen Hausmannskost einen Besuch abstatten.

Zugänglichkeit:
Ganzjährig begehbar, festes Schuhwerk erforderlich, gut markierte Wiesen-, Wald- und Almwege. Mit Kindern ist im Gipfelbereich Vorsicht geboten (steil abfallende Felsen).

Besonderheiten:
„Tal der Feitelmacher“: Schauwerkstätten zeigen die Feitelproduktion, geöffnet Mai bis Oktober täglich außer Montag von 9.30–17 Uhr. Wasserspielplatz für Kinder bei der Drechslerei.

Information:
Tourismusverband Ternberg, Kirchenplatz 12, Ternberg, Tel. 07256/6005
Info-Center Trattenbach,
Tel. 07256/7376

Einkehrmöglichkeiten:
Schobersteinhütte, Tel. 07584/2035, ganzjährig bewirtschaftet, Ruhetag: Montag (vom 1. November bis 30. April Ruhetage Montag und Dienstag)

Gh Klausriegler, Trattenbach,
Tel. 07256/8907, Ruhetag: Donnerstag

Eisenstraßenwirt Gh „Zum Flößer“, nahe Ortszentrum Ternberg an B115, Tel. 07256/8861, Ruhetag: Montag

Tour 41

Durch den Wendbach zur Nixluck'n

Wanderung durch das wildromantische Wendbachtal zur Tropfsteinhöhle „Nixluck'n" mit der Möglichkeit, auf die Hohe Dirn (1134m) und zur Anton-Schosser-Hütte (1185m) weiterzuwandern.

Ausgangspunkt:
Bahnhof Trattenbach, Gemeinde Ternberg

Zufahrt:
A1 Abfahrt Enns – B115 über Steyr bis Ternberg – über die Ennsbrücke ca. 3 km nach Trattenbach – Parkmöglichkeit beim Bahnhof.
Von Kirchdorf/Bad Hall kommend auf der B140 Steyrtalbundesstraße bis Steinbach an der Steyr – Ternberg – Trattenbach.
Mit der Bahn oder dem Fahrrad: Der Bahnhof liegt direkt am Ennstalradweg.

Gehzeit:
3 h, Anstieg 445 Höhenmeter
Variante: Weiterwanderung auf die Hohe Dirn und zur Anton-Schosser-Hütte und über den Luagstadel zurück, nochmals ca. 2,5 h, Anstieg gesamt 823 Höhenmeter.

Ab der Bahnstation Trattenbach folgen wir links dem Ennstalradweg, vorbei am Weltrekord-Taschenfeitel, der auf die 500jährige Geschichte der Feitelerzeugung in Trattenbach aufmerksam macht. Nach ca. 1,5 km sind wir bei der Wendbachkreuzung angelangt, folgen nun der Mountainbikebeschilderung „Hohe Dirn, Molln" rechts und passieren nach nur 100 Metern den Forstschranken. Den sprudelnden Wendbach entlang wandern wir nun bergwärts in das wildromantische Wendbachtal.

Vom frühen 17. Jahrhundert an wurde hier Erz abgebaut und verhüttet. Vom Hochofen und dem dazugehörenden Hammerwerk sieht man heute nur mehr Reste einer Grundmauer. Obwohl wir einige kleine Häuser entdecken, ist das Wendbachtal heute unbewohnt.

Im Schatten der Bäume geht es nun über mehrere kleine Brücken, und immer imposanter werden die aufragenden Felstürme. Wir erzählen den Kindern die Sage von der „Wilden Jagd", die einst durch den Wendbachgraben gesaust sein soll. Etwa 2 km nach der Wendbachkreuzung gelangen wir zu einem Schild, das den Weg links hinauf zur Nixluck'n deutet. Wir entscheiden uns aber, mit den Kindern auf der flachen Forststraße weiterzuwandern und die steilere Variante durch den Wald erst am Rückweg zu wählen. Nach weiteren 300 Metern folgen wir in einer Spitzkehre der linken Forststraße und kommen nach 10 Minuten Gehzeit zu einer rot-weiß-roten Markierung, der wir nun auf die Weide folgen. Zwischen Hagebuttensträuchern, Zwetschken- und Birnenbäumen haben wir einen herrlichen Ausblick auf die landschaftliche Schönheit des Wendbachtales.

Als uns der Weg wieder in ein kleines Waldstück hinein führt, kommen wir zu einem Schild „Nixloch", das uns den schmalen Steig zu dieser Tropfsteinhöhle weist. Anfangs etwas steiler, queren wir dann fast eben zur Nixluck'n, deren Ein-

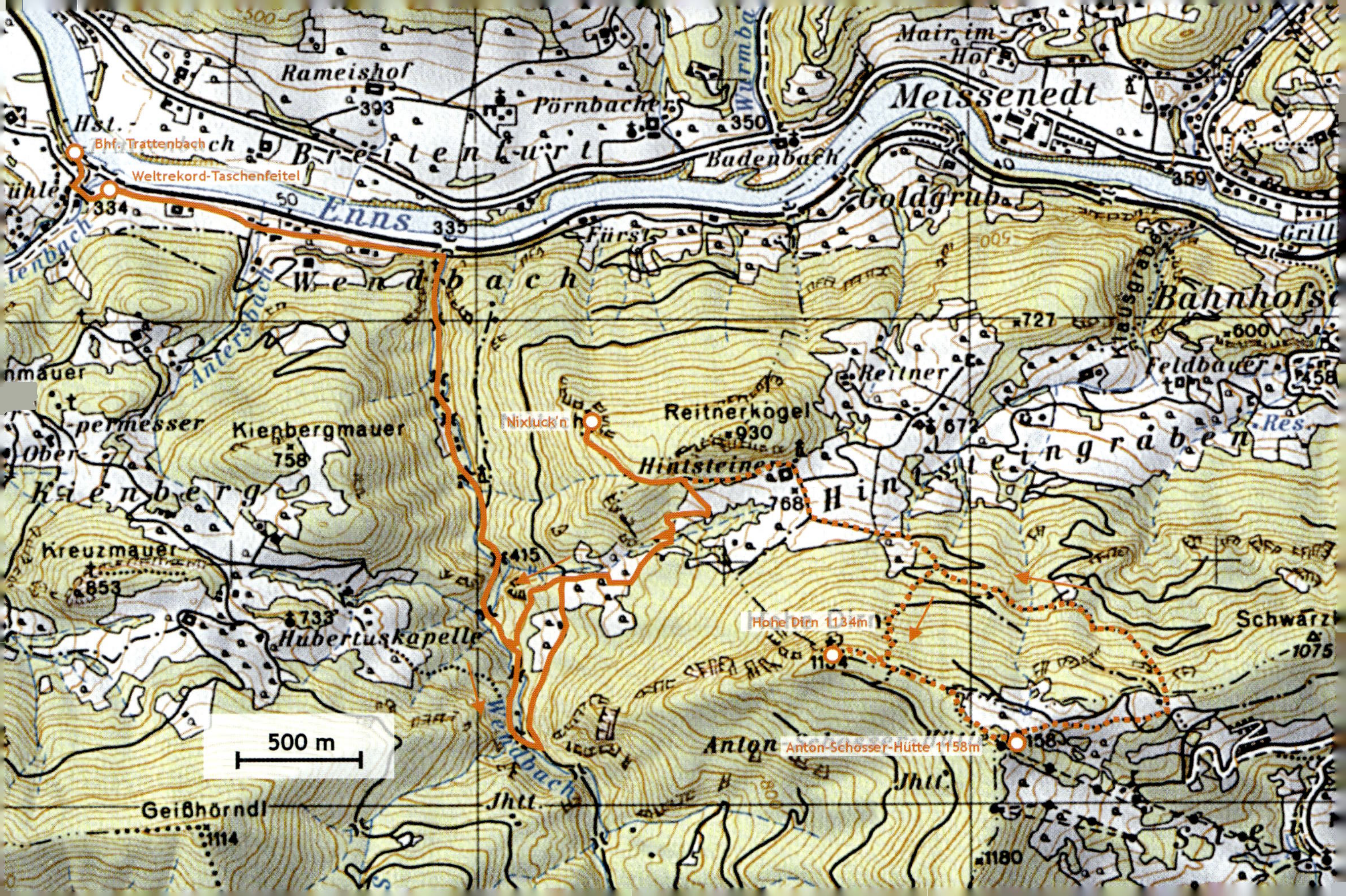

Bhf. Trattenbach
Weltrekord-Taschenfeitel
Nixluck'n
Hohe Dirn 1134m
Anton-Schosser-Hütte 1158m
500 m
Enns
Meissenedt
Breitenfurt
Wendbach
Reitnerkogel
930
Kienbergmauer
758
Kienberg
Kreuzmauer
853
Hubertuskapelle
733
Geißhörndl
1114
Rameishof
393
Pörnbach
Badenbach
350
Goldgrub
Bahnhofs
Reitner
672
Hintsteiner
768
Feldbauer
600
727
415
335
334
359
1075
1180
Schwarz
Anton
Antersbach
Wendbach
Mair im Hof

gang sich am Fuß eines senkrechten Felsen befindet. Ausgerüstet mit Anoraks und Stirnlampen erkunden wir die Höhle, in der Tonscherben und Zähne von Höhlenbären gefunden wurden.

Nach einer kleinen Jause verlassen wir dieses Naturdenkmal und begeben uns auf den Rückweg. Vom herrlichen Duft der Wiesenblumen angeregt, pflücken wir einen bunten Wiesenblumenstrauß und schlagen nun nach der Weide den steileren Abstieg durch den Wald ein, der uns zurück auf die Forststraße durch den Wendbach und dann zum Bahnhof bringt.

Variante:
Wer von der Nixluck'n auf die Hohe Dirn gehen möchte, wandert zum Bauernhaus „Hintsteiner" hinauf und folgt von dort dem Weg in südlicher Richtung bis zu einer Weggabelung, bei der man dem Schild „Hohe Dirn" nach links folgt. Entlang der rot-weiß-roten Markierung gelangt man nach ca. 1 h zum Gipfel der Hohen Dirn und kann die herrliche Aussicht auf das Ennstal und bis hinüber nach Maria Neustift genießen.
Danach folgt man der rot-weiß-roten Markierung zur Anton-Schosser-Hütte, die ganzjährig bewirtschaftet wird. Von dort führt der Weg über den Luagstadel wieder zurück zum Bauernhof Hintsteiner und in den Wendbach hinab.

Zugänglichkeit:
Frühjahr bis Herbst, Anton-Schosser-Hütte ganzjährig bewirtschaftet. Die Wanderung bis zur Nixluck'n ist für Kinder bestens geeignet. Festes Schuhwerk verwenden; zur Erkundung der Tropfsteinhöhle ist eine Taschenlampe erforderlich.

Information:
Tourismusverband Ternberg,
Tel. 07256/6005

Einkehrmöglichkeiten:
Anton-Schosser-Hütte,
Tel. 0663/9272683

Gh Klausriegler, Schobersteinstraße 10, 4453 Trattenbach, Tel. 07256/8907, Ruhetag: Donnerstag

Eisenstraßenwirt Gh-Restaurant „Zum Flößer", nahe Ortszentrum Ternberg an der B115, Tel. 07256/8861, Ruhetag: Montag

Tour 42

Vom Handwerkermuseum zum Baum mitten in der Welt

Rundwanderweg auf Feld-, Wald- und Güterwegen im Alpenvorland mit prächtigem Panoramablick auf die Bergkulisse der nördlichen Kalkalpen mit Totem Gebirge und Sengsengebirge. Da der Weg durch fruchtbares Bauernland führt, ist die Tour von der Baumblüte durchs Bauernjahr hindurch bis spät in den Herbst hinein für Familien- und Seniorenwanderungen sehr zu empfehlen.

Ausgangspunkt:
OÖ. Handwerkermuseum in der Eduard Bachstraße, 50 m vom Marktplatz/Ecke Sparkasse.

Zufahrt:
A1 Abfahrt Sattledt – Kremsmünster – Bad Hall
von Steyr kommend: B122 über Sierning nach Bad Hall
Parkmöglichkeit im Parkhaus gleich neben dem Marktplatz.

Gehzeit: ca. 4 h

Wir folgen der rotweißroten Beschilderung „Jahn-Rundwanderweg Nr. 18“ durch den Kurpark hinunter zum Parkbad und gelangen auf dem sogenannten „Mayrbäurlweg“ nach 15 Gehminuten in den Ort Pfarrkirchen. Hier lohnt sich ein Besuch der jüngst renovierten „Rokoko-Pfarrkirche“, die in Fachkreisen gern als „schönste Dorfkirche Österreichs“ gelobt wird. Vorbei am Pfarrhof (Vorderfront aus dem Jahr 1750) biegen wir vor der Volksschule rechts ein, nach nur wenigen Metern folgen wir der Beschilderung links und gelangen auf dem Kalvarienbergweg, entlang von Obstbäumen, zu einer barocken Kreuzweggruppe aus dem 18. Jhdt. und weiter zur Kalvarienbergkapelle. Auf schmalem Weg am Waldrand und etwas breiter abwärts durch diesen Wald erreichen wir, eine Straße querend, die „Urbarmühle“, eine ehemals zweigängige Getreidemühle, die wie 89 andere im Krems-, Steyr- und Ennstal zur mächtigen Haller Müllerzunft gehörte.

Wir folgen ca. 400 m dem Spurweg durch das Feyreggerbachtal und zweigen rechts auf einen Waldweg ab. Nach mehreren kleinen Steigungen durch den Wald gelangen wir zu einem Bauernhof. Von diesem führt uns die Hofzufahrt zu einem Güterweg, dem wir links hinauf zur ehemaligen Schule „Krühhub“ folgen. Nun marschieren wir rechts auf der Guntendorfer Gemeindestraße bis zum Gh „Baum mitten in der Welt“. Hier wurde 1996 von der Republik Österreich, dem Land Oberösterreich und BMW Motoren Steyr anläßlich der internationalen Veranstaltung „Netz Europa“ und in Erinnerung an den hier befindlichen Koordinatenursprung der „Katastralvermessung für Salzburg, Oberösterreich und Böhmen“ ein metallenes Denkmal errichtet. 1823 erteilte Kaiser Franz I. diesen Auftrag zur Vermessung. Heute hat man von der Aussichtsplattform des Denkmals, das exakt über dem Triangulierungspunkt errichtet wurde und auf Höhe 488,4m über Adria steht, einen herrlichen Rundblick ins Kremstal, das Alpenvorland, auf Gaisberg, Grünburger Hütte und die Gebirgssilhouette der nördlichen Kalkalpen. Wie die Wirtsleute berichten, ist die stattliche Linde, die vis à vis vom Denkmal steht, der weithin

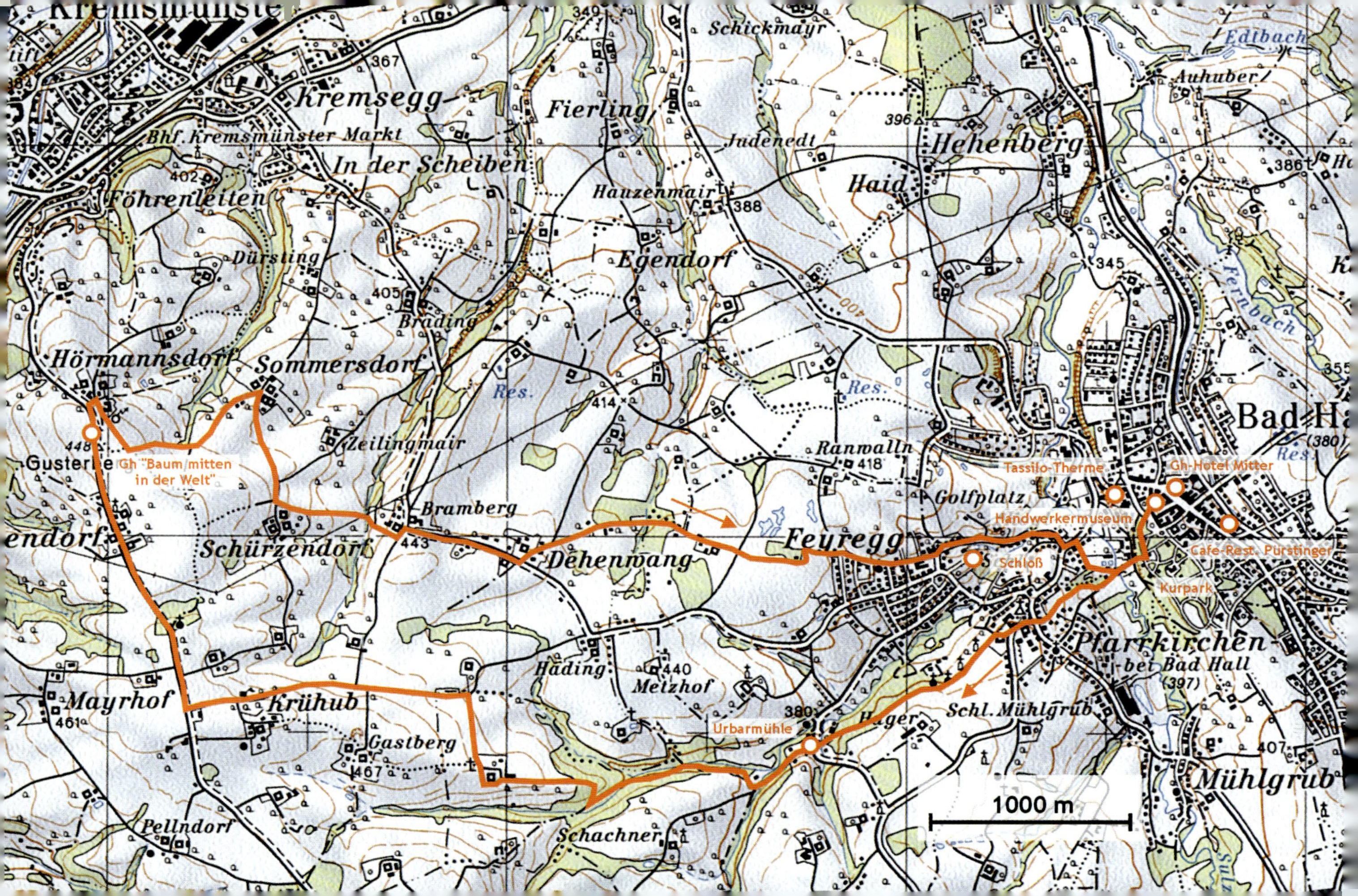
Gh "Baum mitten in der Welt"
Tassilo-Therme
Gh-Hotel Mitter
Handwerkermuseum
Golfplatz
Schloß
Cafe-Rest. Pürstinger
Kurpark
Urbarmühle
1000 m
Bad Hall
Pfarrkirchen bei Bad Hall
Kremsegg
Fierling
Hehenberg
Haid
Egendorf
Feyregg
Dehenwang
Schürzendorf
Bramberg
Hörmannsdorf
Sommersdorf
Mayrhof
Krühub
Gastberg
Schachner
Mühlgrub
Schl. Mühlgrub

bekannte „Baum mitten in der Welt“.

Nach einer zünftigen Jause im Gastgarten setzen wir unseren Weg zunächst 50 m Richtung Kremsmünster und dann in einer Spitzkehre rechts auf einer Schotterstraße zurück nach Bad Hall fort. Abwechselnd auf Güter- und Waldwegen erreichen wir die Ortschaften Schürzendorf und Dehenwang. Wir erreichen den Golfplatz „Herzog Tassilo“ und wandern an dessen Rand nach Pfarrkirchen hinunter. Vorbei an der Schloßtaverne und am Schloß Feyregg, das bereits 1378 urkundlich erwähnt ist, erreichen wir die Möderndorfer Bezirksstraße. Wir folgen dieser links und biegen nach wenigen Metern rechts in die Schwimmbadstraße zum Parkbad ein.

Wer nach dem Genuß herrlicher Landschaft den Wunsch nach angenehmer Entspannung verspürt, sollte sich hier eine Abkühlung im Freibad oder in der Tassilo-Therme Bad Hall nicht entgehen lassen. Die Tassilo-Therme mit Ausschwimmbecken, wohltuenden Massagen, Saunawelt und dem vielseitigen Aktivprogramm des Tassilo-Gesundheitszentrums machen Bad Hall zu einem Treffpunkt für alle, denen Fitneß und Erholung ein Anliegen sind.

Lohnenswert ist der Besuch des Oberösterreichischen Handwerkermuseums, das in zehnjähriger Aufbauzeit von vielen unermüdlichen Helfern zu einer wahren Schatztruhe wurde. Es gibt Zeugnis von den mittelalterlichen Zünften, dem Zunftbrauchtum, der Arbeits- und Lebenswelt der Gesellen und Lehrbuben bis hin zur Entstehung der Fabriken, die das Handwerk in ihren Grundfesten erschütterten. Dargestellt wird auch handwerkliches Können, das so manchem Handwerk heute wieder zu neuer Blüte verhilft. In diesem prächtigen Jugendstilgebäude sind auch eine einzigartige Sonderausstellung mit 100 Türen aus 4 Jahrhunderten und das Heimatmuseum sowie ein Siebenbürgerraum untergebracht.

Zugänglichkeit:
Ganzjährig begehbar, nach Regenfällen empfiehlt sich wegen der Feld- und Waldwege ein festeres Schuhwerk, Wege nur teilweise leicht ansteigend.

Besonderheiten:
OÖ. Handwerker- und Heimatmuseum, geöffnet vom 1. April - 31. Oktober

von Donnerstag - Sonntag 14 - 18 Uhr, außerhalb dieser Zeiten (ganzjährig) für Gruppen nach Voranmeldung, Tel. und Fax 07258/4888

Information:
Kurverwaltung Bad Hall,
Tel. 07258/7200
Tassilo-Therme Bad Hall,
Tel. 07258/7730

Einkehrmöglichkeiten:
Eisenstraßenwirt Gh Mitter, Hauptplatz 1, Tel. 07258/2363, Ruhetage: Montag und Dienstag
Eisenstraßenwirt Cafe-Restaurant Pürstinger, Pesendorferstr. 6 (Zugang vom Hauptplatz), Tel. 07258/2248, Ruhetag: Freitag

Tour 43

Der Ennser Stadt-Erlebnisweg

Der Ennser Stadt-Erlebnisweg erschließt auf 5 km mit 34 Stationen die schönsten und interessantesten Sehenswürdigkeiten der ältesten Stadt Österreichs und ist besonders für Familien und Schulklassen zu empfehlen. Sie erfahren, wie Enns im Laufe von 2000 Jahren Kulturgeschichte mehrfach den Standort gewechselt hat. Der Geologiepark stellt die rasch wechselnden Gesteinsformen entlang des Ennsflusses dar.

Ausgangspunkt:
Basilika St. Laurenz in der Lauriacumstraße unweit des Bahnhofes Enns, ausreichend Parkmöglichkeiten.

Zufahrt:
A1 Abfahrt Enns – auf B115 links stadtwärts abbiegen – beim Kreisverkehr links auf B1 Richtung Asten/Linz abbiegen – nach ca. 800 m bei der zweiten Ampel rechts zur Basilika St. Laurenz einbiegen.
Vom Bahnhof Enns erreicht man die Basilika in 3 Gehminuten.

Gehzeit:
1,5 - 2 h, bei Führungen/Besichtigungen sind zusätzlich einzuplanen: Basilika St. Laurenz 45 min, Stadtmuseum Lauriacum 1 h, Altstadtführung 1,5 h.

Ab dem Ende des 2. Jahrhunderts n.Chr. war Enns (Lauriacum) eine römische „Großstadt“ an der Donau und der wichtigste Waffenplatz der Provinz Noricum. Am Kreuzungspunkt der Handelsrouten aus Böhmen, den Wasserwegen der Donau und der Enns gelegen, hatte hier die *Legio II italica* ihr festes Lager errichtet. Lauriacum war zeitweilig der Amtssitz des Statthalters von Noricum, eines Gebietes, das sich flächenmäßig in etwa mit dem heutigen Österreich deckt. Der Mannschaftsstand einer Legion betrug 6000 Mann. Zusammen mit der zivilen Bevölkerung wird man 20.000 Einwohner schätzen dürfen, fast doppelt so viele wie heute.

Zunächst statten wir der Basilika St. Laurenz einen Besuch ab, die im Norden der einstigen römischen Zivilstadt Lauriacum liegt. Archäologische Ausgrabungen, die in der Basilika zu sehen sind, lassen vermuten, daß sich an diesem Platz schon um 180 n.Chr. ein römischer Tempel befunden hat. Um 375 bestand eine frühchristliche Basilika, die 451 von den Hunnen zerstört, aber von den Christen wieder aufgebaut wurde. Um 740 ist eine frühkarolingische Kirchenanlage belegt.

Nach der Besichtigung queren wir die Lauriacumstraße und folgen dem Hinweisschild (Eisenstraßen-Themenweg) in die Straße „Maria Anger“ zum Bleicherbach, der heute in der ehemaligen Grabenanlage des Legionslagers fließt. Östlich des Baches war einst das von zwei Türmen geschützte Tor der römischen Befestigung. Darin hat sich auch die sogenannte „fabrica scutaria“, eine auf Schildeproduktion spezialisierte Fabrik, befunden. Wir passieren die Kathreinstraße und gelangen in einem Rechtsbogen zum ehemaligen Meierhof von Schloß Ennsegg, an dessen Stelle die Römer einst ein Warm- und Dampfbad betrieben haben. Wir überschreiten die Lorcherstraße und gelangen auf der Lagerstraße zur Enns, einer historischen Trennlinie zwischen Ost und West: Awaren und Türken stoppten hier ihre Eroberungszüge, und von 1945 bis 1955 verlief die Demarkationslinie zwischen dem rus-

Bhf. Enns
Westbahn
170
Hallen-
bad
Kathrein-
straße
einstiges
Römerlager
Basilika
St. Laurenz
Lauriacum-
straße
Bleicherbach
einstige
römische
Zivilstadt
Bundesstraße 1 nach Linz
Kranken-
haus
Bürgerspital
Papstkreuz
Geologiepark
Schloß Ennsegg
Stadtturm
Stadtmuseum
Lauriacum
Burg
Stadtpfarrkirche
St. Marien
Freibad
Enns
Bundesstraße 1 nach Wien
15 nach Steyr
250 m

sisch und dem amerikanisch besetzten Teil Österreichs.

Kurz nach dem Papstkreuz - es befindet sich an jener Stelle, wo der hl. Florian 304 mit einem Mühlstein in die Enns gestoßen worden sein soll - kommen wir zum Geologiepark. Maßstabsgetreu (1:1000) ist hier der 254 Kilometer lange Weg der Enns vom Ursprung in den Radstädter Tauern durch die verschiedenen geologischen Zonen bis zu ihrer Mündung in die Donau zu sehen. Originale Felsstücke symbolisieren die wichtigsten Berge.

Dann verlassen wir den Geologiepark und sehen in der Reinthalgasse auf Reste der mittelalterlichen Stadtbefestigung, deren Bau mit dem Lösegeld des in Dürnstein gefangenen englischen Königs Richard I., genannt Löwenherz, finanziert wurde. – Über den Ennsberg gelangen wir zur ehemaligen landesfürstlichen Burg (heute Wienerstraße Nr. 9 bis 13), mit einem sehenswerten gotischen Innenhof.

Danach betreten wir die Stadtpfarrkirche St. Marien, eine der ältesten Bettelordenskirchen Österreichs, mit dem stimmungsvollen Kreuzgang. Gotikliebhaber sollten auch die nordseitig angebaute Wallseer Kapelle mit ihrer eigenwilligen Innen- und Außenarchitektur besuchen. Ein Höhepunkt im wahrsten Sinn des Wortes ist der Ausblick vom 60m hohen Stadtturm auf die Renaissance- und Barock-Fassaden der Bürgerhäuser. Nach einem Stadtplatzbummel und einem Schälchen Kaffee in einem der Schanigärten erleben wir eine spannende Führung durch das Stadtmuseum Lauriacum. Das römische Deckenfresko „Amor und Psyche“, der römische Silberschatz, eiserne römische Pferdesandalen, verschiedenste Waffen und Exponate aus prähistorischer Zeit lassen uns in eine wechselvolle und bedeutende Ennser Stadtgeschichte eintauchen. Wir verlassen den Hauptplatz über die Fürstengasse und erreichen das Schloß Ennsegg, in dem 1809 auch Napoleon sein Hauptquartier aufgeschlagen hat. Dann überqueren wir die Mauthausner Straße, und durch die Hohenlohe-Allee, die einem mittelalterlichen Verteidigungswall folgt, verlassen wir das Stadtzentrum und kehren rechts vorbei am Krankenhaus zum Ausgangspunkt zurück.

Zugänglichkeit:
Ganzjährig begehbar, familienfreundliche Wanderung, die ausschließlich auf asphaltierten Wegen verläuft. Die Route kann auch mit Kinderwagen befah-

ren werden, kurzer Anstieg vom Geologiepark zum Stadtzentrum.

Besonderheiten:
Stadtmuseum Lauriacum ist von 1. April bis 31. Oktober von Dienstag bis Sonntag von 10 - 12 Uhr und von 14 - 16 Uhr geöffnet, von 1. November bis 31. März an Sonn- und Feiertagen (Uhrzeiten wie zuvor).
Stadtführungen: vom 1. Mai bis 15. September täglich um 10.30 Uhr ab Stadtturm.

Basilika St. Laurenz ist tagsüber immer zugänglich, die Unterkirche nur mit Führungen. Führungen sind gegen Voranmeldung jederzeit möglich.

Information: Tourismusbüro Enns, Mauthausner Str. 7, Tel. 07223/82777

Einkehrmöglichkeiten:
Hotel-Restaurant Lauriacum, Wienerstr. 5, Tel. 07223/82315, Ruhetag: Sa.
Hotel-Restaurant „Zum Goldenen Schiff", Hauptplatz 23,
Tel. 07223/86086, Ruhetag: Sonntag

Tour 44

Der Scharnsteiner Sensenweg

Der kurze thematische Rundwanderweg führt in das ehemalige Sensenzentrum von Unterscharnstein. Beiderseits der Alm sieht man Zeugen einer großen Vergangenheit: Sensenhämmer, Herrenhäuser, Arbeiterwohnstätten, Fluder- und Kraftwerksbauten. In diesem gründerzeitlichen Industrie-Ensemble läßt sich die wirtschaftliche Bedeutung dieser größten Sensenfabrik der k.k. Monarchie erahnen.

Ausgangspunkt:
Freilichtmuseum Geyerhammer, Grubbachstraße 10, Scharnstein (unterhalb der Straßenbrücke über den Almfluß), ausreichend Parkmöglichkeiten in der Nähe.

Zufahrt:
A1 Abfahrt Voralpenkreuz – A9 bis Inzersdorf – B120 über Pettenbach nach Scharnstein bzw. von Micheldorf über Steinbach am Ziehberg nach Scharnstein.
Vom Westen: A1 Abfahrt Regau – über Gmunden auf B120 nach Scharnstein
Anreise mit Bahn: Mit Westbahn nach Wels und umsteigen auf Linie 15b nach Scharnstein.

Gehzeit:
2 h inklusive Besichtigung des „Freilichtmuseums Geyerhammer".
Abstecher vom Geyerhammer zur Ruine Scharnstein: 1 h

Scharnstein ist der nordwestliche Zugang zur österreichischen Eisenstraße und war lange Zeit Zentrum der österreichischen Sensenindustrie. Die Sensenproduktion spielte innerhalb der alpenländischen Eisenverarbeitung die dominierende Rolle. Um 1841 wurden in österreichischen Sensenhämmern rund 4 Millionen Sensen und 800.000 Sicheln und Strohmesser geschmiedet. Absatzgebiete der qualitativ hochwertigen Erzeugnisse waren vor allem Rußland, Polen, Türkei, Deutschland, Frankreich und Nordamerika. 400 Jahre haben die Hämmer in Scharnstein gedröhnt und das Leben im Tal wesentlich geprägt. In rußdunklen Räumen wurde glühender Stahl von schweren Eisenhämmern zu Sensen gebreitet. In einer wahren Backofenhitze, unter dem Ächzen der Wasserräder, dem Spritzen der Funken, fertigten die Sensenarbeiter Sense auf Sense.

Seit 1987 ist das Dröhnen verstummt, ging eine jahrhundertalte Tradition zu Ende. Es ist der Gemeinde und dem Heimatverein zu danken, daß der Geyerhammer, ein langgestrecktes, niedriges Gebäude, am Werkskanal der Alm gelegen, angekauft und in mühevoller Kleinarbeit zu einem lebendigen Freilichtmuseum ausgestattet wurde.

Innen erleben wir im Rahmen einer Schmiedevorführung hautnah, wie ein ehemaliger Sensenschmied eines der drei unterschlächtigen Wasserräder in Bewegung setzt und mit dem mächtigen Breithammer durch geschicktes Wenden des glühenden „Bröckls" einen Sensenrohling fertigt. 40 einzelne Arbeitsvorgänge, die von spezialisierten Arbeitern durchgeführt wurden, waren zur Herstellung notwendig. Als er als 14jähriger Hammerbub in den Betrieb gekommen ist, haben bereits sein Vater und dessen zwei Brüder als Sensenschmiede gearbeitet, erzählt er uns.

Vom Geyerhammer wandern wir vorbei an der Hofmühle und einem ehemaligen Arbeiterwohnhaus des Sensenwerkes und

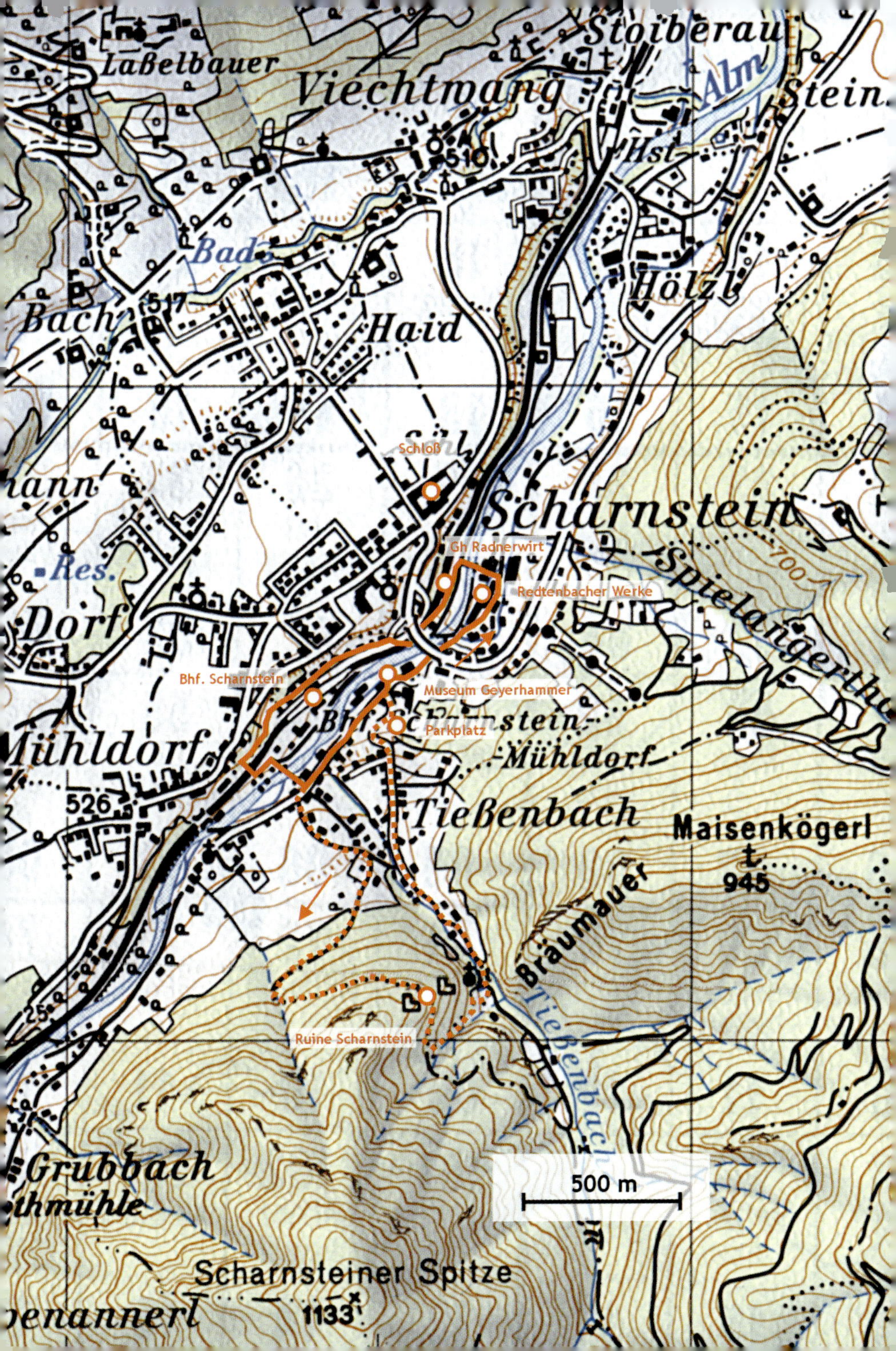
Stoiberau
Laßelbauer
Viechtwang
Alm
Stein
510
Hst
Bad
Bach
517
Haid
Hölzl
Schloß
Scharnstein
Gh Radnerwirt
Res.
Redtenbacher Werke
Spielangerthal
Dorf
700
Bhf. Scharnstein
Museum Geyerhammer
Parkplatz
Mühldorf
526
Tießenbach
Maisenkögerl
945
Bräumauer
Ruine Scharnstein
Tießenbach
Grubbach
500 m
Scharnsteiner Spitze
1133

gelangen zu den Werksanlagen der Fa. Redtenbacher, die mehrere Werke zu einem großen Unternehmen zusammenfaßte. Die Firma schuf schon um die Jahrhundertwende einen Werkskonsum, eine Werkskantine, Unterkünfte für Junggesellen, eine Badeanstalt und einen Leseraum. Hier erfahren wir auch, welche Bedeutung das Wasser der Alm spielte und was es mit dem „grünen Gold“ auf sich hatte. Heute produziert die Firma Präzisionsteile, vor allem Metallteile für Brillen, worüber eine kleine Schauvitrine Auskunft gibt. Die Markenrechte an Sensen wurden nach 1987 an die noch bestehenden Sensenerzeuger verkauft.

Durchs Werksgelände hindurch überqueren wir anschließend die kristallklare Alm und kommen am ehemaligen werkseigenen Sägewerk vorbei, wo wir auch über Holzkohleerzeugung informiert werden. Nach einem Blick auf Schloß Neuscharnstein gelangen wir wenig später zum Gasthaus Radner. Weiter entlang der Schienen erreichen wir bald den Bahnhof, der auf eine lange Geschichte zurückblickt. Der Aufstieg der Scharnsteiner Sensenindustrie machte auch einen Schienenanschluß an die Kaiserin Elisabeth-Bahn (Westbahn) erforderlich. Im Mai 1901 dampfte der erste Zug ins Almtal.

Von der Flößerei bis zur Stromgewinnung spannt sich der Themenreigen vom Bahnhof bis hin zum Almsteg, den wir durch eine Siedlung hindurch erreichen. An mehreren Gebäuden der Hammerherren vorbei kommen wir zum Schlußpunkt unseres Rundgangs, dem ehemals zum Geyerhammer gehörenden Herrenhaus. Weil wir noch mehr entdecken wollen, statten wir der nahegelegenen, aussichtsreichen Burgruine Scharnstein einen Besuch ab. Dazu schlagen wir den markierten, auf befestigten Steigen und Stufen verlaufenden Weg ins Tießenbachtal ein. Von der oberen Ringmauer aus erfreuen wir uns am ritterlichen Panoramablick auf das nordöstliche Almtal. Auf gleichem Weg kehren wir zum Ausgangspunkt zurück und freuen uns über einen gelungenen Ausflug.

Zugänglichkeit:
Der Scharnsteiner Sensenweg ist etwa 2,5 km lang und weist keine Steigungen auf; er ist ganzjährig auch für Kinderwagen und Rollstuhl geeignet. Ganzjährig begehbarer befestigter Weg.

Besonderheiten:
Eine Wanderung am Sensenweg emp-

fiehlt sich vor allem in Kombination mit einem Besuch des Freilichtmuseums Geyerhammer. Öffnungszeiten: Vom 1. Mai bis 31. Oktober: Samstag, Sonn- u. Feiertag 10 - 12 Uhr und 14 - 17 Uhr. Außerhalb dieser Zeiten nach Vereinbarung. Schmiedevorführungen: Jeden 1. Samstag im Monat um 15 Uhr oder für Gruppen auf Bestellung.

Einkehrmöglichkeiten:
Gasthof Radnerwirt, direkt am Sensenweg, Tel. 07615/2531, Ruhetag: Mittwoch

Gasthaus-Pension Rankleiten (in Dürndorf an der B120 zwischen Scharnstein und Pettenbach) „Erste Erdäpfelpension Österreichs", zahlreiche Erdäpfelgerichte, Tel. 07586/8819, Ruhetage: Montag und Dienstag

Information:
Tourismusbüro Scharnstein,
Tel. 07615/2340
Museum Geyerhammer, Tel. 07615/2971
(während der Öffnungszeiten)

Tour 45

Der Anton Bruckner-Symphoniewanderweg

Auf die musikalischen Spuren eines der größten Komponisten begeben wir uns bei dieser Wanderung im oberösterreichischen Alpenvorland. 10 Stationen laden zum Verweilen ein und bringen dem Wanderer das musikalische Schaffen Anton Bruckners zu Gehör. Besonders empfehlenswert im Frühjahr und Spätsommer, wenn die Felder und Bäume besonders farbenfroh sind.

Ausgangspunkt:
Anton Bruckner Centrum (ABC) unterhalb der Pfarrkirche von Ansfelden

Zufahrt:
A1 Abfahrt Ansfelden – Ortszentrum Ansfelden – Parkplätze nahe dem ABC sind beschildert.

Gehzeit:
ca. 3 h (mit Stationen), Streckenlänge 8,3 km.

Nachdem wir in der Stadtgemeinde Ansfelden das Geburtshaus von Anton Bruckner besucht haben, begeben wir uns zum nahegelegenen ABC (Anton Bruckner Centrum), einem modernen Veranstaltungs- und Kulturzentrum. Hier leihen wir uns gegen eine geringe Gebühr einen Walkman aus, auf dessen eingelegter Kassette sich Hörproben der einzelnen Symphonien befinden. Da wir den Rückweg möglichst rasch und bequem zurücklegen wollen, kaufen wir uns im ABC auch gleich eine Gästekarte, die eine verbilligte Rückfahrt von St. Florian nach Ansfelden ermöglicht.

Nach wenigen Metern haben wir die Gelegenheit, uns im Ansfeldner Bauernladen mit einer guten Jause zu bevorraten. Über eine kurze Straßensteigung verlassen wir das Siedlungsgebiet. Von oben können wir an der ersten Station einen weiten Rundblick über das Linzer Becken und das Mühlviertel genießen. Dann geht es leicht wellig über Feld- und Wiesenwege weiter, meist inmitten im Wind wogender Felder, dann wieder entlang von Obstbäumen. Nach Überquerung einer Straße erreichen wir bergab eine Ansiedlung. Wir überschreiten den Wambach und nähern uns dem Forstholz, dem größten zusammenhängenden Waldgebiet der Umgebung. Etwas abseits des Weges direkt am Waldrand befindet sich eine weitere Symphonie-Station, bei der mehrere Bänke und Tische zu einer ausgiebigeren Rast einladen.

Einmal noch leicht bergauf verläuft nun der weitere Wanderweg fast eben. Zwischendurch heißt es aufpassen, da mehrere hundert Meter lang eine Straße begangen werden muß. Beim Verlassen des Forstholzes haben wir wieder einen schönen Rundblick und sehen gegen Osten den Pfenningberg und Donauraum. Vor uns liegt die Ortschaft Rohrbach, wohin wir uns nun begeben. Da finden wir nämlich eine gemütliche Einkehrstation, das „Wia z'Haus zum Rohrbäcker“. Gerade mit Kindern sollte man hier eine Rast einlegen. Im Freien befindet sich ein Zwergerlspielplatz und auch im Inneren des Lokals ist eine großzügige Kinderecke eingerichtet.

Frisch gestärkt verlassen wir Rohrbach, nochmal geht es kurz bergauf in ein schat-

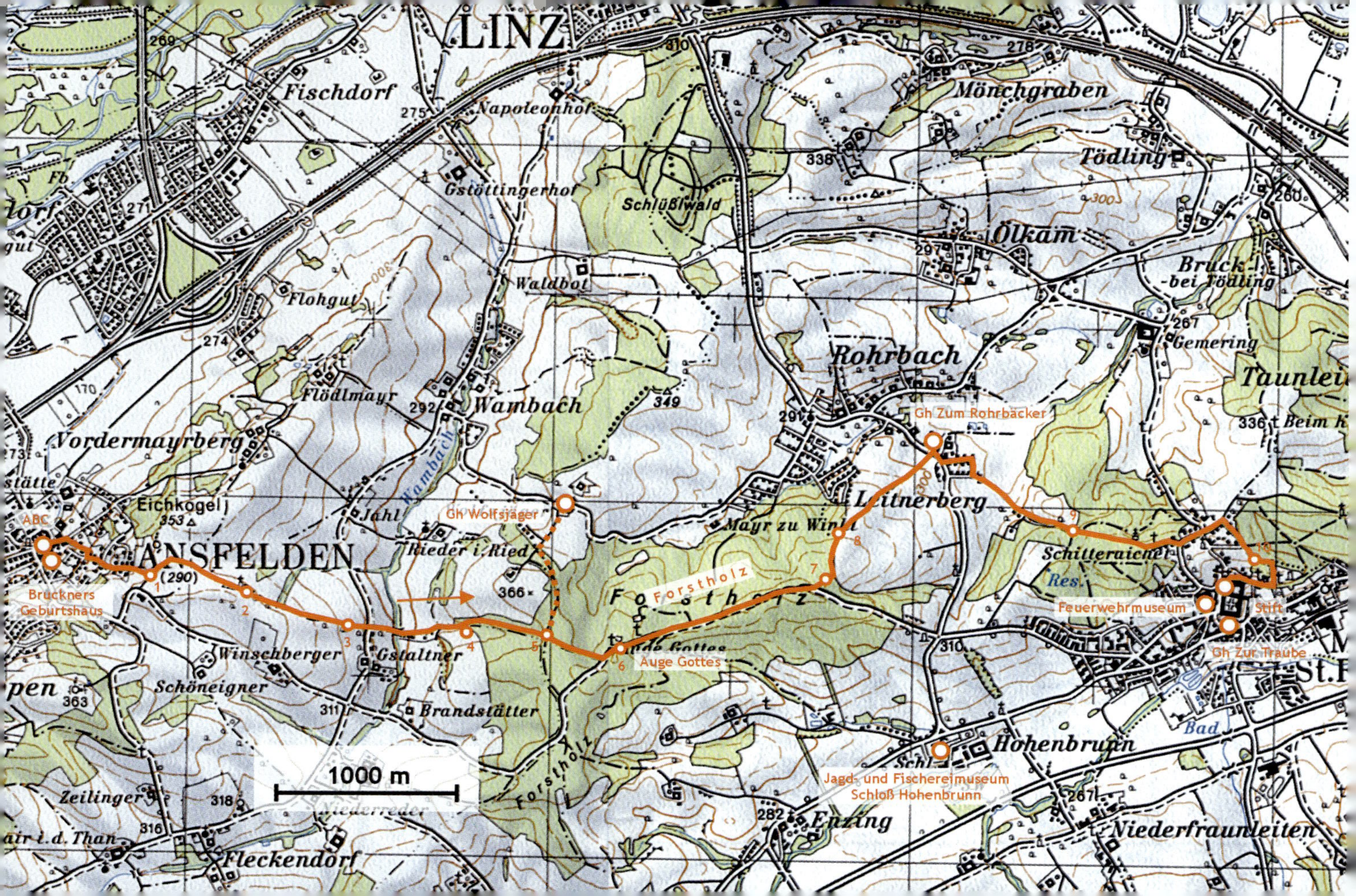

LINZ
Fischdorf
Napoleonhof
Mönchgraben
Tödling
Gstöttingerhof
Schlüßlwald
Ölkam
Bruck-bei Tödling
Waldbot
Flohgut
Gemering
Rohrbach
Taunlei
Flödlmayr
Wambach
Vordermayrberg
Gh Zum Rohrbäcker
Eichkogel
Jahl
Gh Wolfsjäger
Leitnerberg
Mayr zu Winkl
ABC
ANSFELDEN
Rieder i. Ried
Schitteraicher
Bruckners Geburtshaus
Forstholz
Feuerwehrmuseum
Stift
Winschberger
Gstaltner
Auge Gottes
Gh Zur Traube
Schöneigner
Brandstätter
Hohenbrunn
Jagd- und Fischereimuseum Schloß Hohenbrunn
1000 m
Zeilinger
Enzing
Niederfraunleiten
Fleckendorf

tiges Waldgebiet. Nachdem wir dieses durchquert haben, erreichen wir die Waldstraße, von wo aus wir bereits einen ersten Blick auf die markanten Stiftstürme von St. Florian haben. In der Brucknerstraße halten wir uns links, dann folgen wir dem Wilbirgweg, an dessen Ende die Straße in einen Wiesenweg übergeht. Hier befindet sich die 10. und letzte Station des Symphonie-Wanderwegs. Auf der Rastbank sitzend genießen wir das letzte Musikstück des großen Komponisten Anton Bruckner, der 1837 nach dem Tod seines Vaters hier im Stift St. Florian Aufnahme fand und 1849 Stiftsorganist wurde. In dieser Umgebung holte sich der „Musikant Gottes", wie Bruckner gern bezeichnet wird, seine Inspirationen für Symphonien und Messen.

Nachdem die letzten Töne verklungen sind, machen wir uns auf den Weg, es sind jetzt nur noch wenige Meter bergab bis zu unserem Zielpunkt. Die Stiftskirche wurde 1686 - 1708 von Baumeister Antonio Carlone errichtet, große Teile des Augustiner Chorherrenstiftes wurden nach Carlones Tod von Jakob Prandtauer fertiggestellt. Der Kircheninnenraum beeindruckt durch seine opulente barocke Gestaltung, wobei besonders die Deckenfresken ins Auge stechen. Beachtung verdient auch das prächtige hintere Abschlußgitter, ein Meisterwerk der Schmiedekunst.

Unser Hauptaugenmerk gilt aber der mächtigen Brucknerorgel, die von Franz Xaver Krismann 1770 - 1774 gebaut wurde und die bedeutendste Wirkensstätte des „Orgelvirtuosen Bruckner" war. Auf seinen besonderen Wunsch hin wurde der Sarkophag Bruckners direkt darunter in der Stiftsgruft aufgebahrt, diese kann im Rahmen einer Stiftsführung besucht werden.

Zugänglichkeit:
Ganzjährig begehbarer leichter Weg, der in sanftem Auf und Ab meist über Feld- und Waldwege verläuft. Durchgehend beschildert. Nach Regenfällen kann der Weg stellenweise aufgeweicht sein.

Besonderheiten:
Walkman-Verleih: Abholung im ABC (30,– Leihgebühr, 300,– Kaution), Rückgabe im Klosterladen (neben Stiftsportier) möglich (bis 17 Uhr geöffnet)
Citytaxi-Fahrscheine: erhältlich nur im ABC, vergünstigter Pauschalpreis öS 90,– (bis 4 Personen) für Rücktransport nach Ansfelden

Bruckners Geburtshaus, von April bis Oktober täglich geöffnet von 10 - 12 Uhr und 14 - 17 Uhr
Stift St. Florian, Auskunft über Stiftsführungen (Kirche, Gruft, Stiftsanlage) unter Tel. 07224/8902-10

Information:
ABC-Anton Bruckner Centrum, geöffnet täglich 9 - 12 Uhr und 13 - 18 Uhr, Tel. 07229/78333, Fax 78333-33
Bruckner Info Center am Marktplatz, Tel. 07224/5690

Einkehrmöglichkeiten: mehrere Gasthäuser in Ansfelden und St. Florian
Ansfeldner „Bauernladen ums Eck“ (Jause einkaufen), geöffnet Mo. - Sa. 8 - 12 Uhr und 15 - 18 Uhr (Mi. und Sa. nachmittag geschlossen, Fr. durchgehend offen), Tel. 07229/78091
„Wia z'Haus zum Rohrbäcker“, besonders kinder- und familienfreundlich, geöffnet täglich 9 - 24 Uhr, Tel. 0664/1054994, Ruhetag: Dienstag
Gh „Zur Traube“, schöner Gastgarten, Tel. 07224/4223, Ruhetag: Donnerstag

Empfehlenswerte Landkarten und Literatur

Österreichische Karte
Herausgeber Bundesamt für Eich- und Vermessungswesen, erhältlich jeweils im Maßstab 1:25.000 und 1:50.000. Erhältlich im Buchhandel. Blätter 50, 51, 67, 68, 69, 70, 98, 99

Wanderkarten des Nationalpark Kalkalpen
Herausgeber Nationalpark O.ö. Kalkalpen Ges.m.b.H. und Kartographie Hafner Molln, Sonnseite 41, 4591 Molln.
Maßstab 1:35.000
Blatt 6 (Sengsengebirge)
Blatt 7 (Ennstal)
Blatt 9 (Windischgarsten – Spital/Pyhrn)
Blatt 10 (Reichraminger Hintergebirge)
Übersichtskarte Nationalpark Kalkalpen 1:100.000
Erhältlich einzeln oder als Komplettset in den Nationalpark Infostellen, ausgewählten Geschäften und Buchhandlungen sowie telefonisch unter 07584/3651.

Land der Hämmer
Bilder aus der österreichischen Eisenwurzen - Pictures from Austrias Eisenwurzen
Bestechende Bilder aus einer der schönsten Gegenden Europas. Redaktionelle Beiträge von Dozent DDr. Gerhard Sperl, Univ.-Prof. Dr. Rudolf Kropf, Mag. Franz Sieghartsleitner, Hans Stögmüller, Univ.-Assistent Dr. Andreas Resch, Mag. Reinhold Kräter.
Ein repräsentativer Bild- und Geschenksband in zweisprachiger Ausführung, in deutscher und englischer Sprache. Herausgegeben von Helmut Daucher in Zusammenarbeit mit dem Verein Eisenstraße OÖ., Ennsthaler Verlag Steyr, ISBN 3-85068-537-3, Format 23,5 x 28 cm, geb., 156 Seiten, 135 Farbbilder

Reichraminger Hintergebirge
Der Leser gewinnt einen umfassenden Einblick in die Welt des Hintergebirges und haben mit diesem Buch nicht weniger als eine Kulturgeschichte dieser Region. Die Autoren erzählen von der Wildererschlacht von Molln im Jahr 1919 und von der ersten Stahlfusion der Geschichte, vom „Klausen“, von Holzriesen und dem Bergbau der Region. Das Hintergebirge von A–Z mit allen markierten Wanderwegen und Radtouren.
Otto Harant, Wolfgang Heitzmann, Ennsthaler Verlag Steyr, ISBN 3-85068-171-8, 260 Seiten, Format 16,5 x 24 cm, geb., zahlreiche s/w- und Farbfotos

Heimat Eisenwurzen Beiträge zum Eisenstraßensymposion Weyer
„Die Bibel zur OÖ. Landesausstellung 1998“ (Landeshauptmann Dr. Pühringer).
Dieses Buch erzählt von der Gewinnung des Eisens in der Eisenwurzen, von der Vielfalt des Handwerks und vom Leben in der Heimat einst und jetzt.
Ennsthaler Verlag Steyr, ISBN 3-85068-516-0, Format 16,5 x 24,5 cm, geb., 196 Seiten, 30 s/w Bilder

Mountainbiken im Land der Hämmer
35 ausgewählte Rad- und Mountainbike-Touren in der Nationalparkregion Pyhrn-Eisenwurzen.

300 km Radwege und 200 km Mountainbikewege hat die Nationalpark-Region der Pyhrn-Eisenwurzen zu bieten. 35 interessante Radtouren für jeden Geschmack, Wegbeschreibungen, Höhendiagramme, Einkehr- und Übernachtungsmöglichkeiten, sowie Fahrradservicestellen finden Sie in diesem Radführer. Ein eigener Kartenteil verschafft dem Leser einen genauen Überblick über die Region.
Helmut Daucher, Ennsthaler Verlag Steyr, ISBN 3-85068-525-X, Format 13 x 20 cm, br., 152 Seiten, 41 Farbfotos, Kartenteil

Österreichische Eisenstraße
Ein Kulturführer in Farbe
Dieser farbige Reisebegleiter präsentiert alle Schätze der europäischen Kulturregion Eisenwurzen, dem Land zwischen Donau und Mur, Krems und Erlauf: die montanhistorischen Denkmäler an der österreichischen Eisenstraße, Kirchen, Burgen und Schlösser, alle Museen sowie die schönsten landschaftlichen Sehenswürdigkeiten.
Gerhard Sperl, Hans Stögmüller, Werner Tippelt, Ennsthaler Verlag Steyr, ISBN 3-85068-351-6, Format 11,5 x 19,5 cm, br., 192 Seiten, 144 Farbfotos

Oberösterreichische Voralpen
Ein OeAV Führer durch die Berge südlich von Wels, Linz und Steyr
Mehr als 650 Möglichkeiten für Wandervögel, Kunstfreunde, Bergsteiger, Höhlenforscher, Talbummler, Wildwasser-Kanuten und Naturliebhaber sind in diesem neuen OeAV-Führer enthalten.
Wolfgang Heitzmann, Otto Harant, Ennsthaler Verlag Steyr, ISBN 3-85068-201-3 Format 11 x 16 cm, br., 316 Seiten, 18 farbige und 63 s/w Abbildungen

Nationalpark Buch „Natur im Aufwind"
Dieser Bildband zeigt Ihnen den Nationalpark, wie ihn kaum jemand kennt. Von der Ferne: als dunkles Waldmeer und als karge Steinwüste. Aus der Nähe: leuchtende Eulenaugen in der Dämmerung, winzige Pilze im Gras...
Landesverlag Linz, ISBN 3-85214-683-6, Großformat 128 Seiten

Bildband „Eisenwurzen"
Geheimnisvolle Kulturlandschaft – dort wo das Eisen wächst. Die Hämmer sind verstummt, aber immer noch stehen hier stolze Hammerherrenhäuser, kunstvolle Kirchen und prachtvolle Städte und Kleinode. Wer heute hineinschaut in die Landschaft der Eisenwurzen, erkennt immer noch das pulsierende eiserne Herz Österreichs...
Gerhard Trumler (Hg.), Text: Roman Sandgruber, Pichler Verlag Wien, ISBN 3-85431-148-6, Großformat 190 Seiten

Reiseführer „Pyhrn-Eisenwurzen"
Die Reihe „Falters Feine Reiseführer" widmet sich mit Sorgfalt und Liebe besonders interessanten österreichischen Kulturlandschaften. Natur – Kultur – Essen – Trinken – Wandern stehen dabei gleichermaßen im Mittelpunkt. Dieser Band enthält neben gut lesbaren Geschichts- und Kulturbeschreibungen 51 Farb- und über 100 s/w-Fotos, 15 Karten, hunderte Serviceadressen und ein umfangreiches Ortsregister.
Inge und Rudolf Forster, Falter Verlag Wien, ISBN 3-85439-203-6, 432 Seiten

Betriebszeiten der Bergbahnen der Region Pyhrn-Priel

Bärenalmlift – Hinterstoder 650 bis 1150m
Sommerbetrieb von Mitte Juli bis Ende August
jeweils Mittwoch und Donnerstag von 8.45 – 12 Uhr und 13 – 16.30 Uhr
jeweils Samstag und Sonntag von 8.45 – 12 Uhr und 13 – 17 Uhr
Info-Telefon: 07564/5275

Kabinenbahn Höß – Hinterstoder 600 bis 1400m
(Kabinenbahn mit Anschluß DSL Hutterer Höß II)
Sommerbetrieb von Mitte Juni bis Mitte Oktober
Montag bis Freitag 8.45 – 11.30 Uhr und 12.30 – 16.30 Uhr
Samstag, Sonntag, Feiertag 8.45 – 11.30 Uhr und 12.30 – 17 Uhr
Fahrzeiten: Betrieb zur halben Stunde, Sonnenaufgang-Fahrten um 5 Uhr (auf Anfrage)
Info-Telefon: 07564/5275

Doppelsessellift Hutterer Höß II – Huttererböden 1400 bis 1840m
(gleiche Betriebstage wie Kabinenbahn) Montag bis Freitag 9 – 12 Uhr und 13 – 16 Uhr
Samstag, Sonntag, Feiertag 9 – 12 Uhr und 13 – 16.30 Uhr
Info-Telefon: 07564/5275

Sessellift Wurbauerkogel – SOMMERRODELBAHN – Windischgarsten
600 bis 858m – Sommerbetrieb von Anfang Mai bis Mitte Oktober
Montag bis Freitag 9 – 12 Uhr und 13 – 17.20 Uhr; Samstag, Sonntag, Feiertag 9 – 18 Uhr
Info-Telefon: 07562/5248

Standseilbahn Wurzeralm – Spital am Pyhrn 807 bis 1427m
Sommerbetrieb von Mitte Juni bis Mitte Oktober
Montag bis Freitag 8.30 – 12 Uhr und 13 – 16.30 Uhr
Samstag, Sonntag, Feiertag 8.30 – 12 Uhr und 13 – 17 Uhr
Fahrzeiten: Betrieb zur vollen Stunde
Gipfelstürmer-Fahrt um 7 Uhr bei Schönwetter! (auf Anfrage)
Info-Telefon: 07563/248

Doppelsessellift Frauenkar – Spital am Pyhrn 1420 bis 1863m
Sommerbetrieb nur bei Schönwetter von Mitte Juli bis Mitte September
Anschluß an die Fahrten der Standseilbahn, 9 – 12 Uhr und 13 – 16 Uhr
Info-Telefon: 07563/248

Änderungen vorbehalten!

Wir Eisenstraßenwirte legen besonderen Wert auf regionale Spezialitäten, eine gepflegte, bodenständige Küche und eine familienfreundliche Atmosphäre. Besuchen Sie uns – und wir machen Ihren Wanderausflug in die Nationalpark Region Pyhrn-Eisenwurzen zum perfekten Erlebnis.

Gasthaus „Zur Krumau"
3335 Weyer, Waidhofner Straße 56
07355/6270 - Ruhetage: Montag, Dienstag

Hotel-Gasthof Post
3335 Weyer, Oberer Markt 2
07355/7871 - Ruhetag: Montag

Almgasthaus Hopfner (Niglalm)
3335 Weyer-Land, Kleinreifling 99
07357/358 - kein Ruhetag

Landhotel Mader
4400 Steyr, Stadtplatz 36
07252/53 3 58 - Ruhetag: Sonntag

Restaurant im Schloß Lamberg
4400 Steyr, Berggasse 2
07252/48 6 75
kein Ruhetag (von Jänner bis März: Montag, Dienstag)

Schwechaterhof
4400 Steyr, L.-Werndl-Straße 1
07252/53 0 67 - Ruhetag: Sonntag 14 Uhr bis Montag 17 Uhr

Gasthaus Löffler
4400 Steyr, L.-Werndl-Straße 31
07252/54 6 20 - Ruhetag: Montag

Gasthof-Pension Wirt im Feld
4407 Dietach, Ennser Straße 99
07252/38 2 22
Ruhetag: Sonntag ab 15 Uhr

Gasthof Stockenreiter „Roisentaverne"
4443 Maria Neustift Nr. 32
07250/261 - Ruhetag: Donnerstag

Landgasthof & Hotel Eckhard
4451 St. Ulrich, Eisenstraße 94
07252/52 3 26 - kein Ruhetag

Landgasthof Mayr
4451 St. Ulrich, Pfarrplatz 3
07252/52 0 91 - Ruhetag: Sonntag

Gasthaus Rieglwirt
4451 Garsten, Höllstraße 47
07252/53 2 73
Ruhetage: Montag, Dienstag

Gasthaus Weidmann
4451 Garsten, Dambachstraße 93
07252/52 0 37 - Ruhetag: Mittwoch

Gasthaus-Restaurant „Zum Flößer"
4452 Ternberg, Eisenstraße 20
07256/8850 - Ruhetag: Montag

Gasthof-Pension Eisentor
4460 Losenstein, Eisenstraße 59
07255/6281 - Ruhetag: Freitag

Gasthaus Sonnleitner
4461 Laussa Nr. 47
07255/7230
Ruhetage: Montag, Dienstag

Gasthof Ortbauerngut
4461 Reichraming Nr. 91
07255/8103 - Ruhetag: Montag

Gasthof-Pension Damhofer
4462 Reichraming, Rohrbachgraben 103
07255/8138 - Ruhetag: Donnerstag

Gasthof Kirchenwirt Ahrer
4463 Großraming, Kirchenplatz 4
07254/8256 - Ruhetag: Samstag (Oktober bis Mai)

Ennstaler Hof
4463 Großraming, Aschasiedlung 1
07254/7615 - Ruhetag: Montag

Landhotel Forsthof
4522 Sierning, Neustraße 29
07259/2319 - Ruhetag: Sonntag ab 15 Uhr

Hotel-Restaurant Mitter
4540 Bad Hall, Hauptplatz 1
07258/2363 - Ruhetage: Montag, Dienstag

Cafe-Restaurant Pürstinger
4540 Bad Hall, Ing.-Pesendorfer-Straße 6
07258/2248 - Ruhetag: Freitag

Gasthof „Zum Schwarzen Grafen"
4563 Micheldorf, Gradenstraße 9
07582/61 1 60 - Ruhetag: Sonntag ab 17 Uhr, Montag ganztägig

Reitergut Weißenhof
4563 Micheldorf, Atzelsdorf 3
07582/62 6 09 - Ruhetag: Montag

Gasthof Steyrbrücke
4572 St. Pankraz, Kniewas 17
07565/313 - Ruhetag: Montag

Gasthof „Zum Sengsschmied"
4575 Roßleithen Nr. 45
07562/7521 - Ruhetag: Montag

ÖAV-Berggasthof Linzerhaus
4582 Spital/Pyhrn, Wurzeralm Bergstation
07563/237 - kein Ruhetag

Hotel „Freunde der Natur"
4582 Spital/Pyhrn Nr. 7
07563/681 - kein Ruhetag

Gasthaus Waldklause
4592 Leonstein, Pernzell 1
07584/3301 - Ruhetage: Montag, Dienstag

Gasthof-Pension Latschenberger
4592 Leonstein Nr. 132
07584/2756 - Ruhetag: Dienstag (im Winter auch Montag ab 14 Uhr)

Gasthaus Kirchenwirt Czerny
4594 Steinbach/Steyr, Ortsplatz 8
07257/7970 - Ruhetag: Mittwoch

*Wir Eisenstraßenwirte sind stets um Sie bemüht
und freuen uns auf Ihren Besuch!*

Internet: www.eisenstrasse.at, E-mail: wirte@eisenstrasse.at

Land der
Hämmer
GESCHICHTE & KULTUR
Ennsmuseum
KASTENREITH – WEYER
3335 Weyer, Steyrer Straße 27
Tel. 07355 / 7305 od. 6300
Öffnungszeiten: 1. Mai bis 31. Oktober:
10.00 – 12.00 und 14.00 – 17.00
Gruppen nach Voranmeldung zu jeder Zeit willkommen.
Montag geschlossen !
Ennskraft

Land der Hämmer

Bilder aus der österreichischen Eisenwurzen
Pictures from Austrias Eisenwurzen

Herausgegeben von Helmut Daucher in Zusammenarbeit mit dem Verein Eisenstraße OÖ.

ISBN 3-85068-537-3
Format 23,5 x 28 cm, geb.
156 Seiten, 135 Farbbilder

Bestechende Bilder aus einer der schönsten Gegenden Europas. Redaktionelle Beiträge von Dozent DDr. Gerhard Sperl, Univ.-Prof. Dr. Rudolf Kropf, Mag. Franz Sieghartsleitner, Hans Stögmüller, Univ.-Assistent Dr. Andreas Resch, Mag. Reinhold Kräter.
Ein repräsentativer Bild- und Geschenksband in zweisprachiger Ausführung, in deutscher und englischer Sprache.

Heimat Eisenwurzen

Beiträge zum Eisenstraßensymposion Weyer

ISBN 3-85068-516-0
Format 16,5 x 24,5 cm, geb.,
196 Seiten, 30 s/w Bilder

„Die Bibel zur OÖ. Landesausstellung 1998“ (Landeshauptmann Dr. Pühringer).
Klare Wasser, ausgedehnte Wälder und das kostbare Erz sind seit Jahrhunderten die Schätze dieses einzigartigen Landstriches. Findige Bewohner verstanden es stets, diesen Naturraum zu nutzen und einen eng verflochtenen Wirtschafts- und Kulturraum zu formen.
Dieses Buch erzählt von der Gewinnung des Eisens in der Eisenwurzen, von der Vielfalt des Handwerks und vom Leben in der Heimat einst und jetzt.

Ennsthaler **Verlag, Steyr**

Otto Harant,
Wolfgang Heitzmann

Reichraminger Hintergebirge

ISBN 3-85068-171-8
Format 16,5 x 24 cm, geb., 264 Seiten, zahlreiche s/w- und Farbfotos

Ein Stück vom Paradies liegt in der südöstlichen Ecke Oberösterreichs: das Reichraminger Hintergebirge. Mit seinen zahllosen Schluchten und Gräben, seinen Wasserfällen und dem größten Bachsystem Österreichs kann es als letztes großes und geschlossenes Naturschutzgebiet des Landes gelten. Und obwohl die Zahl der Wanderer, Biker, Kanuten und Badegäste in den letzten Jahren anstiegen, ist des Gebiet nirgends überlaufen. Otto Harant und Wolfgang Heitzmann geben einen umfassenden Einblick in die Welt des Hochgebirges und haben nicht weniger als eine Kulturgeschichte der Region geschrieben. So erzählen sie von der Wildererschlacht von Molln im Jahre 1919 und von der ersten Stahlfusion der Geschichte, vom „Klausen", von Hochriesen und dem Bergbau der Region. Ihre Betrachtungen der Tier- und Pflanzenwelt (mit Schwarzspecht und Steinadler, Moorenzian und Frauenschuh), von „König Wald" und dem 180 km langen Reichramingbach werden durch faszinierendes Bildmaterial ergänzt. „Das Hintergebirge von A-Z" mit allen markierten Wanderwegen und Radtouren komplettieren den Band.

Ennsthaler Verlag, Steyr

Helmut Daucher

Mountainbiken im Land der Hämmer

35 ausgewählte Rad- und Mountainbike-Touren in der Nationalparkregion Pyhrn-Eisenwurzen

ISBN 3-85068-525-X
Format 13 x 20 cm, br.,
152 Seiten, 41 Farbfotos, Kartenteil

300 km Radwege und 200 km Mountainbikewege hat die Nationalpark-Region der Pyhrn-Eisenwurzen zu bieten. 35 interessante Radtouren für jeden Geschmack, Wegbeschreibungen, Höhendiagramme, Einkehr- und Übernachtungsmöglichkeiten, sowie Fahrrad-servicestellen finden Sie in diesem Radführer. Ein eigener Kartenteil verschafft dem Leser einen genauen Überblick über die Region.

CD „Hörbilder Eisenstraße“

3 CD's

CD 1
„Die Mäuse machen mir nichts, aber die Ratten...
Das Kinderasyl von Göstling“
Ein Feature von Ernst Gerhard Weber

CD 2
„Auf der Suche nach dem Wesen der Sense“
Ein Feature von Klaus Hirtner

CD 3
„Der Feitel – Soziographie einer Klinge“
Ein Feature von Thomas Oskar Schaller

Ennsthaler **Verlag, Steyr**

Wolfgang Heitzmann, Otto Harant

Oberösterreichische Voralpen

Ein OeAV Führer durch die Berge südlich von Wels, Linz und Steyr

ISBN 3-85068-201-3
Format 11 x 16 cm, br., 316 Seiten,
18 farbige und 63 s/w Abbildungen

Mehr als 650 Möglichkeiten für Wandervögel, Kunstfreunde, Bergsteiger, Höhlenforscher, Talbummler, Wildwasser-Kanuten und Naturliebhaber sind in diesem neuen OeAV-Führer enthalten. Diese Fundgrube, die erste umfassede Dokumentation der Hausberge von Wels, Linz und Steyr vermittelt dem Leser viele frohe und erholsame Stunden in den Oö Voralpen.

Gerhard Sperl, Hans Stögmüller, Werner Tippelt

Österreichische Eisenstraße

Ein Kulturführer in Farbe

ISBN 3-85068-351-6, Format 11,5 x 19,5 cm, br.,
192 Seiten, 144 Farbfotos

Dieser farbige Reisebegleiter präsentiert alle Schätze der europäischen Kulturregion Eisenwurzen, dem Land zwischen Donau und Mur, Krems und Erlauf: die montanhistorischen Denkmäler an der österreichischen Eisenstraße, Kirchen, Burgen und Schlösser, alle Museen sowie die schönsten landschaftlichen Sehenswürdigkeiten.

Angela Mohr

Die Geschichte der Mollner Maultrommelerzeugung

ISBN 3-85068-534-9, Format 16,5 x 24 cm, geb.,
126 Seiten, zahlreiche Farb- und s/w-Fotos

Die Geschichte der Mollner Maultrommelerzeugung, eine der bedeutendsten Erzeugungsstätten des kleinen Instrumentes in Europa. Das alte Handwerk des Maultrommelmachens wird in Molln vom Beginn des 17. Jahrhunderts bis zum heutigen Tag ausgeübt.

Ennsthaler Verlag, Steyr

Siegbert Lattacher

Viktor Schauberger

Auf den Spuren des legendären Naturforschers

ISBN 3-85068-544-6, Format 16,5 x 24 cm, br., 352 Seiten, Bildteil

Vor über 40 Jahren starb Viktor Schauberger. Er war ein einfacher Förster in den Wäldern des Toten Gebirges. Über Nacht stieg er zum hochbezahlten Konsulenten des Bundesministeriums für Land- und Forstwirtschaft auf – weil er eine Holzschwemmanlage konstruierte, die entgegen allen wissenschaftlichen Gesetzen funktionierte. Dieses „Wasserrätsel" und weitere geniale Erfindungen Schaubergers stellen unser gesamtes naturwissenschaftliches Weltbild in Frage, kein Wunder, daß der Autodidakt als „Spinner" abgetan wurde und bald die studierten Fachleute gegen sich hatte. Der Autor rückt Schauberger mit einer Reihe von bisher unbekannten Details über sein Leben in ein neues Licht.

Olof Alexandersson

Lebendes Wasser

Über Viktor Schauberger und eine neue Technik unsere Umwelt zu retten

ISBN 3-85068-377-X
Format 16,5 x 24 cm, br., 259 Seiten

Viktor Schauberger (1885–1958), der oberösterreichische Förster, Wasserbauer und Erfinder, verblüffte mit seinen Holzschwemmanlagen und Erkenntnissen über die Kraft des Wassers die gesamte Fachwelt seiner Zeit. Kein Wunder, daß sich Adolf Hitler und der amerikanische Geheimdienst für ihn interessierten. Mit neuem, noch nie veröffentlichten Material aus dem Schauberger-Archiv überarbeitete Olof Alexandersson sein Werk, und erweiterte es wesentlich. Er beschreibt ausführlich die Funktionsweise von Schaubergers Erfindungen, seine bahnbrechenden Erkenntnisse und die wesentlichen Stationen seines Lebens. Die Warnungen Schaubergers über die Naturzerstörungen sind aktueller denn je!

Ennsthaler Verlag, Steyr

Wolfgang Heitzmann

Die NÖ. Eisenstraße – Freizeitführer

208 Seiten, 200 Farbfotos, Format 15 x 21,5 cm, geb., ISBN 3-85068-514-4

Dieser farbige Freizeitführer ist die Einladung in eine ganz besondere Landschaft im Herzen Österreichs: Er portraitiert Land & Leute, präsentiert Kunst & Kulinarisches und verrät Touren & Trails, auf denen Sie das „Land der Hämmer“ in all seiner Schönheit entdecken. Weiters finden Sie alle aktuellen Info-Adressen, viele faszinierende Farbfotos, Karten und Hinweise für Abstecher & Ausflüge in die Umgebung.

Werner Tippelt

Wanderführer Ybbstal & Ötscherland

192 Seiten, 100 Farbfotos, Format 13 x 19 cm, br., ISBN 3-85068-473-3

55 traumhafte Touren an der NÖ. Eisenstraße. – Gemütliche Spaziergänge, stille Wanderungen und alpine Bergziele – exakte Beschreibungen von markierten Routen und anspruchsvollen Orientierungswanderungen – schnelle Übersicht durch Infokästen – viele Hinweise auf bekannte und versteckte Sehenswürdigkeiten – rund 100 Farbfotos, die Sie bestimmt „auf Touren bringen“!

Wolfgang Heitzmann

bike alpin

192 Seiten, 122 Farbfotos, Format 19,5 x 11,5 cm, br., ISBN 3-85068-393-1

Bergradtouren & Wanderungen vom Bayerischen Wald bis zu den Zillertaler Alpen

Radtouren in 28 verschiedenen Gebieten zwischen dem Bayerischen Wald und den Zillertaler Alpen. Neben den beschriebenen Radtouren finden sich auch interessante Wandervorschläge, Bergtouren und Beschreibungen von Klettersteigen, sowie Vorschläge für Einkehr- und Nächtigungsmöglichkeiten.

Ennsthaler Verlag, Steyr